大正大学
綜合佛教研究所叢書第38巻

読んで観て聴く

近代日本の仏教文化

森 覚／大澤絢子［編］
大正大学綜合佛教研究所
仏教文化におけるメディア研究会

法藏館

読んで観て聴く　近代日本の仏教文化＊目次

Ⅱ　観る

Ⅲ　聴く

読んで観て聴く　近代日本の仏教文化

はじめに

　近年、学術体系の一分野として形成されつつある近代仏教研究は、一九世紀以降における仏教の近代化に関連する文化諸現象を考究対象とした学問である。

　近代仏教研究では、さまざまな論点を持つ研究成果が蓄積されており、いずれも「近代仏教とは何か」を理解する上で示唆に富んだ知見を示している。その一端をあげれば、教理信仰と宗教思想の西洋化、近代学問システムの導入、仏教改革運動、個人の内面的信仰、社会活動、政治と行政、仏教教団の再編、子弟教育の整備、仏教儀礼の制度化、伝道活動、民間信仰への再考、信仰的実践、ジェンダー、宗教教育など、近代化という事象に直面した仏教の文化的諸問題を取り上げる論考がこれまでに多数発表されてきた。

　これらの諸論を総覧することでうかがえるのは、宗教者・知識人・教団・アカデミズム・個人主義の観点を持つ論究に比重を置く近代仏教研究の現状である。しかし近代仏教の文化的諸現象は、宗教者や知識人の活動空間だけに限られるものではない。宗教者の信仰空間、知識人の言論空間は、近代仏教という文化現象において、あくまで他の領域と相互に連関し合う〈場〉の一領域であり、そこで創出される教説や学知などが娯楽や教養といった〈場〉を介して社会とつながり、拡散される。つまり、さまざまな立場の人々が集う複数の〈場〉が相互に影響を与えあうことで、メディアが介在する日常空間に仏教文化の諸現象は現れるのである。

仏教教団やアカデミズムが主導した仏教をめぐる近代的諸活動については、今後もさらなる研究の進展が求められることは言うまでもない。だが一方で、近代仏教の文化的側面を考える際、西洋文明が世界各地を席巻した一九世紀以降、近世から近代へといたる時間軸上において、さまざまな立場にいる人々が、近代以前から日常の場に息づき、メディア表現を通じて、時代と共に変容していた多種多様な仏教文化へ接してきた歴史的事実にも目を向ける必要がある。

このような問題意識のもと、本書では、言語・図像・音響・動画などのメディア表現や記録の考察を手がかりに、読む・観る・聴くという行為を通して、知的エリートの言論や活動だけではない、さまざまな〈場〉の人々が連関しながら醸成され、一般社会の人々がメディアから受容し、共有した仏教文化の諸相を探る。

なお、本書でメディアに注目するのは、近現代の仏教文化がメディアを介した人的交流を通じ、情報の発信と交換がなされることで進展した現象だからである。

一九世紀末から二〇世紀にかけての日本は、新旧のメディアが入り混じる過渡の時期にあった。江戸時代に京都や大坂といった上方で勃興した出版や版画、芝居、演芸は、その後、江戸でも華開き、近代に入っても健在であった。同時に文明開化が謳われた明治時代には、近代西洋諸国から先進的な文化が導入され、新聞や雑誌などの新たなマスメディアが登場し、芸術分野では、いまだ流派門閥や戯作的慣習が色濃く残る一方で、西洋の表現手法を導入し、再現しようとする試みも見られた。

これらの動勢において、江戸期の出版文化において蓄積された木版技術が雑誌の装丁や挿絵の印刷に用いられ、レコードやラジオ、速記本、絵本や紙芝居などのコンテンツとして落語や講談が取り上げられるなど、明治時代を境に近代以前と近代以降のメディア表現の交錯が生じる。

それにより、前近代から存在した草双紙や錦絵、談義本、勧化書、説教節あるいは、身体コミュニケーション的メディアである落語、講談、演劇などが仏教を表現する一方で、西洋文明の摂取と科学技術の発達により出現した新聞、雑誌、書籍、絵本、紙芝居、映画、ラジオ、テレビなどに仏教が取り上げられ、鉄道を利用した参詣巡礼や美術鑑賞といった文化をも生み出した。

このようなメディアを通して近代の人々が接した仏教は、葬儀・寺檀・祭礼・檀林・その他諸々の習俗娯楽など、江戸時代から続く文化形態を残しつつ、欧化政策により近代西洋文明の制度概念にもとづいて整備され、社会文化の一角をなす宗教（religion）として再定義されたものとなる。

つまり、近代日本の仏教文化は、近代以前から存在した仏教へ、近代化（西洋化）という洋服を着せたかのような現象といえる。だからこそ明治時代以降の仏教文化には、廃仏毀釈を機に、宗教者たちが教理や組織面での改革を行う一方で、日常生活の実態としては江戸時代から続く祭礼や風習が残るなど、近世と近代という時代を越境するかのような宗教及び信仰の混在化が認められる。

そのうえで、西洋世界の社会通念に拠って近代化されていく仏教は、さまざまな多様性を生み出しながらも、思想・価値観・習慣・政治・経済・階級・性別・学術・技術・芸術などの世相を反映しつつ、メディア表現を通して、その時代に適応させた何かしらの共通点が見出せる仏教イメージの類型を流布拡散し、人々に共有させていく。

ではそうした新旧メディアが緩やかに共存し、連関し、交替していった近現代という時代に、仏教はいかに表現され、記録され、受容されていったのか。また人々は、メディアの仏教表現からいかなる宗教イメージを構築し、仏教文化の形成に反映させていったのか。

こうした「仏教文化とメディア」の問題にこたえる先行研究には、いくつかの論考がすでに存在する。

その一つである島薗進・高埜利彦・林淳・若尾政希編『シリーズ日本人と宗教――近世から近代へ第5巻　書物・メディアと社会』（春秋社、二〇一五年）では、近世日本において書物というメディアが普及したことにより、個々人の思想ならびに内的信仰心の醸成、あるいは教団・結社の布教伝道や知識の共有、僧侶の教養形成などに大きな変革をもたらしたことを指摘する。

また、堤邦彦・鈴木堅弘編『俗化する宗教表象と明治時代――縁起・絵伝・怪異』（三弥井書店、二〇一八年）は、明治時代の仏教信仰が祭りや縁日などといった民衆生活の一部として大衆化する江戸時代の宗教観を引き継ぐものであることを指摘し、明治政府が進めた神仏分離や廃仏毀釈が一つの契機となり、前近代から続く仏教の卑俗化がかえって助長された実態をさまざまなメディアの宗教表現から論じる。

さらに大谷栄一『近代仏教というメディア――出版と社会活動』（ぺりかん社、二〇二〇年）では、寺檀制度にもとづくローカルな寺院を中心とした社会関係の中で、なおも仏教の教義や儀礼が継承され続けた明治時代以降に、新聞・雑誌・英文教書といったメディアを通して、近代日本仏教の教説や思想、学知、情報、教育システムが「日本の寺院から出ていき」、国内外へ伝達・普及されていく新たな動向を考察する。

ほかにも島薗進・高埜利彦・林淳・若尾政希編『シリーズ日本人と宗教——近世から近代へ第4巻 勧進・参詣・祝祭』（春秋社、二〇一五年）では、勧進や祝祭、参詣と巡礼、あるいは、聖地と信仰の近代化などに焦点を当て、近世から近代にかけて民衆がいかに宗教を受容したのかを探る。近世から近代にかけて日本人の宗教をめぐる変容と持続について問うこの試みでとりわけ興味深いのは、国家権力、民衆、宗教（寺社、宗教者）の三者が中心的な主役を演じ、そこへ朝廷や本所という存在が現れたことによって、近世宗教史が複数の権力が交渉調整しあう重層的な物語へ変貌したという林淳の指摘である。このことは、宗教者のみならず、諸勢力が競合しながらもたれあうことで宗教史が織りなされてきた実態を示しており、多元的かつ重層的な宗教文化の広がりを明らかにするうえでの指針となる知見である。

これらの諸研究は、日本仏教の歴史展開において重要な役割を果たしてきたメディアの力に焦点を当てるものであり、本書が考察対象とする近現代の仏教文化がメディアを利用して成立し、繰り広げられてきた宗教現象であることを示す論拠となる。

加えて、いずれの先行研究も近代化（西洋化）という枠組でとらえきれないほど、明治時代以降の仏教文化に多元的な諸相が見られることを明らかにしている点は興味深い。実際、近現代という時代を生きた人々は、信仰やアカデミズムなどの極めて限定的な言論空間のみに身を置いていたわけでない。また、仏教への関わり方についても、宗教者や知識人のように積極性と興味関心をもって、意識的に接することはあったにせよ、多くの人々は、さまざまな状況や局面で無意識のうちに受動的な関わり方をし、時に強制的な受容を強いられてきたことも見逃すことはできない。

だからこそ娯楽や教養といった世俗の生活レベルに散見する仏教文化へも視野を広げた観点が必要であり、文芸、演芸、芸能、美術、観光、放送、教育などの〈場〉、多様なメディアを通じて、知識に収まらない仏教に接してきた面を無視することはできないのである。ところがそれにもかかわらず、近現代の日本人に見られる仏教表現に対する接し方の多様さに比べて、同様の視点を持つ研究は不足しているのが現状である。

仏教文化は、都市化や科学技術の発展と共に拡大した人的ネットワークのなかで、異なる分野を横断し、多種多様な立場の人々が連関し合うことで大きな潮流をなしていく。人々はさまざまな〈場〉に現れ、領域を越境して接触し、混淆してきた仏教文化へ身体的に接し、新たな文化活動を生み出す糧としてきた。小説に大詩人として表現されたブッダがほぼ同時代の演劇でも同様に描かれ、講談や浪花節では、日蓮伝が人気を博す。また、メディアから得た宗祖の教えや行状伝をもとにゆかりの地をめぐる、現代のコンテンツツーリズムのような聖地巡礼の事例は、〈場〉とメディアを越境し、不特定多数の人々が同時代的に接した仏教文化の実態を物語るものである。

近現代の日本において、さまざまな〈場〉にいる人々が連関し、相互影響を及ぼす人的なコミュニケーション空間で、人々が日常的に接し、メディアから読み・観て・聴いた仏教とは何だったのか。また、メディアから読みとれる仏教文化は、いかに近世から継承され、変容していくなかで、どのような近代的仏教観を創出したのか。

本書では、近現代日本の人々がメディアから仏教に接する行為として三つの軸となる柱を立てている。

その一つ目が「読む」である。日本では、前近代から草双紙や談義本など、さまざまな形態の書物を読むという行為を通じて仏教が発信・受容されてきた。それが近代に入ると、西洋文明の摂取と科学技術の発達によって新聞、雑誌、書籍、絵本や紙芝居が出現し、読むことを通した仏教との関わりがより多様化する。とくにメディアで表現される仏教には、明治時代に入って江戸時代とは異なる評価がなされ、同時代の世相と結びつくことで変容したものもあった。ただしその一方、近世から近代への時代的連続性において、ブッダや日蓮、石山合戦、地獄極楽などがメディアコンテンツとして繰り返し題材とされてきた点は、仏教へ向けた民衆のまなざしがいかなる性質のものであったかという一端をうかがわせるものである。

塩谷菊美「「悪人」安芸法眼の江戸と明治」は、江戸から明治の三百数十年間で、石山合戦期に「悪人」と決めつけられた「安芸法眼」への評価が本願寺の「恩人」として再評価されていく変遷を追うものである。

今井秀和「説経節の受容と音読・黙読――声と目でよむ『小栗判官』」では、説経節『小栗判官』が文字や絵画として記録されていく展開を例として、音読・黙読といった問題をひとつの軸に、仏教と娯楽との関係性について考察している。

森　覚「明治一五年の草双紙『開化地獄論』――啓蒙主義と仏教」は、草双紙『開化地獄論』を考察することにより、欧化主義による文明開化の優位性を示す「開化本」として、本作品がいかなる社会状況下で成立したのかを、同時代の国民教導や閻魔詣の実態に触れながら明らかにする。

渡辺賢治「**露伴文学と仏教――その受容と生成について**」では、露伴文学と仏教の関わりを基軸として娯楽と仏教の様相を把捉すべく、「毒朱唇」や「風流禅天魔」といった作品を中心に扱いながら考察していく。そこから露伴文学を通して見出される娯楽と仏教との関わりとはいかなるものか、その一端としての論及を試みる。

嶋田毅寛「**岩波文庫に見られる仏教出版文化――三木清と岩波的スクリーニング**」は、哲学者三木清が目指した岩波文庫出版による「知の共同体」構想を出発点として、岩波文庫の仏教書からうかがえる岩波的スクリーニングと官学アカデミズムとによる相互正統化の構図を明らかにする。

二つ目は「観る」である。一九世紀末にアジア世界を席巻する欧米諸国をモデルとした近代国民国家となるべく、欧化政策に舵を切った明治期の日本では、教育・美術・演芸など、各分野において近代西洋の文化制度が取り入れられた。それにより為政者や知識人は、美術館・博覧会、劇場、仏教寺院、お茶の間などの〈場〉で、民衆の眼に触れさせる視覚的体験を通して、日本文化・東洋の先進国というイメージを人為的に構築し、国内外に誇示したのである。また、西洋世界の技術を導入することで発達した交通輸送網により、遠方へ出かけ、現地の情景を肉眼で観ることが可能になったことは、地域ゆかりの伝説や歴史を身体的に経験する機会を広げる契機となる。そのなかで積極的に利用されたコンテンツが、近代以前からアジア各国に根づく仏教であった。

髙橋洋子「**最澄絵伝の歴史的展開――大正期から昭和期を中心に**」は、江戸時代から昭和初期にかけて制作された五点の最澄絵伝に関して、作品の制作背景と表現方法の変遷およびその特徴を分析し、大正期以降の絵伝が天台宗の普及に重要な役割を担うものであることを当時の社会情勢などを踏まえて明らかにする。

君島彩子「大衆文化としての「日本画」と仏教——狩野芳崖《悲母観音》の事例から」は、明治期における仏教主題と日本画の関わりについて述べたうえで、狩野芳崖の《悲母観音》が世に知られていくなかで模倣され、神格化され、大衆化していく過程について触れる。

マイカ・アワーバック「明治後期の仏伝演劇——劇詩と歌劇のなかの釈迦」では、近世の仏伝文学を概観しながら、江戸後期~明治初期の合巻『釈迦八相倭文庫』とその劇化について取り上げる。そのうえで、明治時代後期に舞台上演された二つの演劇について当時の脚本や劇評を参照しながら実態を明らかにし、後世に何を残したのかを考察する。

平山昇「日蓮の「聖地」身延山へのツーリズム——教養主義、富士身延鉄道、高山樗牛」は、大正期に旧制第一高等学校（一高）の学生たちが出版した身延山訪問記、身延への路線を開通させた富士身延鉄道、高山樗牛、「聖地」という言葉の新奇性などを取り上げながら、身延山への教養主義的ツーリズムについて考察する。

パリデ・ストルティーニ（訳・嵩宣也）「旅行記からテレビまで——近代仏教とシルクロードの想像」では、二〇世紀の日本におけるシルクロードへの想像が、アジアに仏教を広める空間としていかに重要であったかに着目し、日本におけるシルクロードのイメージに薬師寺を位置づけることで、複合的な近代メディアが担った役割を明らかにする。

最後の三つ目は「聴く」である。江戸時代になると京都・大坂・江戸の都市部に集積した民衆のための芸能として落語や講談、浪花節などの話芸が成立する。落語の祖とされる安楽庵策伝や露の五郎兵衛など、仏教と関わりが深い話芸は、近代以降、明治政府によるプロパガンダの宣伝手段として、また、民衆を愉しませる娯楽エンタテインメントとして再定義されていく。さらに口演芸能は、実演だけでなく、速記本、絵本、レコードといった近代メディアのコンテンツとして取り上げられ、近世の談義僧のごとく仏教思想を説くラジオ教養番組も放送される。他方で、それまで口伝や経験によって継承されてきたこの種の芸能は、西洋的な記録手法によりメディアを通して理論体系化され、不特定多数の人々が共有し、演じることができるようになる。

小二田誠二「三遊亭円朝と仏教――日蓮宗と慈善事業」は、近世以降の仏教や話芸、メディアを取り巻く状況と照らし合わせながら、三遊亭円朝晩年の異色作である「道徳話」成立の背景を明らかにし、円朝個人の問題から仏教と落語における近代という問題を考察する試みである。

金山泰志「明治期の講談と仏教」は、近代日本における人々の仏教イメージが、どのように受容・共有され普及してきたのかを、明治期の主要娯楽メディア「講談」から明らかにしようとする。

ブレニナ・ユリア「近代における日蓮伝と浪花節――雲右衛門と日蓮記」では、雲右衛門の日蓮記を取り上げ、従来の研究で注目されてこなかった史料を手がかりに、浪花節にみる近代の日蓮伝の特徴について考察する。

井川裕覚「声と音の空海像――近代高野山の金剛流ご詠歌とトーキー」では、大正後期から昭和初期にかけて成立した高野山金剛流ご詠歌の形成過程とその仏教的表象を検討し、また、近代音響メディアとの接点から高野山や真言密教の持つ宗教文化の大衆化を明らかにする。

大澤絢子「戦前期日本のラジオ放送と仏教――「朝の修養」で培う精神」は、戦前期日本のラジオ放送における仏教発信の実態を、講座番組「朝の修養」から明らかにし、近代日本のメディア上における仏教の位置づけを検討する。

これらの諸論考では、社会と関わる宗教とアカデミズム、宗教者や知識人だけにとどまらない民衆が仏教へ向けた多角的な眼差し、多岐にわたる表現領域を横断する仏教イメージ、仏教文化を通して見える人的交流、同時代の世相や価値観を反映しつつ人々の願望へ応えるべくメディアから創出される仏教表現など、近現代日本における仏教文化の多様性と広がりを論点に据える。それにより、メディア表現を読み・観て・聴くことを通して人々が接し、創出してきた仏教文化を探り、近世から近代、そして現代へといたる宗教表現の継続と断絶、ならびに近代仏教の展開へ果たしたメディアの役割について明らかにしたい。

森　覚

本書では、一部固有名詞を除き、旧字・俗字等の記述は、原則新字・常用字体に統一して改めた。

Ⅰ　読む

扉画像：法藏館旧社屋の様子（3代目西村七兵衛の葬儀時）
（西村明編『仏書出版三六〇年』〈法藏館、1978年〉より）

第一章　「悪人」安芸法眼の江戸と明治

塩谷菊美

はじめに

本章は、石山合戦期に「悪人」と決めつけられた「安芸法眼」への評価が、江戸から明治の三百数十年間でどうなったか、その変遷を追うものである。日清戦争直後には、いかにも明治であって他の時代ではないと思わせるような高い評価を手に入れているのだが、それは本当に時代が変わったからなのだろうか。

まず最初に、安芸法眼という悪人が誕生した次第を見ておきたい。

応仁の乱のさなかの一四七四（文明六）年、東軍派で加賀守護の富樫政親は、西軍派の弟幸千代を倒すため本願寺門徒に協力を求めた。幸千代は高田門徒と結んで本願寺門徒を圧迫していたので、本願寺門徒は法敵打倒を叫んで一揆を起こし、幸千代に打ち勝った。新守護となった政親は本願寺門徒の勢いを恐れて弾圧を始めたが、逆に一揆に滅ぼされた[1]。

こうして本願寺の領国となった加賀を、蓮如一〇男の実悟は一五七五（天正三）年の『天正三年記』で「百姓の持たる国のやう」と評したが、[2] 間違っても一揆の勝利を称えたのではない。一揆を利用する目的で本願寺や地方の門徒集団に接近してくるのは加賀の富樫ばかりではなかったし、本願寺や門徒集団側も勢力強化を求めてそれに乗ることがあった。だが、実悟にとって、蓮如は信心一途の人であって一揆に関与したはずもなく、蓮如亡き後の宗門もまた現世の騒乱に関わるべきではないのであった。

『天正三年記』によれば、蓮如が加賀・越前国境の吉崎に坊舎を設けると、越前の人だが安芸へ行き来して「安芸」と呼ばれる者が熱心に参詣し、蓮如はそれまで重用していた下間玄永（玄英）を措いて安芸を近侍させた。富樫政親と対立した百姓衆が調停を依頼しようと蓮如に使者を送ってきたとき、安芸は彼らを蓮如に会わせず、逆に蓮如の命と偽って政親を討たせた。蓮如は吉崎を脱出し、安芸を破門したが、二四年後、臨終間近になって、弥陀の本願は悪人救済にあるとして赦免した。安芸は蓮如に三日後れて往生を遂げたという。

同書の記すとおりであれば、蓮如は門徒の一揆について何一つ知らされておらず、すべて安芸という「悪人」のせいだということになる。実悟はこれ以外にも幾多の書物を著して、本願寺門徒は蓮如に学べ、宗門は世事に関与してはならないと繰り返したが、本願寺や各地の一揆は戦い続け、ついに一五八〇（天正八）年、織田信長の圧倒的武力の前に膝を屈した。

豊臣秀吉の刀狩令では第一条に一揆防止が掲げられ、江戸時代には帯刀する支配身分（武士）と丸腰の被支配身分（武士以外の百姓・町人など）が明確に二分されて、百姓の一揆は紛れもない悪事となった。支配する側もされる側も「一揆」という語の使用さえ避け、やむを得ないときは「徒党」「騒動」などと記した[3]。

実悟の諸書は執筆当初にはたいして影響力を持たなかったが、江戸時代には東西両本願寺で重んじられるようになった。信仰の世界に閉じ籠もる本願寺像が幕藩体制の志向するところと一致したのである[4]。

一　吉崎退転を招いた外道

1　『本願寺由緒通鑑』

江戸時代に安芸法眼といえば吉崎退転をもたらした悪人であった。一七一五（正徳五）年に刊行された原隰軒作『本願寺由緒通鑑[5]』は親鸞から東西分派までを語り通す本願寺史の書物で、「吉崎退転ノ由来」について次のように説明している。

富樫政親が何かと高田門徒を贔屓したので、加賀・越前の門徒は「一党」「一味」して国守（守護）に敵対しようとした。そこで「貞実ノ者」たちは蓮如に門徒をなだめてもらおうと使者を送ったが、「下間安芸」は加賀にいたとき「富樫政親ヲ恨ムル事アリ」、これ幸いに富樫を滅ぼし立身しようという「悪念」を起こし、蓮如が蜂起を命じたと嘘をついた。門徒は加賀へ戻り、密かに蜂起の準備をしたが、「悪事千里ヲ走ルトヤ」、富樫に知られて吉崎は焼き払われた。富樫は加賀の本願寺末寺をすべて破却したうえ、中核となっている門徒を聞きつけ次第に死罪に処し、改宗しない百姓は追放したため、門徒は「憤リヲ含デ一揆ヲナシ」た。一四八八（長享二）年七月、富樫は越中へ逃亡したが、越中の門徒も加賀の門徒と牒じ合わせて攻めたので、ついに自害した。門徒は悦んで富樫領だったところを本願寺の寺領とし、蓮如から顕如までの四代、一四八八年から一五七五（天正三）年までの八八年間、加賀は「本願寺ノ知行所」であった。

同書で「一揆」の語の使用はこの一カ所しかない。門徒が「一揆」したことは否定できないし、加賀が本願寺の寺領になったことも事実とはいえ、万々やむを得ぬ事情でそうなったのだというのが作者の主張である。

なお、安芸法眼は同書では「下間安芸」と呼ばれる。下間家は親鸞直弟の下間蓮位に発するとされる本願寺坊官の家で、『天正三年記』に名の出る下間玄英もその出身であった。江戸時代人が蓮如に近侍した安芸を下間一族と考えても無理はない。『天正三年記』には「名字の麁子になし」安芸と呼んだという一節があり、『本願寺由緒通鑑』の作者はこれを蓮如が下間を名乗らせたと受け取ったようである。

2　『蓮如上人御一生記』（享保版）

『本願寺由緒通鑑』刊行翌年の一七一六（享保元）年、『蓮如上人御一生記』（以下、『享保版』と表記する）[6]が刊行された。『本願寺由緒通鑑』を参照しているのは確かだが、作者は不詳である。

『享保版』では安芸法眼はすっかり下間家の一員となり、京都大谷に本願寺があったころから蓮如に仕え、近江・北国へ随行したとされる。史実では玄英の子孫の下間刑部卿法眼頼廉・下間按察使法橋頼龍らが石山合戦で名を馳せた。そのせいもあってか安芸法眼も武勇の人とされていて、三河から来た佐々木如光と二人で大勢の叡山悪僧に立ち向かうなどしている。それでも安芸法眼の「悪逆」が吉崎退転をもたらしたという点は変わっていない。

同書の特徴は、「一揆」を真宗高田派や天台宗平泉寺といった、本願寺に敵対する人々の暴虐とすることである。本願寺方の行為には「一揆」の語を用いない。事実としては本願寺門徒が一向一揆を起こし、高田派や平泉寺は領主方についたのだから、あきれるしかない創作である。

巻二では「加賀ノ国ノ牢人一揆等」が吉崎を攻めようとすると、高田派が味方と頼んだ富樫勢が彼らを攻撃して、高田門徒も吉崎へ参詣して「邪義」を改めるべきなのに、逆に「一揆」を起こすとは言語道断と非難する。吉崎は加賀国守富樫と越前国守朝倉敏景の双方に崇敬されて繁栄し、高田門徒はもちろん諸宗が揃って蓮如に帰伏するのである。

この場面は、一四七三（文明五）年一〇月のいわゆる「多屋衆の御文」[7]に、うわさでは近々「牢人」（在地の武士）が吉崎を攻めるらしいという一節があるのを踏まえている。御文は一般に日用の和語で書かれたが、この御文は漢文体であるうえ、東西両本願寺の聖典である『五帖御文』（二〇〇通を超える御文の中から八〇通を選んで定本化したもの）に収載されていない。それら帖外御文が集成され刊本になるのは江戸後期まで降るが[8]、作者は享保という早い時点で、この御文をはじめとする何通もの帖外御文を駆使し、その発給日等に拠って各出来事の年月日を明示した。真宗学僧の中でも力のある人物だったのであろう。

学僧たちの祖師研究は史実探求ではなく、衆生済度が目的であった[9]。『享保版』は「多屋衆の御文」

の「牢人」に「一揆」を付加することで、一揆する高田派や他宗僧侶の「悪」と、領主たちに支持される蓮如の正しさを対照させた。権力者に信頼されるがゆえに無頼の徒に憎まれ、攻撃される、新しい蓮如像の造形である。

巻四に記す安芸法眼の所行は以下のようなものだが、これも嘘も方便の創作であろう。

一四七四（文明六）年三月一四日、吉崎で火災が起きた。朝倉敏景が再建を申し出たので蓮如は喜び、建築用材入手のため安芸法眼を大野へ派遣した。法眼は敏景舎弟の経景の館に宿したが、囲碁を打つうちに口論となって超勝寺へ駆け入り、超勝寺家来井上伝兵衛の妻を経景が奪って殺したと聞いて経景を討とうとした。経景は平泉寺の衆徒を語らい超勝寺へ押し寄せたが、超勝寺が法眼を説得して加賀へ落としていたので「一揆」は引き上げた。事情を知った蓮如は「マコトニ他人ワロキニアラズ」、獅子身中の虫、邪魔外道の所為と嘆き、ひそかに船で若狭小浜へ去った。寄手は吉崎を破却し、「吉崎ヲ滅スモノハ法眼ナリ平泉寺ニハアラズ」と言って引き上げた。はるか後に死に瀕した蓮如は「何程ノ悪逆アリトモ回心ノ上ハ子細アルベカラズ」と法眼を許したという。

二　専門的仏書から法座の語りへ

1　『蓮如上人御一生記（寛政版）』

一文不通の門徒を多く含む真宗では文字と声の協業が必須であった。粟津義圭はそれを象徴するような人物で、東本願寺の宗学者であると同時に唱導の名手であった。(10)

一七九一（寛政三）年に出版された『蓮如上人御一生記』（以下、『寛政版』と表記する[11]）は表紙に「粟津義圭校閲」とあるが、実際には『享保版』とほとんど変わらず、巻頭に義圭の序文と、京都大谷の本願寺が叡山悪僧に焼かれる以前のことを記した「蓮如上人御誕生之事」が増補されただけである。

義圭の他の板本は、「五十三駅ノ間デモ。箱根鈴鹿ノヤウナ難所ヲ経テ来タユヘニ。平坦ノアルキヨヒ道ガ喜ハレタモノヂヤ。聖道自力ノ術ナヒ味ヲ知ネハ。本願ノ容易ハ喜ハレヌ。」（『御伝鈔演義』。句点は原文のまま、以下同じ[12]）のように、唱導台本として使えるように作られていた。だが、『寛政版』は会話の部分でさえ「諸人ノ出入ヲ停止セシメタマフコトハマコトニ弥陀如来ノ御慈悲ニソムキタマフニ似タリトゾ面々ニナゲキ申シケル」といった調子である。七五年前の学問的書物のままだから当然ではあるが、購入者は表紙にだまされたと思ったかもしれない。

それでも粟津義圭の名が入ったのは大きかった。『蓮如上人御一生記』という僧侶相手の専門的仏書が、一般門徒の唱導に使える本に見えてきたのである。

ところで真宗の唱導は江戸時代には説法・談義・法談などと呼ばれていた。義圭の著作も『大経和讃二十二首即席法談』など「法談」の付くものが多い。しかし、明治に入ると、政府は仏法を説く「説法」等でなく、三条教則（敬神愛国・天理人道・皇上奉戴）を説く「説教」を行うよう命じた。神仏分離・廃仏毀釈の体験を経て、仏教各派は政府に認められることの重さを思い知っていたから、「公席」で三条を略し解きつつ「私席」では説法・談義・法談と称して「専ラ宗意ノミヲ弁ジ[13]」る、といった場合もあったにせよ、次第に「説教」という新語に馴染んでいった[14]。

『寛政版』から約一〇〇年後の一八九七（明治三〇）年一月一日、明らかにその子孫とわかる内容の『蓮如上人御一代記説教』（以下、『説教』と表記する）が刊行された。安価な通俗仏書をよく出している顕道書院の活字本で、表紙には「安芸　菅瀬徹照師述」とある。

菅瀬徹照は『親鸞聖人御一代記説教』『石山軍記説教』などでも有名な安芸の唱導僧である。ここでも「菅瀬徹照述」というだけあって、第〇巻、第〇話などでなく「第〇席」、文体も唱導のそれだが、唱導台本としての利用以上に、一般の門徒が読み物として享受していたらしい。そうでなければ、均せば毎年というに近い頻繁な増刷を重ね、一九三〇（昭和五）年にもまだ刷られている[15]ということにはならないであろう。

2　『蓮如上人御一代記説教』

『説教』のストーリーは『寛政版』を承けるが、細部はかなり変わっていて、いかにも明治の作と感じさせる。

まず、本願寺と「一天万乗の天皇陛下」とのつながりを強調し、「真俗二諦」を言う。その点で「いかにも明治」と感じさせる、日華門に関する記事を見ていこう。

この物語の初発も実悟の著作（『蓮如上人仰条々』）で、本願寺が日華門を建てたため、叡山が怒って大谷本願寺を焼いたとされる。日華門とは紫宸殿東側の唐門だが、それが本願寺に建った理由の説明もない、ごく短い記事で、実悟の他の著作には出ない。

『享保版』にこの話はないが、『寛政版』の「蓮如上人御誕生之事」では「禁庭ヨリ日華門拝領アリテ大谷ニ移シ玉ヒ」たため悪僧が妬み怒ったとされ、『説教』第一一席では次のようになった。

禁裡が日華門を建てたとき、左甚五郎が菊の葉一枚を彫り違えたが、蓮如が気付いて甚五郎に建て替えさせた。当時はちょうど蓮如の教化で誰もが「真俗二諦の規則を守り。天下太平国家安全の目出度き御世と相成」っていたため、後土御門院は彫り直す前の日華門を蓮如に与えた。それが「あの御本山の菊の御門である」。叡山は鎮護国家の霊場として下付を願い出たが叶わず、怒って本願寺を焼いたという。

「菊の御門」といえば東本願寺正面の三つの門のうち北側の勅使門（勅使参向のときにのみ使われる門）だが、この門は一八五八（安政五）年の蛤御門の変で焼失し、一九一一（明治四四）年に再建が成った。(16)

菅瀬徹照の生年は不詳だが、一九一五（大正四）年、次男芳英が四四歳のとき没しているから、(17)焼失前の菊の門を見ていても不思議はない。とはいえ、安芸の教蓮寺という西本願寺末寺の住職なのに、なぜ東本願寺を「御本山」と呼ぶのだろうか。また、一七六一（宝暦一一）年「本願寺大絵図」に描かれた菊の門（一七八八〈天明八〉年焼失）や現在の菊の門（一九一一〈明治四四〉年落成）には、両扉に大きな菊紋が一つずつ彫り出してあるだけで菊の葉はない。(18)

ともあれ『説教』では、蓮如の真俗二諦の化導によって天下太平・国家安全が実現したので、天皇が日華門を褒美に下したことになっている。「真俗二諦」の語は粟津義圭の唱導台本にもごくまれに、聖徳太子が「真俗二諦ヲ兼ラレ」俗諦ながら仏法を興した（『御伝鈔演義』巻二）などとして使われていたが、明治維新前後からにわかに真諦（仏法）俗諦（王法）相依、王法為本を強調する形で頻用され、敗戦までの教化の柱となった[19]。江戸時代の宗門人は日華門の一件にさして重きを置かなかったが、明治になって真俗二諦の教義に目覚めると、皇室との縁の深さと真宗布教の正当性を説く物語としてこれを見直したようである。

3　悪人から恩人へ

安芸法眼の人物像も大きく変化した。第二〇席ではこう説かれる。

朝倉経景と安芸法眼の囲碁の口論から吉崎再建の望みが失われ、蓮如は吉崎を去り、法眼は勘当されて加賀を流浪する。一方、高田派を贔屓する富樫政親を本願寺の敵と見た加賀・能登・越中の門徒は、「仏法を守護」するため「衆心一致」して、元気な者を選んで三〇万人の兵を揃える。もとは本願寺の家老職にあった「下間安芸法眼氏」を軍師に頼んで富樫を倒すと、「吾々如き土民百姓の分済として一国の大名を打取たのジや」と喜び、法眼を加賀の国主とすることに「協議一決」する。国主となった法眼は一七〇万石を残らず本山へ寄付する。加賀・能登・越中が本願寺の所領となったおかげで、本願寺九世実如から一一世顕如までの間、一国の大名も及ばぬほど「御手本《てもと》慥かな本願寺」となる。この知行がなければ織田信長に攻められても戦争などできなかったが、何十万騎の軍勢を養い置いて「愈快な勝」が取れたのは「全く法眼氏の大禄寄付の大功と云の外はなひ」。もっとも天正三年に信長がこれを奪ってしまったのだが。

同書でも吉崎再建を諦めた蓮如が「法眼はどうしたマー悪ひことをして呉つろうか」と勘当を申し付け、法眼が「法眼如き大悪人が広ひ世界にどこにあろう」と嘆いているから、悪人の代名詞たる伝統は継承されている。

ところが法眼は続けて、自分が経景をはずかしめたのは一つには彼を済度するため、一つには法の威徳を顕すためだったのに、結局は法義弘通の妨害になってしまったと悔やむ。これでは読者・聴き手は法眼に同情するしかない。悪人と言いながら、実態としては本願寺のいしずえを築いた恩人としての処遇である。

また、「一揆」は同書でも敵方（高田派や他宗）の行為であって、非難の対象だが、本願寺方の土民百姓三〇万人の蜂起と国主打倒は「一揆」と同じ内実を持つはずなのに、作者は胸を張って是認している。敵を倒して本願寺を繁栄に導くことは、無条件によいことなのである。

> こんな話を聞くに付ても国家の事であれ。御本山の事であれ心持を好に御取持申さねはならぬ。先年真宗門徒の面々が。御本山の護持会の御取持を申して置た。これに依て明治二十七八年度の日清の戦争に。本願寺より八十万円の軍事公債を差出された。それが手本となりて一億五千万円の軍事公債が何んの造作もなく調ふた。それ御ろうじ少々つゝの御取持でも塵が積れは山となる。御本山の御手元では大金の山を築き。吾国四千万の人民が。大幸福を得る元金となりたジやありませぬか。衆心一致の大功は強ひものよ。これに付ても御法儀喜ぶものは。なを〳〵胸を合せて御法の御取持を申さねばならぬ。

同書によれば、加賀の百姓は集まって協議し、武力行使の実行部隊をととのえ、軍事指導者を探して招き寄せ、ついに国守を倒して安芸法眼を新国主と決めた。法眼は百姓たちが支払った年貢を全額本願寺に寄付した。日清戦争時にも門徒が自ら本山の護持会に軍費を寄せ、全国の非真宗門徒もそれに学んで寄付をして戦争に勝ったとされる。

本願寺の強さは戦時の武士の強さというよりも、平時のすべての門徒の生産活動と「御取持」にあると、同書は捉えた。『寛政版』には蓮如は子供のころ裏に紙を貼った小袖を着ていたという話があるが、『説教』では雪の叡山で袷も着ずに修学する蓮如のもとへ、近江の金ヶ森弥七という貧しい百姓が妹の妙三に作らせた青茶（下等な茶）とはったい粉を持参する。

大谷本願寺が焼かれれば、近江堅田の漁師源右衛門と息子の源兵衛が蓮如をかくまう。安芸法眼は大津の浜名太郎左衛門を介して三井寺家老職の万徳寺に蓮如の保護を頼み、万徳寺は円満院の大僧正に上申し、大僧正は叡山に一泡吹かせる機会とみて近松寺へ受け入れる。その後、蓮如は御真影（親鸞そっくりに造られた木像）を近松寺に預けて北国へ発ち、三井寺は御真影に参詣する道俗男女で大繁昌となる。大僧正は喜んで近松寺と二〇〇石の寺領を蓮如に渡したので、蓮如は化導に専念でき、ますます諸人が帰依したという。

護法の念を支えるのは武力だが、武力は経済力に支えられ、経済力は本願寺門徒であることの自覚に基づいて行われる自発的な奉仕に支えられている。一人ひとりは微々たる力しか持たぬ「人民」の結集する強さを、同書は歌い上げて止まない。

三　「御一生（一代）記」における連続と断絶

1　『蓮如上人御一生記（唱導台本）』

板本の『蓮如上人御一生記』（『享保版』と『寛政版』）と同題だが、前半部しかない写本が近年紹介された。[20]

題名を同じくするところからもわかるように、この写本は『寛政版』をもとにしているが、単に板本に加筆・省略を施したのではなく、全体を作り替えた別の作品といってよい。「其〇席」とすることといい（ただし一五席以降欠）、「（叡山の衆徒が）下間メ居ル柄蓮如目モ此アタリニ居ルニ違ナヒ先コノ下間目ヲ仕舞ヘト手々ニ鎗長刀ヲシラメカシ」（其一一席。下間めがいるから蓮如めもこのあたりにいるに違いない。まずこの下間めをやっつけろと、手々に鎗・長刀をひらめかし）といった書き様といい、法談の台本と判断されるので、本節では『唱導台本』と表記する。

同書には、幼時の蓮如の肖像画である「鹿子ノ御影」が「近頃蓮師三百回御忌ノ砌リ」に石山寺で開帳されたので拝礼して来た者もあろう云々という一節があり、一七九八（寛政一〇）年の蓮如三百回忌直後の成立と考えられている。[21]

日華門をめぐる物語（其八席）は次のようである。

土御門院即位の際の紫宸殿前の唐門の普請で、門徒でもある左甚五郎が細工を命じられ、一六葉の菊花を三六彫るべきなのに、一つだけ誤って一七葉に彫った。祝儀に参内した蓮如は誤りを発見したが、禁裡の門を勝手に直すことはできないので、費用を負担して甚五郎に新門を造らせ、一夜のうちに取り替えさせた。天子がこれを聞き、古い門を下賜したのが「東本願寺玄関先ニ有ル菊ノ御門ナリ」。そこで王城守護を使命と自負する叡山が怒り、大谷本願寺を焼いたという。

ここでは「葉」は花弁を数える助数詞で、一六葉（花弁数一六枚）の菊花を三六輪彫るはずが、一輪だけ一七葉（花弁数一七枚）に彫り違えたとする。『唱導台本』はおそらくこれを菊の葉と誤解したのである。

西本願寺南側に現存する唐門（国宝）には、鳳凰・孔雀・麒麟などとともに多くの菊花が彫刻されているから、左甚五郎が日華門の菊を彫り違える話は、もとはこの門をイメージしていたのかもしれない[22]。

だが『唱導台本』には東本願寺の菊の門と明記されている。『説教』の作者が『唱導台本』と同型か、東本願寺を「御本山」とした写本を下敷きにしたとすれば[23]、自身は西派僧侶でも「御本山の菊の御門」と書くことになるであろう。

明治に真俗二諦が強調された結果、日華門の話が膨張したのではなく、一九世紀に入るころの法座で、蓮如が叡山以上に天皇に信頼されていたと説かれていたのではないか。

2　跳躍はどこで起きたか

『説教』は直接『寛政版』に拠ったのではなく、『寛政版』に出自する『唱導台本』型の写本をもとに、固有名詞の一部をわざと変えながら、全体としては細部まで忠実に継承しつつ「菅瀬徹照の語り」の形に作り上げたものと思われる。

金ヶ森の弥七・妙三兄妹、堅田の源右衛門・源兵衛父子、大津の浜名太郎左衛門など、『寛政版』になく『説教』に出る門徒は、みな『唱導台本』に同名で登場している。ただし、『唱導台本』では「三井寺の万徳院」「無動寺の僧正」、『説教』では「三井寺家老職の万徳寺」「円満院の大僧正」など、微妙に異なることもよくある。[24] 蓮如の実母・継母も『唱導台本』では「大納言信孝卿の娘の蓮の前」「広橋大納言兼光卿の妹の五月の前」、『説教』では「大納言信孝卿の娘の蓮前姫」「広橋中納言兼定卿の妹の五月の前」である。

人名だけでなく物語そのものも、弥七兄妹の青茶とはったい粉のみならず、信孝卿が石山観音に祈ると天の明星が庭前に落ちて蓮前を得る、継母が蓮如の布団に針を仕込むといった話が両方にあるように、細部まで対応関係が見られる。『説教』の説く近松寺領二〇〇石の寄進の話も『唱導台本』其一四席にある。

『説教』が『唱導台本』型の写本に忠実であるのなら、現存する『唱導台本』は前半の一四席分しかないけれども、本来はあったはずの一五席以降の分も想像できようというものである。

たとえば、『唱導台本』にはいわゆる「源兵衛生首」の物語[25]は存在しないが、源右衛門父子は其一二席に蓮如をかくまう門徒として名前だけ登場している。『説教』でも第一五席（『唱導台本』の其一二席に相当する）にやはり名前だけ出て、後半の第二一席で源兵衛生首譚が語られる。『唱導台本』も完本であれば、後半に源兵衛生首譚があったと見てよかろう。

源兵衛生首譚は蓮如三百回忌後に創られたと推定されているが[26]、まさにこの唱導の段階での創作ではなかろうか。一七世紀末から親鸞・蓮如等の遺跡寺院を紹介する書物が続々と作られるものの、源右衛門父子や弥七兄妹、浜名太郎左衛門の物語は江戸後期になってもまだ見えない[27]。在地の伝承を集めて唱導が成ったというより、板本に基づく唱導が蓮如伝説の大きな部分を準備したようである。『享保版』『寛政版』は祖師の生涯や教義を記した仏書の一で、読者のほとんどが僧侶だったのだろうが、蓮如三百回忌を機に唱導僧が同題の唱導台本に改作し、唱導僧の間に写本で伝わっていた一本から、明治になって一般門徒の読む『説教』が作られた。唱導僧の手控えは後世に伝わりにくく、前半部分のみの写本が残っただけでも奇跡的だが、その奇跡のおかげで、板本の『享保版』『寛政版』、寛政期の写本の『唱導台本』、明治期の活字本の『説教』という、「蓮如上人の御一生（御一代）」を語り通す四つの書物の流れが見えてきたのである。

　これら四つの書物について、その連続と断絶の状況をうかがえば、寛政期の板本と、同じく寛政期の唱導台本との間に、最も大きな懸隔・跳躍がある。江戸と明治の違いよりも、僧侶対象の学問的著作か、庶民相手の唱導に関わるものかという違いの方がよほど大きい。唱導に関わる二部の差は意外なほど小さく、明治の説教本は昭和まで読み続けられる。

おわりに

『唱導台本』に吉崎退転の場面はないが、『説教』にあるからには、完本であればきっとあったに相違ない。そこでは安芸法眼はどのように描かれていたのだろうか。

下間一族は『唱導台本』では、其一席で本願寺家老職の「下間法橋円知」が本願寺七世存如と蓮前の結婚を計らい、其二席では「円智」（円知と同一人物であろう）が親鸞再来の夢告を蒙る。其三席では「下間」が継母のいじめから蓮如をかばい、其五席でも「下間」が金ヶ森の弥七に事情を打ち明ける。其九席で初めて「下間安芸の法眼」が三河の佐々木如光とともに「大力無双の士」として登場し、以後は「下間・佐々木」の大力二人組が叡山悪僧から蓮如を守り抜く。其一二・一三席では「下間大進法橋」が悪僧に御真影を奪われまいとしてずたずたに切り殺され、その子の「下間少進」によって葬られる。

これらは『寛政版』にはなく、『唱導台本』で現れて『説教』に継承されるが、どれも下間一族の一途な奉仕として描かれている。『唱導台本』の下間一族は『説教』と同様に全員が称賛の対象なのである。

そこから類推すれば、加賀の百姓が蜂起して国主を倒すという、江戸時代には悪事以外の何物でもなかった行為を『説教』が否定しないのは、明治維新で世間の基準が改まったからではなく、江戸時代の唱導の段階ですでにそうなっていたと考えるのが妥当であろう。

知識人による学問的著作では、一向一揆は大正に入っても否定的に扱われた。東本願寺僧侶の村上専精は東京帝国大学文科大学で教鞭を執り、後には大谷大学の学長になった人だが、一九一六（大正五）年の『真宗全史』で「北陸の一向一揆」を「宗徒の狼藉」と記している。宗門外の歴史学者の研究書や学校教科書は言うまでもない(28)。

だが、法座では一九世紀のごく早いうちに、安芸法眼を本願寺の恩人と見る物語、すなわち、仏法のためという条件付きで「一揆」の内実を持つ行為を是認する物語が語られていたと見るべきである。武力を持つ者と持たない者、支配する者とされる者、戦闘従事者と生産活動従事者の間に線を引き、後者は黙って前者に従うべしとする感覚から、一般門徒はすでに離陸していたのである。

一八〇三（享和三）年刊の『絵本拾遺信長記』という絵本読本でも、百姓が竹槍や鋤・鍬を持って織田信長の軍勢と戦ったり、信長への対処方法を決める「衆議」のために女性を含む門徒が本願寺に集まったりする。実際には江戸時代の東西両本願寺が石山合戦を讃えることはなかったし、本山の重要方針の決定に一般の門徒、わけても女性を参画させようとは夢想だにしなかっただろうが、絵入り本は現実を先取りしてしまう[29]。

「いかにも明治」はいつ始まっていつまで続くのか。法談を聴き、絵本を眺め、総ルビ付きの説教本を楽しむ、「土民百姓」やその子孫たちの感覚に即して、もう一度見直してみたいものである。

註

（1）本願寺史料研究所編『増補改訂　本願寺史』（浄土真宗本願寺派、二〇一〇年）第一巻第五章に拠る。

（2）真宗史料刊行会編『大系真宗史料』伝記編5（法藏館、二〇〇九年）。

（3）保坂智『百姓一揆とその作法』（吉川弘文館、二〇〇二年）。

（4）大桑斉「中世末期における蓮如像の形成――願得寺実悟の場合」（『大谷大学研究年報』第二八号、一九七六年）。安藤弥『戦国期宗教勢力史論』（法藏館、二〇一九年）。

（5）『大日本仏教全書』一三二（名著普及会、一九八一年）。

（6）筆者蔵。

（7）浄土真宗本願寺派総合研究所教学伝道研究室〈聖典編纂担当〉編『浄土真宗聖典全書』五（本願寺出版社、

二〇一四年）。
（8）佐々木求巳『真宗典籍刊行史稿』（伝久寺、一九七三年）、万波寿子『近世仏書の文化史――西本願寺教団の出版メディア』法藏館、二〇一八年）。
（9）塩谷菊美「自行化他の学問」（真宗史料刊行会編『大系真宗史料』伝記編2、法藏館、二〇〇八年）。
（10）後小路薫『勧化本の研究』（和泉書院、二〇一〇年）。
（11）真宗史料刊行会編前掲註（2）『大系真宗史料』伝記編5。
（12）真宗史料刊行会編前掲註（9）『大系真宗史料』伝記編2。
（13）一八七二（明治五）年一一月の教部省通達「説教ニ付教導職ニ説諭」（国立印刷局編『法令全書』国立印刷局、一八八五年）。
（14）後小路前掲註（10）『勧化本の研究』。
（15）龍谷大学所蔵の第六版・第一二版、筆者蔵の第一〇版の刊記、および国立国会図書館蔵『電光朝露章説話』巻末の顕道書院広告による。
（16）「真宗本廟（東本願寺）造営史年表」（大谷大学真宗総合研究所編『真宗本廟（東本願寺）造営史――本願を受け継ぐ人びと』真宗大谷派宗務所、二〇一一年）。
（17）西本清人編『菅瀬芳英師の生涯と語録』（百華苑、一九七三年）。
（18）一九〇七（明治四〇）年「菊の門前面五十分一図」（真宗大谷派宗務所出版部編『両堂再建』真宗大谷派宗務所出版部、一九九七年）。
（19）本願寺史料研究所編『本願寺史』第二巻（浄土真宗本願寺派宗務所、一九六八年）、小川原正道『近代日本の戦争と宗教』（講談社、二〇一〇年）。
（20）真宗史料刊行会編『大系真宗史料』伝記編6（法藏館、二〇〇七年）。
（21）同前、解題。この写本には「東本願寺玄関先ニ有ル菊ノ御門」に「近頃焼失」の割注があるが、菊の門は一七八八（天明八）年の天明大火で焼失し、蓮如三百回忌の前の一七九七（寛政九）年九月九日に再建が成った（前掲註（16）資料）。したがってこの写本自体は一八二三（文政六）年の寺内失火による焼失、もしくは一八五八（安政五）年蛤御門の変による焼失のどちらかから間もない時期に書写された可能性がある。

(22) 一七九一（寛政三）年初演の浄瑠璃『彫刻左小刀』では、尾田春永（織田信長）と足利慶覚（本願寺顕如）の和睦を成立させるため、篤信の門徒である左甚五郎が足利家家老の息子下津田左門（下間）と我が子お文の首を浅井長政に差し出す。左甚五郎や本願寺に関わる浄瑠璃であることを「彫刻左小刀」という外題によって暗示できたのだから、これ以前に甚五郎が日華門を彫る物語が存在した可能性もあろう。ただし、この浄瑠璃と源兵衛生首譚の関係も含め、親鸞伝や蓮如伝と浄瑠璃の関係は「親鸞伝・蓮如伝をもとにして浄瑠璃が作られる」というだけでなく、その逆もあるようなので、どちらが先か軽々には判断できない。

(23) 『寛政版』は石山寺の観音像に幼い蓮如の肖像画が掛かっていたとするが、『唱導台本』は「鹿子模様タキ牡丹ノ御紋」の付いた衣服が掛かっていたとする。抱牡丹は東本願寺の紋であるから、『唱導台本』は東派で作られた可能性が高い。

(24) 「大津の浜名太郎左衛門」「三井寺満徳院」「円満院の大僧正」は『本願寺由緒通鑑』巻二にその名が見える。

(25) 「蓮如が越前から帰洛すると、三井寺が御真影を返してほしければ二つの首を持ってこいと難題を仕掛け、源右衛門が源兵衛と自分の首を差し出そうとする」という物語。現代の蓮如伝では最もポピュラーな物語の一で、近江の光徳寺・等正寺などがその遺跡寺院とされる。

(26) 沙加戸弘「蓮如伝の展開——縁起・絵伝・説話」（大谷大学真宗総合研究所編『蓮如の世界』文栄堂、一九九八年）。

(27) 青木馨「伝承と旧跡の成立——三河を事例として」（真宗史料刊行会編前掲註(20)『大系真宗史料』伝記編6）。なお『真宗史料集成』第七巻に『遺徳法輪集』『二十四輩巡拝図絵』など主な巡拝記や寺誌類がまとめられている。

(28) 塩谷菊美『石山合戦を読み直す——軍記で読み解く日本史』（法藏館、二〇二一年）。

(29) 同前。

第二章　説経節の受容と音読・黙読

――声と目でよむ『小栗判官』――

今井秀和

はじめに

前近代から近現代にかけて発展してきた「娯楽」的な要素を含む仏教文化は、主として読む、観る、聴く、といった三つの受容方法によって育まれてきた[1]。もちろん、様々な場面において、上記三つに加えての更なる要素――たとえば、歩いたり触ったり嗅いだり飲んだり食べたり――といった、参拝や遊覧、観劇や鑑賞などに伴う身体的な行動・感覚が付帯することになる。

ただし、仏教説話など、広く前近代の仏教にまつわる「物語」の受容態度に関して言えば、やはり読む、観る、聴くが最も重要なポイントになってくるだろう。問題は、これら三つの要素が少なからぬ場面で相互に分かちがたく結びついているという点である。したがって、これらを無理に弁別すると、かえって対象を捉えにくくなる恐れもあり、そうした部分には注意が必要である。

このような問題を踏まえた上で、以下においては、ある程度「読む」に特化した考察を進めていくことになる。ただし、ひとくちに「読む」といっても、音声で読み上げるのか、それとも発声せずに目で文字を追って理解するのかでは大きく受容態度が異なる。

そもそも仏教経典の多くは音読を前提としており、それと結びついた芸能もまた、発声によって共有されるものであった。ところが時代が下り、発声によって共有されていた芸能の内容が文字で記録されるようになると、必ずしもこのようなかたちに則さない受容の在り方が登場することになる。それが「黙読」である。

メディア論や文学・文化研究などの研究シーンにあっては長く、前近代には文字化されたものであっても音読によって共有されていた、という共通理解が一般的であった。とくに、マーシャル・マクルーハンによる、近代における活版印刷機の導入以降、初めて黙読が可能になったとする主張が強い影響力を持ってきた(2)。要するに、文字化された言葉が黙読によって受容されるのは近代に入ってから、という暗黙の了解めいた共通認識が長く通用してきたのである。

しかし本章では、こうした紋切り型の把握に対する疑問を呈し、近世においてすでに、黙読による仏教説話その他の受容が為されていた可能性について考えてみたい。具体的な考察の対象に据えるのは、中世から近世（江戸期）にかけて流行した芸能「説経節《せつきようぶし》」である。

その名の通り、説経節は仏教唱導的な要素を強く持っていたが、一方で純粋に娯楽としての魅力をも兼ね備えていた。なかでもとくに長尺で娯楽性の強い筋書きを持っていた「小《お》栗判官《ぐりはんがん》」の物語は、写本としての説経正本（台本）や絵巻物、奈良絵本などのほか、時代が下ると版本としての正本や草子本としても世の中に流通することになる。

説経節は古浄瑠璃と相互に深い関わりを持って発展してきたほか、時代が下ると人形浄瑠璃や歌舞伎などの芸能にも大きな影響を与えた。説経節『小栗判官』の影響下にある人形浄瑠璃（文楽）としては、近松門左衛門『当流小栗判官』『小栗判官車街道』などがある。以下においては、説経節『小栗判官』が文字や絵画として記録されていく展開を例として、音読・黙読といった問題をひとつの軸に、仏教と娯楽との関係性について考えていくこととしたい。

一　説経節『小栗判官』

小栗判官は、破天荒な主人公である美丈夫「小栗」と、彼に見初められた照手《てるて》姫《ひめ》との関係性をひとつの軸として、そこに異類との交渉や、あの世からのよみがえりなどを織り込んだスペクタクルな恋物語である。以下、宮内庁蔵本の絵巻を底本とする平凡社東洋文庫『説経節』所収「小栗判官」に沿いながら、便宜的に前半・後半に分けて、この物語のあらすじを手短に確認しておきたい[3]。一部に省略の跡が認められるものの、この絵巻の本文は説経正本に拠るものだと考えられている[4]。

前半：鞍馬の毘沙門の申し子である「小栗」は、知力と武芸に秀でた美しい若武者に育った。両親が選んできた女性を七二人まで撥ねのけるが、深泥《みぞろ》が池の神たる大蛇に見初められると、ついには美女に化けた大蛇と契りを結ぶ。これを知り激怒した父は小栗を常陸国玉造（今の茨城県小美玉市）に流す。しかし小栗は、常陸で大勢の武士を従えて蛮勇をほしいままにする。そこへ諸国流浪の薬売りが現われ、武蔵国の郡代、横山の娘に照手姫なる美女がいると告げる。小栗は様々な手を尽くしたあげく、ついには強引に姫を我が物にしてしまう。世慣れぬ照手姫も、小栗を生涯の伴侶と見定めてこれに従う。

ところが照手の父、横山の憤怒は凄まじく、小栗を巨大な人喰い馬「鬼鹿毛《おにかげ》」の餌食にしようと画策するものの、小栗はこれを手懐けてしまう。次に横山は宴の席での毒殺を企む。夢でこれを察知した姫は宴に出るのを止めるが、小栗はこれを聞かず、ついには一〇人の従者を道連れに毒酒をあおってあえなく命を落とす。横山は博士（占い師）の言に従って、従者一〇人を火葬に、小栗を土葬にした。

後半：次いで横山は、家臣に照手姫の殺害を命じるが、手心を加えられた姫は相模国ゆきとせが浦に漂着して土地の者に拾われる。しかし、その妻は照手姫に嫉妬して人買いに売り飛ばしてしまう。姫は諸国をさまようが、遊女になることを拒んで「常陸小萩」に名を変えると自ら厳しい労働に勤しんだ。一方、命を落とした小栗は閻魔大王に地獄行きを命じられ、従者は娑婆への帰還を許される。しかし従者たちは、自分たちの代わりに小栗を娑婆に戻してくれるよう懇願。その想いに打たれた閻魔は一一人揃っての帰還を認めるが、あいにく従者たちの死体は火葬されていた。そこで閻魔は彼らを側近の十王として迎え、小栗一人を帰すことにした。

そして、日本にいる藤沢の上人に宛てて「この者を熊野本宮の湯の峰に入れるように」と記した札を持たせると、小栗を現世へと戻したのである。よみがえりの瞬間、築かれて三年になる「小栗塚」がパックリと四方に割れると、卒塔婆は転がり、カラスの群れは鳴き騒いだ。この様子をいぶかしんだ藤沢の上人が立ち寄ると、そこには見る影もない不気味な姿の小栗が蠢いていた。髪は茫々、手足は糸よりも細く、腹は鞠を括ったようで、あちこちを這い回る小栗……。上人は餓鬼に似たその姿から小栗を「餓鬼阿弥陀仏」と名付けると粗末な土車に乗せ、熊野の湯の峰を目指して車を牽いて行った。その後、土車は上人の手から、牽けば功徳があると聞かされた、街道を行く人々の手に渡る。

やがて土車は、噂を聞いてこれを牽くべく、主から三日の暇をもらい受けた小萩の手に渡る。小萩は餓鬼阿弥の正体を知らず、餓鬼阿弥も小萩の正体を知らない。その後、小萩の手を離れた土車は別の者に牽かれ、ついに餓鬼阿弥は湯の峰の薬湯に入る。浸かること七日目にして両眼が開き、一四日目に耳が聞こえ、二一日目にはものを食べるようになり、四九日目には元の小栗に戻った。

そののち、熊野権現の加護を受けた小栗は、照手姫との邂逅、父や横山と和解しての武者としての復権を果たす。さらには長寿を保って没すると八幡荒人神として顕現し、物語は大団円を迎える[5]。

日本の古典における地獄や黄泉国、すなわち「あの世」からの蘇生譚は、一応の事実として伝えられた説話と、フィクショナルな物語とに大別できる。しかし、物語性の強かった作品が在地の伝承に取り込まれる場合もあり、ときに両者の境目は曖昧でもある。いずれにせよ、地獄や黄泉国などに堕ちた、あるいは地続きで冥界に迷い込んだ者が、もとの世界に戻る（蘇生する）話だと言える。

『小栗判官』の場合、そうした蘇生譚とは若干、趣を異にしている。蘇生譚という点では共通するものの、小栗は五体満足では娑婆に戻れなかった。冥界からの復活に際して、これを目撃した藤沢の上人に「餓鬼阿弥陀仏」と名付けられてしまうような、餓鬼めいた姿で顕現せざるを得なかったのである。そして、実にこの一点が、冥界の様子を言語で表現できぬまま受動的に人々の手を経て熊野に運ばれていく小栗の哀れさを強調することになる。

この物語を享受していた人々は、餓鬼阿弥の乗った土車を牽く物語内部の人々とは違って、餓鬼阿弥が誰かを知っている。したがって、それと知らない常陸小萩（照手姫）が餓鬼阿弥の土車を牽く場面が享受者の胸を強く打つのである。しかも照手は、餓鬼阿弥が地獄からの蘇生者であることは知っているから、餓鬼阿弥に触れることで冥界へと去った小栗の消息に少しでも近づけるのではないかという一途な想いを胸に宿している。

はるか後世の通俗娯楽物語、たとえば吉川英治の小説『宮本武蔵』（『朝日新聞』一九三五〜一九三九年連載）における武蔵とお通の姫路城下花田橋上でのすれ違い、あるいは菊田一夫脚本『君の名は』（ＮＨＫラジオ、一九五二〜一九五四年放送。以降、複数回のＴＶドラマ化）における真知子と春樹の数寄屋橋上のすれ違いを見ても分かるように、ニアミスなどでなかなか再会できない主人公カップルをめぐる物語は庶民の関心を引く、ひとつの王道パターンである。

小栗と照手の物語もまた、土車を介しての「出会い」という名のすれ違いこそが、ひとつの大きな見せ場であった。その美貌を隠すため、狂女に扮して土車を牽きつつ瀬田の唐橋を渡る照手姫――。いずれも橋に絡むのが面白いが、後世、新たに作られた『宮本武蔵』や『君の名は』と異なるのは、主人公カップルを別つことになる理由が「死」であり、死を経てなお、双方が相手を目指す物語が続いていく、という点である。こうした物語が成立するには、地獄や餓鬼道などの「冥界」の存在が前提となるのであり、少なくとも物語を受容しているその瞬間においては、「冥界」の存在やそこからの蘇生は享受者にとってもリアルなものなのであった。

二　『小栗判官』と各地の信仰

それでは、以上のような小栗判官の物語は仏教とどのように関わっているのだろうか。まず、先にあげた筋書きの内容から述べれば、そもそも小栗が毘沙門の申し子である点、次いで小栗と従者たちが地獄に堕ちる場面、そして、変わり果てた姿で蘇った小栗を僧侶である藤沢の上人が見つけて「餓鬼阿弥陀仏」と名付け、人々が功徳を求めて土車を牽いていく場面などに、きわめて濃厚な唱導文芸の匂いを認めることができる。

もちろん、小栗が熊野権現の加護を受けて八幡荒人神として顕現する場面には熊野信仰などが深く関わっている。ほかにも、諸本にはそれぞれ様々な神仏や寺社との結びつきを見出すことが可能である。しかし、神仏習合の思想が色濃い中近世の唱導文芸について考える上では、仏教と神道とを無理に切り分けようとしたり、両者の比重に拘泥したりすることにはあまり意味がない。小栗判官も、神仏が入り混じった宗教文化の中から発生してきた物語なのであった。

それでは、いわゆる「本地物」などの寺社縁起が中世に隆盛を見たのはなぜなのか。哲学者・日本思想史家の和辻哲郎はその理由として、応仁の乱によって社会の秩序が乱れたことをあげる。それに伴い全国の寺社が幕府や大名からの経済的な支持を失うと、ついには全国の僧侶や神官たちが自ら霊験譚を語り広める必要に迫られた、というのである[6]。

さて、次いで小栗判官の成立背景に目を向ければ、神奈川県藤沢市にある時宗総本山、清浄光寺

（通称「遊行寺」）との関わりが見えてくる。戦国時代初期に編まれた歴史書・軍記物である『鎌倉大草紙』（『太平後記』とも）には、毒殺されそうになった小栗助重が遊女「照姫」の助けによって難を逃れ、荒馬「鹿毛」にまたがって藤沢の遊行寺に駆け込んだという記述がある。前出の和辻はこれを小栗判官にまつわる記録・伝承のうち最古の事例として捉え、伝説の淵源を『鎌倉大草紙』に求めている。

ただし、説経節をはじめとした小栗判官の物語を広く眺めてみると、個々の書において様々な神仏との結びつきが示されており、必ずしも時宗の遊行寺における活動など、一定の信仰とのみ関わるものではなかったことが分かる。国文学者・民俗学者の福田晃は和辻説を批判し、蘇生について語る小栗伝説のほうが『鎌倉大草紙』に先行していると述べる。また、熊野・伊勢を出立した神明巫女および、それに糾合した各地の口寄せ巫女が小栗の物語に関わっており、照手姫というキャラクターに巫女のイメージが宿っている可能性を指摘する。[7]

国文学者の西田耕三は、草子本『おぐり物語』や一六七五（延宝三）年刊『をぐり判官』末尾には神仏に関する記述がないこと、奈良絵本『をくり』が冒頭で小栗を正八幡の子としつつ末尾を北野愛染堂の縁起とすること等々の差異を提示した上で、「説経『をくり』の諸本もまた、神仏との関係が便宜的であったことを示している」とする。[8] また廣末保は絵巻『をぐり』に記された物語の生成に漂泊民と定住民の双方が関わっていた可能性を指摘し、小栗が荒人神となる本地語りは後に加えられたものだとした。[9]

以上のような諸説を確認するだけでも、説経節に代表される小栗判官の物語が一筋縄ではいかない成立背景を持っていることが分かる。ここで確認できることは、小栗をめぐる物語が様々な土地でそれぞれの信仰と結びつき、変容しつつバリエーションを増やしてきたという点であり、その核には特定の信仰よりもむしろ「娯楽」としての物語的な側面が根強く鎮座し続けていたのであった。

現代的な観点で仏教と物語との関係性を見つめようとすると、どうしても仏教唱導としての物語と、それ以外の物語、といったかたちで無意識的な切り分けを行ってしまいがちである。しかし、いわゆる仏教唱導の本流以外にも、仏教唱導的な側面を持つジャンルや作品は多い。

さらに、類似のキャラクター設定や筋書きをもつ物語でありつつ、時代やジャンルを超えて展開していくような人気作もあり、それらの中には、初期には仏教唱導的な側面が強かったものの、やがてそれが薄れ、キャラクターや筋書きそれ自体に魅力を見出されていったものもある。小栗判官もまた、そうした展開を遂げていった物語のひとつなのであった。

三　説経節を「よむ」

さて、筆者がそうであるように、現代の読者の多くは本章で扱うような説経節などの文芸や、文字として記録されたいわゆる仏教説話の類を「黙読」で受容している。音声のメディアであった口承文芸を受容する態度として、その本来的なありようと現代のそれとの間には、大きな隔たりがあることになる。

説経節や能楽などの研究を行うスーザン・マティソフは、説経正本を目で読むことによって失われてしまう特性を、人間の声の威力、イントネーションの効果、節を安定させたり引きつけたりする機能、リズミカルな公演のパターンの四つに分けて整理している[10]。「正本《しょうほん》」とは語りを主とした芸能の台本のことであり、実際に発声するためのフシ、クドキ、セメ（ツメ）などに関する記号などの書き入れが為されている。説経正本は、台詞や節回しを記憶するための台本としての役割を帯びていた。

　こうした点において、幼少期に直接、口承文芸としての説経節に触れた記憶を持ち、長じて人形芝居としてこれを「再演」することになる作家、水上勉（一九一九～二〇〇四）の存在は貴重である。福井県に生まれたのち、九歳で京都の禅寺に預けられた水上は、説経節以外にも様々な口承文芸を直接聞いた経験を持っており、また仏教経典の読誦という「現場」にもいた。そのため、水上は自然な姿勢で「音読」文化としての説経節を捉えており、そうした視点は『説経節を読む』にまとめられている[11]。

　中世に始まり近世にかけて流行した説経節は、仏教的な要素を強く内包した音声メディア主体の芸能であった。「ささら」や鉦鼓などの楽器を伴う口承文芸としてスタートしたのち、ときにより場所により三味線を伴奏楽器としたり、あるいは人形劇と結びついたりしつつ、多様な展開を遂げていく。

　さらに、五説経と呼ばれる「愛護若《あいごのわか》」「信田妻《しのだづま》」「梅若《うめわか》」「山椒大夫《さんしょうだゆう》」「刈萱《かるかや》」のほか「小栗判官」などの人気作の筋書きは、ときに歌舞伎などの後出の芸能にも影響を与え、逆に、説経節自体は次第に衰えていった。そうした流れの中、音声メディアとしての口承文芸であった説経節は説経正本といったかたちで文字メディアにも変換され、版本として印刷された説経正本は広く各地に流通することになった。

一方で『小栗判官』の物語は、文字と絵画とを併せた、いわば「スクロール形式」の絵巻物や、「テキスト形式」の奈良絵本としても記録されることとなる。内容の整った絵巻としては、伝岩佐又兵衛画『をぐり』（宮内庁三の丸尚蔵館所蔵）が伝わる。[12] 前出の和辻はこの絵巻の写しについて述べる際、「眼に訴える絵巻」という表現を用いている。和辻の言う通り、絵巻物の大きな特徴としては、絵画表現の存在をあげることができる。しかしハンディな読み物とは言い難い絵巻物は、一般に個人で受容するものではなかった。これが「よまれる」際には、絵巻をスクロールする者が詞書を音読し、その周囲をとりまく者たちは絵を眺めつつ、音読される言葉を聴いていたのであり、絵巻物は聴覚メディアと視覚メディアが融合したものとして捉えておくべきであろう。

太平洋戦争直後の日本では、映画の代用品としての紙芝居が人気になったが、音読を伴う絵物語という点で、絵巻物は紙芝居にも似ている。ただし、一つながりのスクロールであるという点においてはむしろ映画のフィルムを彷彿させる。絵巻物を読み上げる人物は、音声を伴わない初期の映画（活動写真）における活弁士のごとく、絵の間に挟み込まれた詞書を発語していたわけである。[13]

四　サイレントな読書

印刷された説経正本や説経草子本（図1）などの読者は、目で挿絵を見つつ、同様に目で文字を読んでいたわけだが、問題は、目から受け取った文字の情報を、脳内に留め置いたか、あるいは音読して口から吐き出していたか、というところにある。もちろん、本来的な正本の目的がそうであったよ

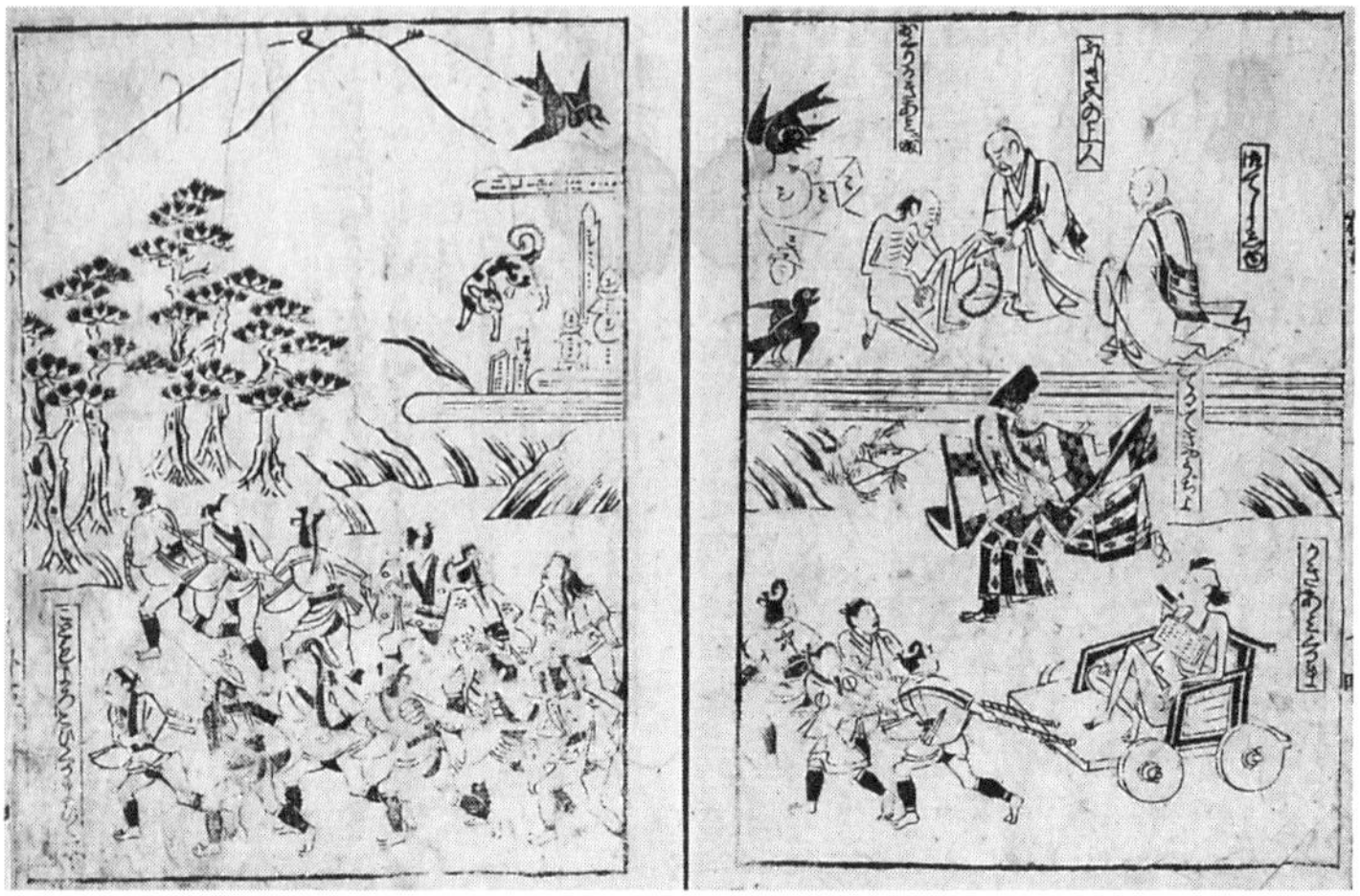

図1　説経草子本『おぐり物語』下、鶴屋喜右衛門版
（国立国会図書館デジタルコレクション）

うに、これを音読していた者が多かったことは容易に推察されるが、果たしてそれ以外の受容の仕方はなかったのだろうか。

　冒頭でとりあげたマクルーハンらによる主張の影響力は大きく、以降、前近代には黙読がなかったとする暗黙の了解めいた共通理解が一般化してきた。日本における黙読については、国文学者である前田愛の論文「音読から黙読へ――近代読者の成立」（『近代読者の成立』所収）以降、近代に入ってからの産物だという理解が為されてきた[14]。前田は、近代に入ってからも音読が広く行われていたことを示した上で、黙読の文化がきわめて近代的なものだという、ある種の「通説」を作り上げたと言える。そして人文科学系の諸ジャンルでは、こうした通説が長く市民権を得てきたのである。

　たしかに、近世には音読の文化が主流であった。まずは漢文の素読である。藩校や寺子屋などの各種教育機関では、漢文それ自体の意味はともあれ、まず音読による暗記を行い、その上でテキスト内部への理解を深めていくという流れで、論語その他、四書五経の素読をさせていた。

それに加えて雅な謡曲や俗な浪曲などの稽古事の文化もあった。たとえば、長編探偵小説『ドグラ・マグラ』で知られる作家の夢野久作（一八八九〜一九三六）は幼少期に、福岡藩士だった祖父の杉山三郎平（一八三八頃〜一九〇二）から漢文の素読を叩き込まれ、喜多流能の梅津只圓（一八一七〜一九一〇）からは謡曲の指導を受けていた。久作は近代人でありつつ、近世から続く音読の文化を浴びて育ったわけである。

近世の音読および暗唱の事例としては、国学者の塙保己一（一七四六〜一八二一）も重要である。塙は幼少期に失明したにもかかわらず大量の古典籍の内容を暗記し、のちに『群書類従』編纂という大事業を主導するに至った。幼いヘレン・ケラーが母親から聞いて心の支えにしていたというその偉業は、聴覚によるテキスト内容の記憶に拠っていたことになる。

一方で近世における聴覚障害者の読書行為においては、必ずしも音読が行われていなかったものと思われる。唐突だが、この問題について考える上で筆者が想起したのが二〇二二年放送のＴＶドラマ『silent』であった[15]。このドラマには、聴覚障害者である登場人物の愛読書として、実在する詩集『微熱期』が登場する。ドラマの筋書きとは直接関係しないが、聴覚障害者の中でも発語が困難な聾唖者が読書する際、自然とその読書行為は「黙読」になるわけで、それは前近代においても同様だったはずである。

また、前近代の健常者を対象にした場合でも、ＴＰＯに応じて自然と黙読が行われていたものと考えられる。たとえば辞典・事典の類や、ひたすらに事実関係を列挙した宗門人別《しゅうもんにんべつ》改帳《あらためちょう》および地《じ》方文《かたもん》書《じょ》などの場合、探している情報がどこにあるのか、パラパラとめくっていく必要がある。現実的に考えて、そうした作業を行う間、目に入った全ての文字を音読していたはずがない。また、密書の類をいちいち音読していては意味がないし、一人でこっそり眺めることも多かったと想定される春画や春本の場合、その詞書を常に音読していたとも考え難い。

さらに近年、安田賢人は「音読の習慣と黙読――古代ギリシャ・ローマを中心とした文化的背景としての黙読の研究」と題した論文において、西洋・東洋における複数の具体的な資料をもとに、マクルーハンらの主張を覆している。

安田は、近世の儒学者である江村北海（一七一三〜一七八八）がその著書『授業編』（一七八三年刊）において、音読・黙読それぞれの使い分けについて述べていることをとりあげ、近世の日本にあってもすでに意識的な黙読が為されていたことを示す。

江村北海『授業編』は、声を発して書を読むことを「読書」、声を発さずに書を読むことを「看書」として、両者を弁別する。さらに同書には、音読・黙読どちらが効果的なのかと問う人があるが、双方に一長一短があり、一概にどちらが良いとも言い難いといった記述があり、近世日本において黙読がすでに一般的な行為であったことが分かるのである。こうした事例を踏まえた上で、安田は次のように述べる。

> 活版印刷の導入は書物の大量生産による読者の絶対数を底上げし、かつ判読性の高い書物を追求

していく傾向性を生み出す為に、黙読をする人物が増えてきたということは事実であろう。一方でこうした非西洋の事例を見ると、活版印刷があろうとなかろうと人々は読書を行う中で、黙読も音読も状況に応じて共に行われていたことが分かるだろう。[16]

さて、このような指摘により、近世日本にあっても黙読がある程度、一般的に行われていたことが確認された。このほか近世文芸に触れている中でも、黙読が近代以降の行為だという通説に必ずしも全幅の信頼を置けないような事例にでくわすことがある。以下に示す通り、説話の内容から黙読の存在を掬い取れる場合や、版本の構造から黙読の可能性を指摘可能な事例も見出されるのである。

たとえば、平田派の国学者でもあった津軽の画家、平尾魯僊（一八〇八～一八八〇）による随筆『谷の響』には、自身が直接聞いたという次のような世間話（噂話）が記録されている。[17]

一〇月中旬、風がすさまじく吹きすさぶ夜半のこと。ひとり灯火のもとで書物を開いている伊藤某の前に飼い猫がやってきて、「さぞ淋しくおられませう」と喋った、という話である。この話は戸外の暴風を遠景に、それとは対照的に静まり返った室内の空間を設定しており、そこで唐突に猫が喋るという点にこそ意味がある。すなわち伊藤某がここで朗々と音読していては、せっかくの怪談もその妙味を失ってしまうことになる。

なお、猫が人語を喋る近世の世間話は多い。紙幅の都合上、ここでは深入りできないが、随筆『耳袋』には寺院で飼われていた猫が突然に人語を喋る話などが記録されており、こうした話の淵源が寺院にあった可能性もある。[18]

また、近世の版本における本文と挿絵とをめぐる視線の往来を事例として、すでに高度な黙読が行われていた可能性を指摘する研究もある。国文学者の染谷智幸は、『西鶴諸国はなし』巻一に収められた、盲目の笛名人が超人的な聴覚を発揮する「不思議のあし音」において、ハナシ〔本文・聴覚〕と挿絵〔視覚〕が見事な相互補完を果たしていると指摘した上で、次のように述べる。

> このパノラマを味わうためには、読者は本文と挿絵を頻繁に行き来する必要がある。とすれば、本話の読者は音読ではなく、すでに高度な黙読を行っている可能性が高い〔日本における黙読の成立は明治以降と言われる〔前田愛『近代読者の成立』昭和48、など〕。本話は日本の読書文化を考える上でも重要な問題を提起している。(19)

染谷による以上のような指摘は重要である。絵入りの版本には、頻繁に丁をめくりつつ、本文と挿絵との間を往来せねば内容を把握しづらいものが少なくない。もちろん、これを音読していた読者も多くいたことであろうが、一方で、全ての読者が音読のみによって絵入り版本の類を受容していたと考えることには、かなりの無理が伴うように思われるのである。

おわりに

説経正本の場合、版本としてのそれには挿絵が添えられることとなり、また正本の内容を受け継ぐ草子本などの場合も文字と挿絵で構成されている。つまりは、目で「よむ」ことが企図されているわけである。もちろん、本来的な目的はあくまで「正本」にあったわけで、版本についても目で絵をよみ、口で言葉をよむ、という受容の仕方が行われていたことだろう。

だがその一方で、当たり前のことではあるが、絵は基本的に黙読するものだという事実も確認しておきたい。また、さきに引用図版で示した如く、版本の挿絵にはキャラクター名を記した文字や、状況説明などが挿入されていることも多い。読者はこうした文字もあまねく音読していたのだろうか。絵は黙読できるのに字はできない、というのは、通説に沿ったいささか硬直した認識ではなかったか。

加えて、ここであらためて押さえておきたいのが、黙読は基本的に個人で行うものだという点である。そうした前提から外れたものとして思いつくのは、現代における少年少女が漫画雑誌の回し読みをする際、順番を待てない者たちが横から雑誌を覗き込み、複数で黙読するような場面であるが、これはあくまで例外的であろう。

説経正本には上方で刊行されていたものがあり、また、それらに依拠して江戸前期の寛文年間（一六六一〜一六七三）頃に鶴屋喜右衛門から刊行されたと考えられている絵入りの説経草子本のシリーズがあった。その中には、上中下巻のうち下巻のみが現存する『おぐり物語』もあり、さきの引用図版ではそのうちの挿絵のひとつを示した[20]。

仮に、印刷された説経正本や説経草子本を黙読する近世の読者がいたのなら、前近代においても、仏教唱導の要素を含む物語のきわめて個人的な受容が行われていたということになる。それは、説経のような、あるいは絵解きのような、中世以降に一般的であった集団での音声メディアを伴う受容とは異なる物語共有の「現場」だったと言えるだろう。

繰り返しになるが、そもそも説経節は口頭の芸能であり、説経師による発声を複数の聴衆が耳にするものであった。その筋書きが説経正本としてテキスト化されると、音読によって享受されることになる。これは独りでも読めるし、他者に聴かせることもできる。

さらに、版本としての説経正本や説経草子本には挿絵も付されることとなり、この段階に至ると、独りで読むことも多くなったものと推察される。その際、広義の「説経節」が黙読されていた可能性もあり、以上においてはそうした読書のありようを想定しておくことの必要性を示してきた。言うなれば、基本的には同一の物語でありながら、芸能としての「実演」から、物語の筋書きを味わうための「読書」へのシフトである。近世において、すでにそれが生じていたことは充分に考えられる。

本章では資料捜索の幅がきわめて狭く、考察も限定的な段階に留まってしまった。今後はより広範に資料を求めつつ、近世以前における仏教関連の物語が、個々の場においてどのように「よむ」ものであったのか、引き続き考えを深めていくこととしたい。

註

(1) 近代における宗教表象の継承と変容については以下の研究が詳しい。堤邦彦・鈴木堅弘編『俗化する宗教表象と明治時代――縁起・絵伝・怪異』(三弥井書店、二〇一八年)。
(2) マーシャル・マクルーハン著、森常治訳『グーテンベルクの銀河系――活字人間の形成』(みすず書房、一九八六年)。
(3) 荒木繁・山本吉左右編注『説経節』(平凡社、一九七三年)。

（4）もと御物（皇室の所有物）であった宮内庁三の丸尚蔵館所蔵の絵巻『をぐり』は全一五巻。信多純一・坂口弘之校注『古浄瑠璃　説経集』（岩波書店、一九九九年）における『をぐり』の解説は、諸本としてほかに以下をあげる。奈良絵本『をぐり』、古活字丹緑本（下巻のみ）、寛永頃『せつきやうおぐり』（中巻零葉）、寛文六年・延宝三年整版正本、草子『おぐり物語』（中・下巻）鶴屋版、正徳・享保頃刊の佐渡七太夫豊孝本『をぐりの判官』。

（5）あらすじの大枠は、以下拙稿で示したものをもとに加筆修正を加えた。今井秀和「ゾンビとしての餓鬼阿弥――小栗判官、生ける屍からの復活劇」（『怪』第四八号、角川書店、二〇一六年七月）。

（6）和辻哲郎『日本芸術史研究――歌舞伎と操り浄瑠璃』（岩波書店、一九五五年）、二六六頁。

（7）福田晃『中世語り物文芸――その系譜と展開』（三弥井書店、一九八一年）。

（8）西田耕三『生涯という物語世界――説経節』（世界思想社、一九九三年）。

（9）廣末保『漂泊の物語――説経『小栗判官』異郷からの訪れ』（平凡社、一九八八年）、九四～九七頁。

（10）Susan Matisoff「説経正本といわゆる口承文学」（『国際日本文学研究集会会議録』第九号、国文学研究資料館、一九八六年）、二一八頁。

（11）水上勉『説経節を読む』（新潮社、一九九九年）。

（12）『三の丸尚蔵館展覧会図録8　をくり――伝岩佐又兵衛の小栗判官絵巻』（宮内庁、一九九五年）。太田彩監修・解説『ミラクル絵巻で楽しむ「小栗判官と照手姫」伝岩佐又兵衛画』（東京美術、二〇一一年）。

（13）絵巻物の特性を活かし、岩佐又兵衛の絵巻物『山中常盤』に浄瑠璃とナレーションを付けた以下のような長篇ドキュメンタリー映画も存在する。『中常盤　牛若丸と常盤御前　母と子の物語』（羽田澄子演出、若林洋光・宗田喜久松撮影、工藤充製作、二〇〇五年劇場公開）。

（14）前田愛『近代読者の成立』（有精堂出版、一九七三年）。

（15）生方美久脚本のＴＶドラマ『silent』はフジテレビ系「木曜劇場」枠、二〇二二年一〇～一二月放送。作中に登場する詩集は、第六〇回歴程賞受賞、峯澤典子『微熱期』（思潮社、二〇二二年）。

（16）安田賢人「音読の習慣と黙読――古代ギリシャ・ローマを中心とした文化的背景としての黙読の研究」（『表

現学部紀要』第二三号、和光大学、二〇二二年三月）。
（17）「谷の響」森銑三・鈴木棠三編『日本庶民生活史料集成』第一六巻（三一書房、一九七〇年）。本章で扱った猫の話については、以下の拙著で現代語訳・注・解説を行った。今井秀和訳・解説『世にもふしぎな化け猫騒動』（ＫＡＤＯＫＡＷＡ、二〇二〇年）。
（18）詳細は以下拙稿を参照されたい。今井秀和「江戸の噂と怪猫――猫はなぜ喋るのか」（横山泰子・早川由美・門脇大・今井秀和・飯倉義之・鷲羽大介・朴庾卿・広坂朋信『猫の怪』、白澤社、二〇一七年）。
（19）染谷智幸「鑑賞の手引き　男装の女主人は大阪で何を買うのか」（西鶴研究会編『西鶴諸国はなし』、三弥井書店、二〇〇九年）、三〇～三一頁。
（20）阪口弘之『古浄瑠璃・説経研究　近世初期芸能事情』上巻（和泉書院、二〇二〇年）。

第三章　明治一五年の草双紙『開化地獄論』

——啓蒙主義と仏教——

森　覚

はじめに

一八六七（慶応三）年に王政復古の大号令を発し、徳川幕府に代わる新政権として成立した明治政府は、国家体制の近代化を目指して、一九世紀末のヨーロッパで発達した思想、行政、制度、技術、習慣などを積極的に受容していく欧化政策を実施する。この過程で、政治方針を国民へ周知させ、国策としての欧化政策を遂行するために実施されたのが、戯作、歌舞伎、落語、講談などといった娯楽を媒介とする宣伝活動である。そこには、前近代的な制度習慣の刷新を説く物語や演目をメディアから発信していくことで、西洋諸国のような近代国民国家の建設が急務であることを諸個人に自覚させ、国民意識の統一を促そうとする意図があった。

　こうした政府主導のプロパガンダで利用されるメディアの一つに、西洋の知識や文物などを通俗的かつ平易な表現で示した通俗的啓蒙書がある（1）。書物を通じて人々が認識した近代化の現象は多岐にわたる諸分野に波及するが、そのなかには、仏教という宗教の領域も含まれている。折しも日本の仏教界は、近代という時代の幕開けと共に廃仏毀釈の災禍を受けるが、この混乱は、仏教教団や信仰の在り方を再構築する契機ともなり、近代西洋諸国の宗教制度や学知に倣った宗教変革を促す動きにつながった[2]。

　明治前期に生じた仏教信仰をめぐる変革は、同時期の人々が手にした通俗的啓蒙書のなかで、「開化本[3]」と呼ばれる通俗的な絵入り読物の草双紙でも取りあげられる。その一つが一八八二（明治一五）年刊行の『開化地獄論』である。本作は、宗教的世界である地獄を批判し、冥府の王である閻魔を断罪していく物語であり、その内容は、人々を惑わす迷信や偏見を打破し、人間の理性にもとづく認知や思考を重視する、近代西洋文明で発達した啓蒙主義の影響をうかがわせる[4]。

　『開化地獄論』は、明治政府寄りの出版人によって制作されたものだが、同時代の庶民生活では、江戸時代から続く閻魔詣が毎年賑わいをみせており、娯楽としての仏教文化がいまだ根強く残っていた。そのような宗教行事を俗信とみなし、科学的な理をもって排除しようとした明治政府の意を汲む作品が『開化地獄論』である[5]。

　本章は、この『開化地獄論』に見られる表現を考察することにより、欧化主義による文明開化の優位性を示す「開化本」として、本作がいかなる社会状況下で成立し、どのような表現手法をもって地獄を批判したのかについて、同時代における閻魔詣の実態とも照らし合わせながら探る。また、明治期の草双紙に見られる国民教導を目的とした啓蒙メディアとしての性質と機能、さらには、明治政府寄りの出版物で表現される仏教への認識についても併せて明らかにしたい。

一　閻魔と論争する就学児童

『開化地獄論』は、前編と後編の二冊に分冊された豆本サイズの草双紙である。本作品は、江戸期に制作された草双紙の体裁を踏襲し、木版印刷した和紙を袋とじにした和装本となる。明治一〇年代以降には、アリニン染料による合羽版多色刷の技術が用いられており、『開化地獄論』でも全ての図像に色鮮やかな着色が施されている[6]。

前編と後編の奥付には、「東京府士族　編集兼出版人　勝木吉勝」という記載がある。編集兼出版人として名前が表記される勝木吉勝は、「東京府下谷区数寄屋町十五番地」の地本問屋である[7]。また、『開化地獄論』後編の冒頭にある天秤の扉絵には、「幾飛亭画」の文字が見られる。幾飛亭とは、本作の画工を務めた小林幾英《いくひで》の雅号である。幾英は、落合芳幾《よしいく》の門人で、本名を小林英次郎と言い、幾飛亭のほか、飛幾亭、箴飛《しんぴ》亭とも号した明治期の浮世絵師である[8]。

物語は、地獄の王である閻魔と、閻魔の縁日にやってきた一一、二歳ほどの子供[9]との間で交わされる論争を中心に展開する。二つのキャラクターは、地獄という世界が存在するのか、それとも虚構の世界なのかを議論の争点として対立関係に置かれる。前近代的な仏教観の象徴的存在である閻魔は、奪衣婆、青鬼と赤鬼の助勢を受けつつ、この世界に地獄が実在していることを主張する。しかし最後は、近代西洋の先進的な知識を駆使し、地獄が現実世界に存在しないことを証明した子供へ論争の軍配が上がる。

各画面を詳細に見ていくと、『開化地獄論』前編の第一画面は、年に二度開催される閻魔の縁日へ、東京中の老若男女が参詣に訪れる場面となる。ここでの文は、「げにこういんはやのごとく めくりめくりてひととせににどときまりし大王は十六日をさい日となせば東京区中のなん女老若おしなへておえんまさまへさんけいなす」（前編一丁表）とあり、仏教寺院の参道を歩く人々の様子が図像として示される。

続く第二画面では、閻魔を祀る御堂へ、下駄を履き着物を着た二人の子供が現れる。右側の子供は、内陣に向かって指を指し、左隣にいる子供は、賽銭箱の縁に両手を置いて同じく内陣の方へ視線を投げかける。文章は、「なかに小児のがんせなき十一二ともおぼしきがさいせんあげておがみいしが」（前編一丁表～一丁裏）と記され、二人のうち、左側にいる散切り頭の子供が、賽銭を上げた後、堂内の閻魔へ次のように語りかける。

あなたはそんなにすすになつてわづかねんににどのおさいせん位でかくけいをたてるのはおやめにして開化の国で高法をなさいな　（前編二丁裏）

子供の台詞にある「開化」は、福沢諭吉がcivilizationの訳語として用いた文明開化のことであり[10]、「開化の国」は、西洋化が進む日本を指す[11]。子供は、近代西洋諸国から先進的な文物・制度・知識・技術が導入されている明治の時代であるにもかかわらず、いまだ賽銭で生計を立て、旧態然の信仰形態を変えない閻魔を批判する。

すると、大張の内側でこれを聞いた閻魔は、傍らの奪衣婆へ、「のうばゝアどん　子供のくせになまいきなことをゆうものかな　おれがおどろかせてやるからみていなせへ」（前編二丁表〜二丁裏）と言い、子供の前に姿を現す。

第三画面では、自身を地獄に人別（戸籍）を置く冥界の王であると名乗る閻魔が、世に罪深き人を罰することが自分の務めであり、賽銭で生計を立てているわけではないと目を剝き出しにし、大口を開けて反論する。その後、「ゆへになんぢ失礼のことばをゆうときは八大ぢごくのくるしみをさせん」（前編三丁表）と声をあげて、子供を怯えさせようと目論む。

すると第四画面で、閻魔の掛け声と共に数万の鬼たちが「ははア」と応じて現れる。だがそれを目の前にした子供は一向に怯まず、浄玻璃の鏡が描かれた壁画の部屋で閻魔と対峙しながら、さらなる質問を投げかける。

> わたしがあるとき学校のきやうしさんにききましたが地ごくとは世界になきものなり　其身にくるしみをうくる者をぢごくのくるしみといいそれたからゑんまとはひにもやしまよいくるしむことを焔魔といふとか　それゆへ地獄とは国の名ではありますまい　（前編四丁表〜五丁表）

一八七一（明治四）年七月、廃藩置県を断行した明治政府は、全国統治を実現し、それと同じくして西洋諸国に倣った学校教育の導入を進める。同年に設置された文部省は、一八七二（明治五）年から学制を施行する。これにより全ての子どもは、次世代を担う国民として国家が保護し、国民皆学を原則とした学校教育を受ける義務を負う就学児童となった[12]。

『開化地獄論』前編の第四画面で「わたしがあるとき学校のきやうしさんにききましたが」という台詞があるように、閻魔に物申す子供もまた、小学校に通う就学児童となる。一八八一（明治一四）年制定の小学校教則綱領に照らし合わせると、前編の第二画面で「がんせなき十一二ともおぼしき」（前編一丁裏）と記された子供は、小学校の中等科、あるいは高等科で学ぶ年齢に相当する[13]。中等科では、修身、読書、習字、算術、地理、歴史、図画、博物、裁縫、唱歌、体操という教科があり、高等科では、これに化学、生理、幾何、経済、家事経済が科目として追加される。前編の第四画面で、子供は、これらの教科で身につけた知識を活用して、「ゑんまとはひにもやしまよいくるしむことを焔魔といふとか　それゆへ地獄とは国の名ではありますまい」という論理を展開し、地獄の実在性について論証を始める。

二　啓蒙主義による迷信の打破

第六画面では、煙管を持つ奪衣婆と子供が画面中央の閻魔を挟んで対峙する。第五画面から第六画面へと続く文章には、「もしまたくにの名ならばこの日本うちなんのかたにあたつてなん里ほどはなれておりますす」（前編五丁表～五丁裏）という子供の台詞が記される。この問いに対し、奪衣婆が「それハおろかもののいふことなり　かならずあるにちかいなし　ここより十万おくどはなれて極楽のとなりのくになり」（前編五丁裏）と反論する。

前編の最後となる第七画面では、赤い筒型提灯の脇に立つ着物姿の女性が図像として示される。文章では、子供が地理学の知識に照らし合わせながら、地獄が地球上に存在しないことを次のように指摘する。

それでも世界には五大州よりほかにくにはありますまい　たとへ五大州をひとまとめにしても十まんおく里はとてもおよばす　いづれの国に地ごくといふくにがあつて　なんといふ人がさんぎで　なんといふ人が右大臣をして　国のあがりだかがなにほどあつて　国のはばがなん里でたてがなにほどあるか　それをうけたまわりたい

（前編五丁裏～六丁裏）

前編の第五画面から第七画面にかけて続く子供の質問は、五点ある。その第一は、もし地獄が国名であるとするならば、日本からどの方角に存在し、何里ほど離れているのかという質問となるが、これについては、日本から十万億土離れた極楽の隣に地獄が存在していたとしても、この世界には五大陸より他に国はなく、たとえ五大陸をひとまとめにしても十万億里には及ばないという子供の反論も併せて閻魔と奪衣婆へ提示される。第二は、どこに地獄という国があるのか。また、第三の質問は、誰が地獄の参議で、右大臣なのかであり、第四は、地獄の国家収益はどれくらいか。最後の第五では、地獄の国土がどれくらいの縦横幅かという面積についての質疑がなされる。

これらの問いは、いずれも近代西洋諸国で発達した実証主義にもとづくものであり、仏教における地獄の思想教理によって返答できる類いのものではない。実証主義は、この世界の現象や知識を人間が経験できる事実の範囲内に限定し、感覚的経験により確認することのできない、神・イデア・超自然的な力といった形而上学的な存在と現象についての観想や思弁を排除する思想となる。[14] したがって形而上的な世界である地獄は、人間が感覚的経験により、現実世界において確認できる性質の対象ではなく、その実在性を立証するのは不可能である。ゆえに「ゑんまはへんじのしかたにこまりしとぞ」（前編六丁裏）や「ゑんまは大開口返事のしかたにさしつまれば」（後編一丁表）という文章があるように、閻魔は、子供の質問に反論できず困り果ててしまう。

同時に地獄を否定する子供の行動は、ヨーロッパから伝播した啓蒙主義にもとづいている。それは、人間の理性という思考の普遍性にもとづき、自然科学や社会科学の法則を明らかにし、超自然的な迷信や偏見を取り払うことで、真実の認識と人類の幸福が得られるとした近代西洋の思想運動である。[15] この啓蒙主義的な立場からすれば、地獄は、超自然的な世界そのものであり、人々を惑わす「旧弊」として取り除かなければならない迷信になる。

明治前期における迷信の排除は、当時の庶民全体に見られた行動というよりも、政府行政や知識人たちにとっての都合であった。なぜならば、そのような日常生活に溢れる面妖な因習を、日本に比べて先進的な文明国であるヨーロッパ諸国の眼から隠すことが彼らの目的にあったからである。[16] このため、『開化地獄論』でも、人を惑わす迷信を看破し、排除するための手段として、西洋諸国からもたらされた先進的な知識の優位性を説き、それを修学できる学校への就学を推奨する。

三　閻魔を屈服させる近代国家の権力

『開化地獄論』後編の第一画面では、子供が閻魔を言い負かしたことに驚く赤鬼と青鬼が描かれる。文章は、「小児はさアさアいかがでござるといつめれば　ゑんまは大開口返事のしかたにさしつまれば」（後編一丁表）とあり、子供に問い詰められた閻魔の様子を伝える。

第二画面では、前のめりに転倒し、頭を抱えながら逃げようとする閻魔の衣の裾を鷲掴みにした子供が次のように追い打ちをかける。

> 地ごくに原籍あるなぞといつてもそのくにのありかもしれずこくほうもあいまいにしているなんぢこそいつわり者にちがいなし　このおもむきを分署へねがいそのごしよけいにおこないくれん
> （後編二丁表〜二丁裏）

子供は、実在するはずのない地獄に戸籍があると虚偽の主張をした罪で、日本の警察署へ引き渡し、死刑にしてもらうと述べ、閻魔を脅迫する。『開化地獄論』前編の第三画面で、閻魔は、自身の仕事を「世につみふかきものをばつするを」（前編三丁表）務めとすると述べるが、後編に至ると、冥界で亡者に裁きを下す信仰的存在であるはずの閻魔が近代国民国家である日本の司法により裁かれかける事態におちいる。

しかし、冥界の裁判官が世俗の司法に裁かれるという草双紙特有の皮肉めいた滑稽さという点だけで、第二画面を解釈するのは早計である。なぜならばそこには、明治時代における宗教政策との関連性が見てとれるからである。一八六八（慶応四・明治元）年に太政官布告、神祇官事務局達、太政官達として出された一連の神仏分離令を端緒とし、明治政府は、宗教界への介入と統制を強める。これにより、江戸時代まで為政者に庇護された仏教界は、国家権力の下、特権的な地位や権益を奪われる。

また一方、近代のヨーロッパや日本では、政治、経済、教育、科学、芸術などの社会制度や文化諸般を支配していた宗教権力や信仰的規範が衰退し、自然に対する実証科学の合理的知識にもとづく規範形態へと転化する世俗化が進む。そうした西洋諸国をモデルとして進む近代化のなか、明治期の宗教界もまた、文明開化の潮流を受け入れなければ、生き残れない状況となった。

『開化地獄論』後編の第二画面では、近代日本の信仰活動が直面した同時代における世俗化の潮流が表現される。すなわち、仏教において人間が生前になした罪の軽重を裁くとされる閻魔が警察に引き渡され、近代日本の刑法で裁かれる場面には、政治行政の強大な権力により、宗教が国家の統制下に組み入れられていく制度や価値観の時代的変化が反映されているのである。

後編の第二画面から第三画面へ移ると、子供に恫喝される閻魔を奪い返すべく、鬼たちが武器を手にし、子供に襲いかかる。第四画面では、棒を振り回す鬼を左手で押さえつけ、右手で閻魔をねじ伏せて仁王立ちする子供が「ぬかしたりぬかしたり」（後編三丁裏）と言い放つ。鬼たちは、「なほをこしゃくな」「ゑヽ　めんどうな」（後編四丁表）と叫び、双方は、大乱闘に発展する寸前となる。しかし、これを見かねた向かいの店で働く丁稚が駆け寄り、仲裁しようと間に割って入る（後編四丁表〜

四丁裏）。その後、丁稚により諭された子供と閻魔は、宴を催して和解する（後編五丁裏～六丁表）。

四　啓蒙メディアとしての草双紙

ここまで見てきたように、『開化地獄論』からは、実証主義、啓蒙主義、世俗化といった近代西洋圏から明治期の日本へと伝播した思想や価値観が読みとれる。では、草双紙の内容に西洋諸国で発達した種々のイデオロギーが反映されるのはいつ頃からなのか。その背景と考えられるのが明治初期の出版人、戯作者、浮世絵師を取り巻く創作状況の変化である。

明治政府は、大政奉還以降の政権交代と共に復古神道を基盤とした新たな国づくりを進める。これに関連して一八七〇（明治三）年には、大教宣布の詔が出され、神祇官所轄の宣教使たちによって天皇の神格化と神道の国教化を民衆に知らしめるプロパガンダが実行される[17]。

その後、設置されるのが、一八七二（明治五）年から一八八四（明治一七）年まで、民衆に国民意識を植えつける教化活動に従事した教部省管轄の教導職である[18]。半官半民の国家官吏であった教導職の任にある者は、敬神愛国、天理人道、皇上朝旨の三条教則を基本理念として、民衆教化の啓発活動を行うことを職務とする。

三条教則は、一八七二（明治五）年四月より実施される国民教化政策に際し、教部省が教導職へと課した教化の基本理念であり、三条の教憲とも呼ばれる。名前の由来である三条の各項目は、「敬神愛国ノ旨ヲ体スヘキ事」「天理人道ヲ明ニスヘキ事」「皇上ヲ奉戴シ朝旨ヲ遵守セシムヘキ事」からなり、天皇崇拝と神社信仰を基軸とする近代天皇制国家の宗教的、政治的イデオロギーを簡易ながらも明確に集約している。

また、この三条教則を敷衍するものとして、教部省は、「十一兼題」「十七兼題」という国民を教導する具体的な説教の演題を布達している[19]。そこでは、「外国交際」「権利義務」といった、国際関係や欧米諸国の思想制度についても説かれており[20]、近代西洋諸国からもたらされる価値観を国内に普及させようとした意図がうかがえる。

初期の教導職は、全国の神官、神職、僧侶といった宗教者がプロパガンダ活動に従事したものの、その後は、講釈や表現能力に長けた講談師、落語家、歌舞伎役者、歌人、俳諧師なども任命される[21]。教導職制度を通じて、愛国精神や、開明的な実学主義を読み物に反映させようとする動向が出版界にも広がるが、これは、国家から一方的に強制されたものではなく、出版人や戯作者からも歓迎されながら進展していく[22]。これにより明治一〇年代には、明治政府の意を汲んだ出版人や戯作者によって、幅広い年齢層に読まれた通俗的な娯楽絵本である草双紙に、啓蒙・啓発するメディアとしての性格が与えられる。

なお、学校教育が実施される明治期の草双紙には、子ども読者層を意識した作品も現れている[23]。そのなかでも興味深いのが、一八八二（明治一五）年に出版された大森銀治郎の『小学校』『開化草紙』『単語草紙』という図像と文字で事物を認識させる知育絵本の先駆的作品である。三作品の各見開きには、上下分割されたコマがあり、コマの内部に事物の図像と、文字で記された名称が配置される。このレイアウトは、一八七〇（明治三）年から一八七二（明治五）年にかけて教育者の古川正雄が著した学校教科書の『絵入智慧の環』初編「詞の巻」に類似するものだが、その源泉は、一六六六（寛文六）年に刊行された朱子学者・中村惕斎《てきさい》の『訓蒙図彙』にまで遡れる[24]。

しかし一方で、近代西洋から導入した図像教育は、実物教授法の理論にもとづくものでもある。スイスの教育者ヨハン・ハインリヒ・ペスタロッチが提唱した実物教授法は、実物や図像を用いて言葉と数の概念を子どもに理解させる能力開発法である[25]。日本へは、当時の教員養成機関である師範学校で指導したアメリカの御雇外国人マリオン・スコットを介して紹介され[26]、挿絵入りの教科書や掛け図、幻灯などの視覚教材を学校教育に導入する理論的な根拠とされた。

また、学校教育を通じて図像の教育的効果が認知された明治前期には、西洋から持ち帰った教育玩具を国策として普及させようと考えた大久保利通の意向により、子どもの発達に配慮した商品として玩具を販売する業者が登場する[27]。その結果、一八九三（明治二六）年に耕書堂から刊行される加藤福次郎が編集した『ポンチ教育　考へ繪ばなし』のような教育マンガも出版され、子どもの教育に資する児童書の誕生へといたった。

大森銀治郎の『小学校』『開化草紙』『単語草紙』は、こうした明治初期の図像教育の手法を題材にした作品となるが、この三冊と『開化地獄論』とには、共通する点がある。それは、共に、西洋諸国の先進的な知識を学び、迷信を打破し、開明を推進する手段として、学校教育を受けることを奨励する内容の草双紙だということである。

このメッセージは、『開化地獄論』後編の第七画面において明確に提示されている。その絵には、石積みの塀の前に立つ洋装をした子供の姿が描かれる。長袖にズボンを履き、帽子を被った格好でステッキをつき、左脇には、大きな洋装本を抱える。

絵と対応する文章には、「ここがかいかの小児のめばえ　がくじゆつのはんもなすは皇こくのさかへしも　ばんみんにいたるまでみな万さいを祝しける　めでたしめでたし」（後編六丁裏）とあり、学術の興隆こそが皇国の繁栄につながることを述べ、学校教育の有益性を示す。また、第七画面の絵は、大森銀治郎の草双紙に見られる表紙との共通点がある。それは、タイトルにある「開化」という言葉であり、表紙の図像と描かれる洋風帽子を被る小学生の姿、さらには、「開化用文」という本である。これら共通の視覚的表現から読みとれるのは、「国民にとって西洋化の入り口となるのが学校教育」だというメッセージである。つまり『開化地獄論』と大森銀治郎の草双紙は、小学校を西欧化の象徴とし、「文明開化」の恩恵に与る制度として学校教育を位置づける教導的な絵本なのである。

『開化地獄論』において学校教育の有益性が説かれるのは、明治前期における小学校の就学率も関係している。たとえば、後編の第五画面で子供と閻魔の仲裁に入った丁稚は、「これにいさん　おはらもたとうがよくおきき　わたしなんぞは学校へゆかないからむづかしい事はしらないが」（後編四丁裏～五丁裏）と述べている。

当時、商家に年季奉公する子どもは、一〇歳前後の幼少者であり、『開化地獄論』では、この年齢に当たる丁稚の存在を、国民皆学が徹底されていない事実を示す存在として表現する。実際、一八八二（明治一五）年における小学校の就学歩合を見ると、男子は六四・七パーセント、女子は三一・〇パーセントで、児童全体としては四八・五パーセントしか小学校に通っていない[28]。つまり、明治政府が実施した学校教育の草創期において日本にいる子どもの半分以上は、未就学の状態であり、作中にも、そうした教育行政の抱える問題が同時代的に表現されている。

明治前期の学校教育は、西洋の知識を身につけた次世代の国民を養成する制度であり、国家の盛衰を左右する一大事業であった。このため、『開化地獄論』は、後編の第七画面に見られる表現からして、就学率が停滞する学校教育を普及拡大させるために制作された側面もあると考えられる。つまり、幅広い読者層に読まれる草双紙は、成人した大人の読者も含めて学校へ通うよう促す、子どもに向けた啓蒙メディアとして機能していたということである。

五　明治前期の仏教文化

一八六八（明治元）年の政権発足当初から明治政府は、天皇が政務を司る太政官と祭祀を司る神祇官の双方を掌握することにより、政治と宗教が一体化した祭政一致の国家体制を整備しようとする[29]。そのために、前近代的な信仰形態である神仏習合を解体し、神道の純化を図る神道分離政策が進められた。この過程で生じるのが、明治政府の急進的勢力により仏教信仰が弾圧された廃仏毀釈である[30]。こうした対仏教政策により、日本仏教界は、寺領などの既得権益を失い、その勢力を弱めていく。しかし一方で、同時代の草双紙には、廃仏毀釈のさなかにあった東京の年中行事として閻魔詣が依然として開催され続けていた事実をうかがわせる表現も認められる。『開化地獄論』は、地獄を否定する内容からして、閻魔の祭日のような迷信めいた仏教の年中行事を批判するために制作された作品となる。とはいえ、その前編の第二画面で、子供が「開化の国で高法をなさいな」と述べるように、むしろ閻魔へは、為政者側に立つ開化論の多くが主張したのと同じく、「近代日本に相応しく、科学的で正しい信仰[31]」を説くようにと、仏教の変革を促している。

こうした『開化地獄論』の表現は、仏教学者の井上円了が唱えた「仏教活論」に先駆ける仏教改良論の萌芽を見出せるものとして評価できる。円了は、自著の「仏教活論序論」のなかで、「これにおいて余始めて新たに一宗教を起こすの宿志を断ちて、仏教を改良してこれを開明世界の宗教となさん事を決定するに至る。これ実に明治十八年の事なり。これを余が仏教改良の紀年とす[32]」と記している。「文明と迷信とは両立し難し」と述べる井上は、近代合理主義科学の観点から迷信的要素を脱色し、開明国である西洋文明の宗教概念に適合させ、世俗主義に合致する思想として仏教の再定義を目指した[33]。しかし、仏教改良は、円了個人の発想ではなく、その機運が一八八五（明治一八）年以前の、一八八二（明治一五）年の時点からすでに芽生えていたことを、『開化地獄論』は示している[34]。

実際、文明開化に到底そぐわない地獄極楽について熱心に説くことは、国民教導の役割を担った教導職にも見られたという。それと同じく、明治政府寄りの出版人が制作した『開化地獄論』でも、閻魔信仰については十分に否定しきれていない。この不徹底さは、江戸における閻魔の祭日が安易に否定できないほど、庶民の生活に根づいていたことによる。また、阿弥陀如来への信心や徴兵逃れの祈禱を行うなど、教導職に関与した宗教者が旧来の信仰にとらわれた説教を行ったことで、国民教化活動が機能不全に陥っていたこともその理由としてあげられる[35]。

閻魔の祭日は、閻魔賽日と呼ばれ、年に二度、旧暦一月と七月の一六日に開かれる。この日には、地獄の釜の蓋が開き、鬼や亡者が休む日とされた。小正月と盂蘭盆会の翌日にあたる閻魔賽日は、宿入り（藪入り）とも言い、奉公人へ休暇が与えられる時期にあたる。そのため、仏教寺院で開かれる縁日には、毎年、大勢の人々が繰り出した。

現在も東京には、江戸三大閻魔と呼ばれる仏教寺院がある。なかでも、浅草蔵前天王町の華徳院長延寺は、運慶作の丈六閻魔坐像を本尊としており、明治時代も大勢の参詣者を集めたという。それを伝えるものとして松濤軒斎藤長秋編『江戸名所図会』一六巻には、江戸期の華徳院境内を描いた鳥瞰図が掲載されている[36]。また、斉藤幸成編『東都歳時記』春上一巻には、「浅草御蔵前長延寺　閻魔丈六　倶生神　奪衣婆立像[37]」という記述も見受けられる。

廃仏毀釈という宗教弾圧が起こった一方で、明治時代にも閻魔賽日が庶民の楽しみであったという事実は、『開化地獄論』後編の第五画面からも見てとれる。この画面において丁稚は、鬼たちをなだめて閻魔を起こし、子供を上座に据えて両者の争いを鎮める。文章には、子供と閻魔を諭す次のような丁稚の台詞がある。

> 年に二どのおさい日にはやどいりをするのは地ごくのかまのふたがあくとてあそぶのはゑんまさんのあるおかけ　おまへさんだとてそのとおりではないか　だれもあそびたいはおなじことだからまアゆるしておやんなさい　ゑんまさんも地ごくといふ国があるなんぞとうそをつくとそれそこにあるくぎぬきで舌をぬきますぞ
>
> （後編四丁裏～五丁裏）

商家の奉公人に休日が与えられる閻魔賽日は、明治の人々にとっても、娯楽の一大イベントとして親しまれていた。そのことは、「だれもあそびたいはおなじことだから」という丁稚の台詞からも汲みとれるが、同時にこれは、地獄と同等に俗信的な閻魔という存在に対して目こぼししていることを意味する。

このような表現にとどまったのには、二つの理由が考えられる。その第一は、西洋的な価値観を広めたいと考える明治政府の意図が反映された『開化地獄論』を手にする読み手が、庶民文化に根づく俗信を享受し、文明開化の政策的推進に関心が薄い一般の庶民であったこと。第二は、庶民に根強く残る閻魔詣を消し去るまでの力が、教導職をはじめとする行政側になかったことである。

明治維新以降の西洋化政策により、制度や物質面での文明開化は、進んだものの、民衆の精神構造を変えていくのには、近代学校教育などの施行からしばらく時間を経なければならなかった。そのため、東京の大衆文化が、江戸時代とさほど変わらなかったのは、『開化地獄論』の表現からもうかがえる通りである。民衆レベルで文明開化の本義が理解されるのには、いましばらくの時間を要した。だからこそ欧化政策を進める明治政府は、メディアを通じて文明開化の意義を説く啓蒙活動を継続する必要があったのである。

しかし、『開化地獄論』に登場する子供像は、あくまでも為政者側が理想とする国民像であり、同時代に生きた庶民の多くは、西欧化政策の意義を意識的に理解し、受け入れることをしなかった。そのことを示す事例として、庶民が無理解のまま行政の宗教政策へと従う現象が実際に生じている。

仏師の高村光雲が著した『光雲懐古談』には、一八七六（明治九）年に二四歳の光雲自身が東京で目撃した、「神仏混淆であった従来からの習慣が区別される」[38]神仏判然令の実態について回想する記述がある。そこでは、神仏習合の解体が法令に従って厳格に実行されたものであるとの説明がなされており、「自然の勢であって、当然の事として不思議に思うものもありませんでした。また今日でこそそういう際に、どうしたらなどと思うでしょうが、当時は誰もそれをどうする気も起こらない[39]」と記している。

光雲の証言を読む限り、神仏分離を十分に理解し、廃仏毀釈で生じた災禍に対して熟慮していた東京の民衆は、ごく少数であったことがうかがえる。また、そうしたなか、江戸時代から続く年中行事として閻魔賽日が変わらず賑わいを見せていた状況は、当時の諸文献からも把握することが可能である。一例として、一八九〇（明治二三）年に刊行された中野了随の『東京名所図会』では、明治二〇年代の華徳院における閻魔賽日の盛況に関して、「毎年一月七日の十六日は参詣人群集せり[40]」と記している。この記述は、近世から近代へと続く大衆的な仏教文化の連続性があったことを示すものとして非常に興味深い。

おわりに

明治前期までその命脈を保つ草双紙は、江戸時代とは全く異なる性質を帯びた、明治政府の意向を知らしめるための「通俗的啓蒙書」として利用される。このため、『開化地獄論』でも一九世紀末の西洋からもたらされた科学的知識によって迷信を打破していく、為政者にとっての理想的な国民像が子供というキャラクターに投影される。しかし、通俗的な草双紙を手にしていた読者は、政府にとっての俗信である閻魔信仰に慣れ親しみ、娯楽文化のなかで仏教に接した。ゆえに尚更、文明開化期の明治政府は、閻魔詣のような旧弊を西洋人の眼から隠さなければいけないという政治的配慮のなか、メディアによる国民啓蒙を実行する必要に迫られたと考えられる。

一方、『開化地獄論』では、仏教もまた、近代啓蒙主義への適応を迫られるという江戸時代に見られなかった扱われ方をしている。仏教史学などの先行研究では、宗派教団や宗教者の観点から廃仏毀釈や仏教の近代化について論じられることが多い。しかし、通俗的読み物の表現をさらに考察していくことにより、当時の大衆メディアを通じて庶民が見たであろう、仏教観の一端が明らかにされる可能性は十分にあるといえよう。

註

（1）秋田摩紀「窮理学の流行をめぐる磁場——福沢諭吉と戯作者たちの啓蒙時代」（『日本思想史学』第三五号、二〇〇三年）、一六九〜一八七頁。

（2）近藤俊太郎「近代の衝撃と仏教の再編——幕末・維新期」（大谷栄一・吉永進一・近藤俊太郎編『増補改訂 近代仏教スタディーズ——仏教からみたもうひとつの近代』法藏館、二〇二三年）、二一〜二五頁。大角修『すぐわかる日本の仏教——歴史・人物・仏教体験』（東京美術、二〇〇五年）、七四〜七五頁。

（3）萩野夏木「俗信と「文明開化」——明治初年代から一〇年代にかけて」（『国立歴史民俗博物館研究報告』第一七四集、二〇一二年）、二一八〜二一九頁。

（4）ピーター・セジウィック「啓蒙主義」（アンドリュー・エドガー、ピーター・セジウィック編〈富山太佳夫訳者代表〉『現代思想芸術事典』青土社、二〇〇二年）、八六〜八七頁。

(5) 萩野前掲註(3)「俗信と「文明開化」」、二〇九～二一〇頁。

(6) 内ヶ崎有里子「第1章　赤本の伝統を引き継ぐ絵本」(鳥越信編『はじめて学ぶ日本の絵本史Ⅰ——絵入本から画帖・絵ばなしまで』ミネルヴァ書房、二〇〇一年)、二〇～二三頁。

(7) 日本浮世絵協会編『原色浮世絵大百科事典』第三巻(大修館書店、一九八二年)、一三七頁。吉田漱『浮世絵の基礎知識』(雄山閣、一九八七年)、一四八頁。

(8) 「幾英・小林」(北辰堂編集部編『浮世絵人名価格事典』北辰堂、一九七八年)、一七頁。

(9) 本章で「子供」と記す場合は、『開化地獄論』に登場する小学生のキャラクターを指す。

(10) 福沢諭吉著、松沢弘陽校注『文明論之概略』(岩波書店、一九九五年)、二五～三三頁。

(11) 白山映子「明治初期の兎投機——「開化物」とメディアから見えてくるもの」(『東京大学大学院教育学研究科紀要』第五一号、東京大学大学院教育学研究科、二〇一一年)、三六三頁。

(12) 小針誠『教育と子どもの社会史』(梓出版社、二〇〇七年)、二四～二七頁。

(13) 海後宗臣・仲新・寺﨑昌男『教科書でみる近現代日本の教育』(東京書籍、一九九九年)、五〇～六〇頁。

(14) セジウィック「実証主義」(エドガー、セジウィック編前掲註(4)『現代思想芸術事典』)、一四五～一四六頁。

(15) セジウィック前掲註(4)「啓蒙主義」、八六～八七頁。

(16) 萩野前掲註(3)「俗信と「文明開化」」、二〇一・二〇九～二一〇頁。大喜多紀明「迷信打破運動と心性の制限」(『人間生活文化研究』第二九号、二〇一九年)、六七六～六八一頁。

(17) 末木文美士編集委員、松尾剛次・佐藤弘夫・林淳・大久保良峻編集協力『新アジア仏教史一四　日本Ⅳ　近代国家と仏教』(佼成出版社、二〇一一年)、二七・三二～三三頁。

(18) 同前、三九～四〇頁。山口和孝「訓導と教導職——日本の近代公教育制度成立期にみられる宗教と教育の関係」(『国際基督教大学学報Ⅰ-A　教育研究』第二四号、一九八二年)、一〇六～一〇七頁。

(19) 山口前掲註(17)「訓導と教導職」、一〇七頁。萩野前掲註(3)「俗信と「文明開化」」、二〇一・二一四～二一五頁。

(20) 同前、一〇七頁。

(21) 同前、一〇七～一〇八頁。

(22) 佐々木亨「所謂「著作道書キ上ゲ」を巡って――魯文の転身」(『日本文学』第五六巻第一〇号、日本文学協会、二〇〇七年)、二七頁。

(23) 加藤康子「日本の絵本の源」(中川素子・吉田新一・石井光恵・佐藤博一編著『絵本の事典』朝倉書店、二〇一一年)、一五八頁。

(24) 鳥越信「序章　近代日本絵本史の起点」(鳥越信編『はじめて学ぶ日本の絵本史Ⅰ――絵入本から画帖・絵ばなしまで』ミネルヴァ書房、二〇〇一年)、四～一〇頁。石上阿希『江戸のことば絵事典――『訓蒙図彙』の世界』(ＫＡＤＯＫＡＷＡ、二〇二一年)。

(25) 海後・仲・寺崎前掲註(12)『教科書でみる近現代日本の教育』、五一頁。

(26) 同前、四六・五一頁。

(27) 神野由紀『子どもをめぐるデザインと近代』(世界思想社、二〇一一年)、九二頁。

(28) 海後・仲・寺崎前掲註(12)『教科書でみる近現代日本の教育』、五四～五五頁。

(29) 末木・松尾・佐藤・林・大久保前掲註(16)『新アジア仏教史一四　日本Ⅳ　近代国家と仏教』、二七頁。

(30) 森　覚「コラム3　仏教メディアとしての絵本」(今田由香・大島丈史編『シリーズ絵本をめぐる活動②絵本ものがたりＦＩＮＤ――見つける・つむぐ・変化させる』朝倉書店、二〇一六年)、一三二頁。

(31) 萩野前掲註(3)「俗信と「文明開化」」、二一六～二一七頁。

(32) 井上円了「仏教活論序論」(東洋大学創立一〇〇周年『井上円了選集』第三巻、東洋大学、一九八七年)、三三七頁。

(33) 吉田久一『近現代仏教の歴史』(筑摩書房、一九九八年)、九〇～九二頁。吉田久一「第二篇　近代仏教の形成」(法藏館編集部編『新装版　講座　近代仏教　上巻――概説・歴史・思想』法藏館、二〇一三年)、六一～六四頁。井上円了「奮闘哲学」(東洋大学創立一〇〇周年『井上円了選集』第二巻、東洋大学、一九八七年)、三七五～三七六頁。

(34) 日本仏教研究会編『日本の仏教　第四号　近世・近代と仏教』(法藏館、一九九五年)、四八頁。柏原祐泉

『日本仏教史　近代』（吉川弘文館、一九九〇年）、八三～八七頁。

(35) 萩野前掲註(3)「俗信と「文明開化」」、二〇九～二一〇・二一六～二一七頁。

(36) 松濤軒斎藤長秋編輯、長谷川雪旦図画『江戸名所図会』一六巻（須原屋茂兵衛、須原屋伊八ほか、一八三四～一八三六年）、五三・五八～五九頁。

(37) 斉藤幸成編『東都歳時記』春上一巻（須原屋伊八他　一八二八年）、一三丁。

(38) 高村光雲『光雲懐古談』（萬里閣書房、一九二九年）、一六二～一六五頁。

(39) 同前、一六二～一六五頁。

(40) 中野了随『東京名所図会』（小川尚栄堂、一八九〇年）、一九八～一九九頁。

付記

『開化地獄論』『小学校』『開化草紙』『単語草紙』『ポンチ教育　考へ繪ばなし』については、「国立国会図書館デジタルコレクション」（https://dl.ndl.go.jp）から閲覧することができる。

『開化地獄論』前編（https://dl.ndl.go.jp/pid/1919475）
　　　　　　後編（https://dl.ndl.go.jp/pid/1919478）
『小学校』（https://dl.ndl.go.jp/pid/883166）
『開化草紙』一冊（https://dl.ndl.go.jp/pid/883167）
　　　　　二冊（https://dl.ndl.go.jp/pid/883168）
　　　　　三冊（https://dl.ndl.go.jp/pid/883169）
『単語草紙』（https://dl.ndl.go.jp/pid/883170）
『ポンチ教育　考へ繪ばなし』（https://dl.ndl.go.jp/pid/861408/1/1）

本章は、『大正大学綜合佛教研究所年報』第四三号に掲載された研究論文を加筆修正したものである。
本章は、JSPS 科研費16K02329の助成による研究成果の一部である。

第四章　露伴文学と仏教

――その受容と生成について――

渡辺賢治

はじめに

幸田露伴文学の特徴や性格を端的に述べると、初期から後期まで一貫して縁起や運命の中で生きる人々の姿や人間の生命力が、漢文調や仏教的作風を帯びながら諸作品に反映されている。

とりわけ、仏教的作風は露伴文学における基底部分を成しており、その様相は小説を始め評論、随筆、紀行、史伝、考証、戯曲など、多彩な文業にも表出していることがうかがえる。そもそも露伴文学自体、広大かつ深淵で星雲状に存在するため、全貌の把握は決して容易ではない。このことは露伴文学研究者の共通認識であることは論を待たない。

こうした基本的背景や認識のもと、露伴文学と仏教の受容や生成について考察する際、まさに当代において特異的とでも言える作品がいくつか発表されている。例えば、釈迦を大詩人（大歌人）として捉え、釈迦詩人論を展開する「毒朱唇」（一八九〇年）[1]などは好例であろう。また、「聖」と「俗」の混交が認められる露伴幻の処女作「風流禅天魔」（一八八八年頃）を始め、いわゆる「風流もの」として冠される諸作品（「風流仏」「風流魔」「風流悟」「風流微塵蔵」など）[2]も同様に挙げられる。いずれも作者露伴による仏教の受容と生成が「化学変化」を経て表現されており、当代文学における「紅露時代」の一翼を担う圧倒的存在感の所以としても認められる。そこには「娯楽と仏教」といった視点にも接続する要素が包含されていることも十分想像できよう。

　そこで本章では、露伴文学と仏教の関わりを基軸として、娯楽と仏教の様相を把捉すべく「毒朱唇」や「風流禅天魔」といった作品を中心に扱いながら考察していく。そこから露伴文学を通して見出される娯楽と仏教との関わりとは如何なるものか、その一端としての論及を試みたい。

一　釈迦を「詩人」として描く「毒朱唇」の特異性

　仏教的作風が散見される露伴文学の中で、特異的とも言える作品の一つとして「毒朱唇」（『都の花』第七巻第三二号、一八九〇年一月）が挙げられる。

　上州赤城山の山頂近く、滝沢の谷川を舞台とし、釈迦への恋心を抱いた女を中心に展開する物語である。女は人里離れた地で一人住んでおり、ある日、剽軽な男が酒を土産に来訪する。女は男の酒を飲んでから長い釈迦詩人論を語り始め、釈迦が「初一念」「人情の激動高尚の感情」を持つ人物であり、一般的な仏教教理や教学のみで捉えられた釈迦像とは大いに異なる見解を吐露する。

　このような展開のもと、作品構成における特徴として注視すべき点は、大部分が女の独白で占められていることである。従来発表されてきた「露団々」や「風流仏」（いずれも一八八九年）とは一線を画した、趣の異なる作品となっている。具体的な作中時代は示されていないものの、「前橋の町」[3]といった表現や「毒朱唇」と同根から生み出されたとされる「縁外縁」[4]での「丁度明治二十二年四月の頃は」云々といった表現に鑑みると、作者露伴が奥日光に旅した一八八九（明治二二）年頃の執筆と推定される[5]。なお「毒朱唇」「縁外縁」は元々「大詩人」として発表される予定であったが、二作品に分割された形で発表されている。分割の経緯については次節で触れることとする。

女の独白を中心に物語が展開する中、注目すべき点として釈迦を大詩人（本文では「大歌人」としているが、内実を鑑み便宜上、本章では「大詩人」で表記）として扱っていることである。冒頭部分において、滝沢の谷川ほとりの人里離れた山中において、釈迦に恋した「二十五六の女」が住んでいるという噂を聞いた「或る剽軽な男」が、六里の道を経て訪問し、女に「御前様恋の仔細世に珍らしくお釈迦様を相手になさるは何故か、少し伺ひたし」と問う。女は「眼付きりゝしく、鼻筋通りて、色浅黒く、油の香なき髪ぐる〳〵とまきてぢれつた結に束ね、大縞のどてら引かけたる風情」で、訪問した男に対し、次のように述べ、釈迦詩人論を展開させていく。

はて無粋なお方や、世の中に心の美くしう洒落れたは歌人と極つてある事、歌人に惚れぬ女は人形喰ひとて是雌犬同様、我は自然と仏一代の御所行聞きおぼえて、扨も世界の大歌人、天晴美しい方様、たのもしい男、粋なお人実のあるお方、今若しござらば少し甘えても見たく、可愛がられても見たい殿御と思ひそめたが無理でござんすか。

釈迦が「世界の大歌人」であり「可愛がられても見たい殿御」であるという。女の発言からは聖性や釈迦への敬慕といった認識はなく、世俗的な認識として読み取れる。対して男は「おまへ様のやうに仏は大歌人なぞと云はれたら、馬鹿も年数の功を積んで、妄想を捏着けた痔持の坐禅家や、（中略）おまへ様の恋の訳もわからぬはあたりまへながら、（中略）只今だけでは何やらわからず、最う少し濃やかに」というように、女の釈迦論と恋心について理解できず、詳細な説明を求める。

男の求めに対し、女は「恥を捨て妾しの心意気を無暗と饒舌りませうに」と述べ、以降、作中における女の独白すなわち釈迦詩人論が物語末尾まで展開する。女は釈迦の生い立ちから話し始め、幼少時に釈迦が「人間は死ぬ者だと云ふ事を初めて心注かれた」という「初一念」を抱いたこと、釈迦が「春心つく頃」に「耶輸陀羅御前」を妃として迎えるも出家し、修行に明け暮れ四〇年にわたる説法を続けたことなどを語る。そして「意地汚なの菌の中毒、跋提河でのたれ死矢張り泣きツ面の仏頂面」云々というように、八〇歳の釈迦が鍛冶工の子「チユンダ」（純陀）に説法した際、チユンダが用意したきのこを食べ死に至る病を得たことを譬喩として挙げる。しかも女はこの譬喩について「此処が妾の惚れた所」であるという。つまり、釈迦の世俗的な姿に女は魅力を感じているのである。

ただし、女は「妾の思はくでお釈迦様を大歌人」として述べているわけではないことを挙げつつ、次のように語りを続けていく。

お釈迦様は、元来初一念が悲しいといふ事、果敢ないといふ事、情ないといふ事について動いた者故、其後は始終悲しい果敢ない情ないといふ方から、大千世界をお覗きなされ、お覗きなさるればお覗きなさる程、尚々悲しく果敢なく情なう思し召すより、人の気のつきもせず知りもせぬ悲しさ果敢なさ情なさまで探し出され、

釈迦が「初一念」という無常の認識に立ち、その心で世の中を覗けば覗くほど哀れさが観ぜられるというのである。それは作中にある「説き出されし長歌短歌、之を一切の経と名付けて無暗とありがたくせしは、後世のとこひようの取計ひ悲しや釈迦様が天下の木男岩女のあはれ深き」「精神の外は文字も形容も仮物の詩歌」といった解釈に基づくことを明示する。一方、男は女の展開する釈迦論に対し、ほとんど言葉を発せず、むしろ時折、女から「寝ると打ちますよ」と言われる始末で話を聞く。作中における女の独白といった特徴をより強調するかの如く、男の女に対する反応はほぼ皆無な状態で描かれている。

さらに女は、釈迦を「理屈屋の大将と見なしたるこそ片腹痛」いことを挙げ、次のように述べている。

人情の火の手満身に燃えほこつて、権助をもおさんをも最惜い可愛い子の様に思はれた御方、中々後世の狸和尚山の芋居士の様なのんきな者ではなし、冷かな理屈じみた歌を垢の多い耳の孔に入れられたとて、何の冷たい理屈屋であらうぞ、（中略）見透しの付かぬ男どもの目前の愛を忍ぶ所だけ見けて、大きな愛の匿れて居るに気が付ぬ白痴、

女は「理屈屋」としての釈迦像ではなく、「大きな愛の匿れて居る」ことを指摘する。このことは、続く「理屈ばかりを眼中に存して、肉慾を始め小さな愛を捨てた野暮ではなく、大きな人情を胸に湛へて居て、機に臨み時に応じ、鞠歌も謡へば粉挽歌も謡ふた大歌人」といった部分にも重なる。この点について、先行研究では登尾豊が仏教の教理教学に基づくのではなく、女の釈迦像の根底には「大きな愛」「大きな人情」が流れていることを挙げ、だからこそ「意地汚なの菌の中毒、跋提河でのたれ死矢張り泣きツ面の仏頂面」云々といった釈迦の人間的な情に対し「此処が妾の惚れた所」であることを指摘している[6]。

女の語る釈迦像からは、衆生に対し「長歌短歌」「精神の外は文字も形容も仮物の詩歌」といった説法で、「大きな愛」や「大きな情」で世の中の無常さを歌い続けた大詩人であることが示されているのである。さらに女自身、「妾は理の圏中に落ちぬ代り、情の圏中に落ちた、仏法を情解の眼鏡いで覗くか馬鹿なと仰せらるゝか知らぬが、仏法なぞは犬が食ふても鼠が引きても公認とならうが荒神と唱へやうが、私の知らぬ事」と作中で語るように、自身は「情の圏中に落ちた」「情解の眼鏡」で釈迦を論じ、あくまで従来の仏教的釈迦像を卑下する姿勢を貫いている。

そして物語末尾において、女は今まで展開してきた総括として次のように述べている。

初一念が人情の激動高尚の感情が浮んだが源で、一生想像を歌つた方様、最後まで始終浮世の半面を歌ひ暮らされ、殊更遺教経なんど一句一句理屈でやかましう云ふたら良いか悪いか知らぬが、其時の御齢御有様をじりゝと考へ、尚能く親切に諄々と熱情を漲らせた御言葉、（中略）ぞつとしてありがた涙を黐さぬなら、貴方もたのもしからず。

釈迦が「初一念」に端を発した感情を源とし、「一生想像を歌つた」「最後まで始終浮世の半面を歌ひ暮らされ」た人物であったという解釈を示し、ここで女の独白は終える。それに対し男は「長談義聞き飽きて何時しか鼾の音」といった状態になっており、結果、女に「大喝一声」され、その場を逃げ出し物語は幕を閉じる。

このような釈迦詩人論としての物語展開に鑑みた際、容易に想起されるのは『ブッダチャリタ』（漢訳名「仏所行讃」）との関連性である。

周知の如く『ブッダチャリタ』は仏教詩人である馬鳴（アシュヴァゴーシャ）の著作とされる仏教叙事詩である。ブッダすなわち釈迦の生涯を説話や比喩の多用を用いながら讃えた内容であり、インドで仏教が隆盛であった時代に書かれた仏伝である。サンスクリットの美文調韻文で綴られており（ただし、サンスクリット写本で現存するのは前半部の一四編のみ、後半部を含めた全体はチベット訳や漢訳）、芸術的にも完成度が高いとされる。[7] 現在、『大正新脩大蔵経』第四巻「本縁部」に収録されているほか、梶山雄一ほか編『原始仏典　第一〇巻　ブッダチャリタ』（講談社、一九八五年、のち梶山雄一、小林信彦、立川武蔵、御牧克己訳注『完訳　ブッダチャリタ』〈講談社学術文庫、二〇一九年〉）も刊行されている。

釈迦の全生涯を通じた叙述があるのはこの書物のみであり、第一級史料としても位置づけられる。超俗的で類稀なる王子ガウタマ・シッダールタ（釈迦）の誕生から語られ、王宮での生活を楽しまず、生者全てに待ち受ける老・病・死の苦しみに対峙する。その後、悦楽や権力の誘惑を振り切りガウタマは出家し修行に入り、多様な先賢らの見解を一蹴し、魔王マーラ・パーピーヤスとの戦いにも勝利し、生そのものから解放され成道へと到る。解脱したガウタマはブッダとして周囲を教化し、最後には涅槃へと入る。なお、馬鳴にはこの他に『揵稚《けんち》梵讃《ぼんさん》』や『大荘厳論経』などの著書もある(8)。

これらの書物では、啓発誘導を目的として釈迦の全生涯を仏教叙事詩で語るといった特徴が挙げられるのだが、「毒朱唇」の女の独白を鑑みると、一貫して「初一念」を背景に「長歌短歌」「精神の外は文字も形容も仮物の詩歌」といった説法で、大きな愛や情で世の無常さを歌い続けた大詩人釈迦といった解釈が成されている。いわば『ブッダチャリタ』の啓発誘導に対し、「毒朱唇」での釈迦詩人論は極めて独自性を発揮していると言える。露伴がいつ頃『ブッダチャリタ』を読んでいたのかは不明ではあるが、作家デビュー以前、一八八五（明治一八）年から八七年にかけての北海道余市時代に多くの仏書を吸収している(9)。こうした背景を踏まえると、釈迦全生涯の内容を露伴独自の視点で再構成し、「毒朱唇」の女の独白として表現した可能性が指摘されるのである。

「毒朱唇」では、従来の聖性や信仰の対象としての釈迦像とは対極的とも言える世俗的な釈迦像の提示、すなわち人間的な情から見た釈迦像が女の「独（＝毒）白」により生成されている。まさに題名「毒朱唇」の真骨頂の発揮とでも言えようか。換言すると、従来の仏教叙事詩に対する、作家露伴なりの再構築としても捉えられるのである。

二 「釈迦詩人論」創出の背景――当時の状況など

釈迦詩人論を中心に展開する「毒朱唇」であるが、先の節でも触れたように、元々は「大詩人」という作品の一部であった。それが結果的に「毒朱唇」と「縁外縁」といった二作品に分割された形で発表されるに到った。「大詩人」が「毒朱唇」と「縁外縁」に派生した経緯など、詳細については紙幅の都合もあり、ここでは概略程度に留めておく。

「大詩人」の発表について、露伴は一八八九（明治二二）年夏（推定）[10]に吉岡書籍店の店主吉岡哲太郎宛の書簡で次のように述べている。

拝啓　拙著大詩人の義昨日紅葉詞兄とも相談いたし候ひに「ナニよかろうおもしろし」などゝの説に付いよ〳〵出板《（ママ）》いたしたく迂生は素より乱暴の積りにも無之候へば是非とも出板願ひたく存候然し万々一当局者の認定をもつて発売禁止など蒙り候節は甚だ御迷惑との御掛念も御坐候べけれど虎穴に臨まずんば虎子を得ぬ理屈迂生方にては該書出板のあかつき二板にならずば水一杯三板にならずば（中略）古今未曾有の名文章（チトアテニナラヌナゾト云ヒ玉フナ）を必死となりて繰り出し請合ひ御埋合せを仕るべく所存に候されば先日御話しのごとく先づ一千部だけを出板してステロウに取り置かれたく画は表紙にのみ少し色まぜて用ゐたく候新著其他広告には

＊方外小説大詩人　変幻奇怪の異文字なり　＊此四字ハ改メ難シ

位の調子にて是非やられたく願上申候
其他万縷又々御面晤に譲る
露　伴　拝
吉　岡　哲　太　郎　様

右引用からうかがえるように、尾崎紅葉の推奨を得ての掲載を決めたようであるが、「一当局者の認定をもつて発売禁止など蒙り候節は甚だ御迷惑との御掛念も御坐候べけれど」というように、発禁処分の対象となる可能性が含まれていた。なお、この書簡内容をもとに「風流仏」が掲載された『新著百種』第五号（一八八九年九月二三日）の奥付裏広告にも「大詩人」の予告が掲載されている。右引用の吉岡哲太郎宛書簡では「大詩人」の題名が「＊方外小説 大詩人」「此四字ハ改メ難シ」と書かれているが、次に引用する『新著百種』第五号の広告文では角書きで「法外小説 大詩人」となっている。

露伴子著
○法外小説　大詩人　全
古来未曾有にやかましき○古来未曾有に艶ぽき○古来未曾有にめづらしき何だか訳の分らないものなり来月早々発売致すべし出たら是非買て見るべし古来未曾有に面白き事請合なり
発兌はよし岡売捌は各地書林

先述したように、露伴は吉岡哲太郎宛書簡において「是非とも出板願ひたく存候」「虎穴に臨まずんば虎子を得ぬ理屈」と述べていることから、出版へ漕ぎ着けたい強い思いが読み取れる。また「古来未曾有」云々といった文言が重ねられていることから、特異性のある作品であったことも想定される。なお、右の広告文の他に、『文庫』第二六号（一八八九年九月一二日）においても、次のような広告が掲載されている。

近発　露伴子著　大詩人　全
釈迦ハ宗教創立者ニモアラス哲学者ニモアラス

先の『新著百種』の広告文と重なっており、少なくとも露伴は明治二二年夏頃までには「大詩人」をある程度の輪郭まで形成していたものと推定される。それが「風流仏」発表直後、「大詩人」予告として『新著百種』等に掲載されたわけである。しかし、広告文からは「古来未曾有にやかましき」「艶ぽき」「何だか訳の分らないものなり」「釈迦ハ宗教創立者ニモアラス哲学者ニモアラス」といった断片的内容のみで、それ以上のことは未詳であった。「大詩人」はこれら広告掲載にもかかわらず、発表には到らなかったのである。理由は未詳であるが、断片的な「大詩人」の構想と想定される「おふみ様を吊ふ」（一八八九年一一月一三日付『読売新聞』）と題した詩のみの発表となった。こうした経緯のもと「毒朱唇」「縁外縁」の二作品が世に姿を現したのである。[11]

露伴が釈迦を大詩人として描いた背景については詳らかではないが、先に挙げた『ブッダチャリタ』以外に当時の新体詩の隆盛も視野に入れるべきであろう。

既に一八八二（明治一五）年には、近代詩の源流とされる矢田部良吉・外山正一・井上哲次郎らによる『新体詩抄』の発表が契機となり、以降、その内実は深化し、従来の漢詩としての認識から脱皮し、近代人の自由で清新な感情や複雑かつ深遠な思想を形象化するための新詩型が浸透していった。その後、唱歌や軍歌、賛美歌などが誕生し、H・スペンサー流の進化論を背景とした文学改良運動の典型的な成果の創出へと到る。

「毒朱唇」が発表された一八八九（明治二二）年当時、『国民之友』夏季付録に掲載された新声社の「於母影」は、森鷗外を始め妹の小金井喜美子・落合直文・井上通泰・市村讃次郎らの訳で一七篇の和訳・漢訳が行われた。『新体詩抄』以来、詩に渇望していた人々を狂喜させるのに十分であった。特に「オフェリアの歌」「ミニヨンの歌」「マンフレット一節」などは次代を担う青年詩人たちの心に強く刻まれた。また、同年北村透谷によって自費出版された『楚囚之詩』も、自由民権運動の挫折からキリスト教入信への精神的転回を謳った長篇の文語自由詩が特徴的であり、注目される詩集となった[12]。

こうした新体詩の隆盛が続く一方、一八八九（明治二二）年当時の社会は多事多難であったと言える。時系列で挙げると、二月一一日の欽定憲法発布と文部大臣森有礼の暗殺を始め、三月下旬には後藤象二郎入閣に始まる大同団結運動の混乱と分裂、一〇月の大隈外相に対する爆弾テロと条約改正交渉の延期、また、天候不順と暴風雨による凶作や米価高騰により富山県魚津の窮民二〇〇〇人による米騒動を始めとする各地での農民騒乱の発生、一二月の板垣退助の愛国公党結成と旧自由党の分裂、条約改正反対運動の激化などが挙げられる。我が国最初の経済恐慌もこの年に始まり、後に影響を及ぼすこととなった。このような暗い社会情勢の中、青年らはもとより露伴も新体詩を吸収していたのである。[13]

その他、釈迦詩人論の背景として仏教演説会の展開にも注目したい。少し時間は前後するが一八八二（明治一五）年頃、当時、就学時代にあった露伴は愛宕にある次兄郡司成忠宅に一時期居候していた[14]。その際、郡司宅の近隣において和敬会の大内青巒が仏教演説会を折々に開催しており、その模様は露伴も認識していた可能性が高い。『明教新誌』（一八八二年三月二日付）には「〇先月十八日愛宕下青松寺に於て和敬会講筵の開設ありしとき郵便報知新聞社主矢野文雄君は其講義書目中に福田大教正の仏遺教経とあるを見て（中略）言ふや善し」云々と記されており、仏教演説会は「愛宕下青松寺」で行われていたことが確認できる。この記事に限らず、当時の仏教演説会は概ね愛宕下青松寺で行われたことが同紙に記載されている。なお、大内青巒（本名退、一八四五～一九一八）は伊達藩に生まれ、藩儒舟山江陽に学び、その後、出家し曹洞宗寺院の住職を経て水戸へ赴き、照庵や原坦山から禅を学んだ人物である。明治初年には西本願寺法主大谷光尊の侍講となり、禅浄一致を説き還俗して「青巒居士」と称した。『明教新誌』や『教門雑誌』（ともに一八七五年）を始め、『江湖新聞』（一八九〇年）を創刊している。また、一八七九（明治一二）年には和敬会を結成し、尊王護国や時代即応の仏教を説くべく一貫して在俗仏教を主張し各地を遊説している[15]。

露伴の仏教演説会参加については、自身の口からは語られていないが、柳田泉は『幸田露伴』[16]において「露伴は、和敬会の連中の説くところが、自分が何となく趣味を感じてゐた老荘思想に似たところがあるのを面白く思つて、いつも聴きに出かけた」と述べている。注視すべき傍証的事項であり、こうした経験も後に釈迦詩人論といった形で作品に表出していくことも十分想定される。このことは既に「露団々」の登場人物シンジアの「風俗の澆季をいたみ、人情の軽薄を悲みて、道徳の衰頽を匡正せん」という志のもと、「第一に貧民を救済（中略）第二に貧少年を教育」などの主眼を掲げるも難航し「二十五歳の暁より、警醒演説会なる者を起し」（第四回）云々といった描写からも垣間見られる。なお、「警醒演説会」は一八八三（明治一六）年七月に「警醒社」というキリスト教系出版社が存在したことに拠るものであるが[17]、「露団々」では須弥山を意識した「そめいろの山」や忉利天や六欲界の第二を指す「三十三天」といった表現を始め、鳩摩羅什記『仏垂般涅槃略説教誡経』の略称である『遺教経』や『新約聖書』の最後の一書である『黙示録』を「遺教経は半七の書置程面白からず、黙示録はあらびやんないとにも劣れりと」（第四回）云々といった形でも描写されている。いわば仏教やキリスト教を下敷きにした表現が散見されており、露伴の就学時代における仏教演説会参加や、余市時代も含めた仏書の多読や濫読といった経験が釈迦詩人論生成へと到る過程の一端として既に胚胎していたものと考えられる。

ちなみに、仏教演説会が展開した背景だが、明治初期に政府が行った神仏分離令による廃仏毀釈や大教宣布に基づく神道中心の国策遂行が挙げられる。総じて、民心教化を神道・仏教両方の教導職に担わそうとする意図が表出しており、仏教各宗派は尊王護国を掲げ国家主義の立場を取らざるを得ない状況にあった。いわば時代の潮流に即した仏教の在り方を模索する必要性に迫られていたのである。しかし、政府主導による民心の思想信条の管理体制確立は、人々の心の世界や信仰に迫るといった生活内面からの変革を促す部分が欠落していた。青巒はこうした流れにおいて和敬会を結成し、仏教演説会を開くに到ったのである。(18) 露伴もこうした時代の潮流を肌身で吸収し、作家デビュー時には「毒朱唇」の釈迦詩人論のように特異性を持った形で、文学世界において表現したと考えられる。(19)

三　「聖」と「俗」――露伴の標榜する「風流」への接続

「毒朱唇」の考察からうかがえるように、人間的な情から見た釈迦像の描写は『ブッダチャリタ』で示される聖性や信仰の対象としての釈迦像とは大きく異なる。聖なる対象を俗的に描く露伴の創作意図は「風流禅天魔」執筆時から既に胚胎していた可能性が挙げられる。

冒頭で述べたように、「風流禅天魔」は幻の処女作と言われ、尾崎紅葉と淡島寒月が閲読したのみで世に発表されることのなかった作品である。露伴自身、後に「各大家の処女作」（『文芸倶楽部』収載、一八九八年四月）でのアンケートにおいて、「禅天魔　明治二十二年歟と覚え候」と回答している。また、「菎蒻本の洒落なるを愛読したる折の事とて、たゞ二三友人間に一笑を博せんがため、友人某氏の仏に佞し禅に溺れたる余り、甚だ人情に遠き振舞ありし実際を誇張して描きたるに過ぎず。右は糊細工をする折下貼となして仕舞ひたれば、尾崎淡嶋両氏の外見たる人無し」と回答している。このことは後年の「幸田露伴氏に物を訊く座談会」（『文藝春秋』収載、一九三三年二月）においても言及されている。残念ながら作品自体は「糊細工」の下貼りとなり現存していない。その他、「毒朱唇」では人間的な情から見た釈迦像の描写に対し「風流禅天魔」構想時には釈迦像の描写ではないものの「甚だ人情に遠き振舞ありし」というように、対照的な視点が垣間見られる。

なお、露伴は「処女作天魔談」（『新潮』収載、一九〇七年五月）においても、次のように述べている。

文壇では私の処女作を知つて居たものは殆んどない。紅葉が知つて居ただけであるが、それから故人となつたから、今では闇から闇に葬れるものとなつた。

処女作は「天魔」といふので、二十一年頃であつたと記憶する。穿ち専門の、極めて洒落た畑で、其頃京伝あたりの鋭い軽い筆つきを、面白いと思つて連りと愛読して居つたものであるから、自然其調子が乗つて居つた。五十枚ばかりの短編もので、其内容は変に厳格らしい人が婦人に対して至つて頑固な、何となく釈迦を真似たやうなをかしさを写したものである。

執筆時期については「二十一年頃であつたと記憶」しているが、前掲「各大家の処女作」では「明治二十二年歟と覚え候」と回答しており一致していない。構想に関しては「変に厳格らしい人が婦人に対して至つて頑固な、何となく釈迦を真似たやうなをかしさを写したもの」であることを明かしているが、内実はともあれこうした部分が変遷変化を遂げ、後に「毒朱唇」として発表されるに到ったと想定される。

露伴自身が述べる「風流禅天魔」に関する情報は以上で尽きてしまうが、その他、柳田は前掲『幸田露伴』において、露伴直話として次のように述べている。

わたしがかつて無理に露伴から聞いたところで補ふと、『禅天魔』は蒟蒻本によくある形式をとつて、全篇三段から成り、第一段は発端ともいふべく、一風変つた能楽者が二三人つれ立つて遊里に出かけるところ、第二段は、「何処そこ（地名、露伴も失念した）の潮煙り」と題して、その能楽者の一人が、北海道某地の売女町のことを想ふところ（それには露伴自身、余市にゐるころ見聞したところを取り入れてあつた）、第三段は、わざと江戸時代として、「とろば（香の名）の煙り」と題し、禅に凝つた男（友人某）が、遊女屋の、女郎部屋で坐禅を始めるところを書いたものであつた。

柳田の露伴直話に従う限り、「風流禅天魔」は三章構成であったようである。登場人物は能楽者や遊女、禅に凝った男であり、舞台は遊里や女郎部屋のほか、回想部分では「北海道某地の売女町」となっており、これは余市の沢町遊廓での出来事と想定される。[20] しかも「禅に凝つた男（友人某）」云々とあるが、この「男（友人某）」について、塩谷賛『幸田露伴　上』[21]では東京師範学校附属小学校時代の友人であった「清川伊太郎」という人物を挙げている。確かに、前掲「各大家の処女作」において、露伴は「友人某氏の仏に佞し禅に溺れたる余り」と回答しており、それが塩谷の述べる「清川伊太郎」という人物を指すものと推察される。ただし、この人物に関する詳細は不明であり、判然としない。

また、仮にモデルがあったとしても、余市において禅を吸収し遊興に身を任せていた露伴自身も全く無関係ではなかっただろう。「禅に凝つた男」が「女郎部屋で坐禅を始める」という内容は、当時の心境を漢詩に託した『幽玄洞雑筆』[22]の「半夜剪灯独錬玄」や「激烈飄飄任我情　心如猛火身如浪」

といった一節にも重なる。さらに後年、当時の心境として「十九二十歳で愚な欲が出て、危なかつたは二十一」「今考へれば彼時に、『死ぬかよ死のう死ね死ぬは』と男らしく埒を明けて仕舞つた方が愨に罪が浅かつたかも知れぬ」（「明暗ふたおもて」）[23] といった述懐も含めると、露伴自身の体験も見逃せない。

　これらの内容に鑑みると「風流禅天魔」の作品世界は、実際に露伴が余市で体験した、いわば霊と肉の相克を「菎蒻本の洒落なる愛読した」（前掲「処女作禅天魔」）ことを踏まえ表現しようとした可能性が指摘される。加えて「風流」と「禅」「天魔」といった通常相容れぬ関係を一つに纏めている「風流禅天魔」という題名からもうかがえるように、露伴の余市時代での霊と肉の相克は後の創作過程においても影響を与えていく。こうした内容を踏まえ娯楽と仏教という視点で眺めた際、「毒朱唇」や「風流禅天魔」から垣間見られるように、露伴は「聖」を「俗」として表現することや「善悪不二」「魔仏一如」といった表裏一体の視点を、意図していたものと考えられる。それは後に「風流」として深化し、冒頭で示した「風流もの」と冠した諸作品発表へと裾野を広げていく。なお、露伴の示す「風流」とは、雅な世界とは異なり、端的に言えば美貌と好色、仏教思想等に依拠した幻想かつ浪漫的作風の発露である。背景には近世文学からの影響も挙げられるが、先に挙げた露伴の余市時代における体験も忘れてはならないだろう。[24]

おわりに

露伴文学と仏教の関わりを基軸として、娯楽と仏教の様相の一端を把捉すべく、仏教的作風の色濃く表出した「毒朱唇」や「風流禅天魔」を中心に扱いながら考察してきた。

作品を通して垣間見られることとして、やはり従来の聖性や尊崇の対象として位置づけられてきた釈迦像を露伴は作品を通して、人間的な情を包含した釈迦像として新たな形で再構築しており、この点は特徴的と言える。釈迦詩人論はもとより、それ以前に構想のみではあるが、女郎部屋で坐禅を始めるといった、まさに「聖」と「俗」の混交――「善悪不二」や「魔仏一如」に集約される「風流禅天魔」は明らかに後の露伴の標榜する「風流」の基底部分へと接続する。繰り返すが、露伴の示す「風流」とは、美貌と好色、仏教思想等に依拠した幻想かつ浪漫的作風である。「風流仏」では不成就の恋を主眼とした浪漫的作風が描かれる一方、「毒朱唇」や「縁外縁」では釈迦詩人論の独白や一夜で髑髏と化す女性が表現されていることからもうかがえる。さらには「風流魔」（後に「艶魔伝」と改題）における書簡体形式で展開する、男性を籠絡すべく手練手管を示した内容にも通底する。[25]

以降、一八九〇（明治二三）年頃までこうした作風を主に発表し、「聖」と「俗」の混交を織り混ぜながら破壊の波を自由自在に興じる露伴の「風流」の発露が展開していくのである。ただし、作家活動が深まるにつれて自ら標榜する「風流」は行き詰まりの様相を呈する。それは露伴自身の創作に対する懐疑である。結果、煩悶葛藤を経て「旧露伴死し新露伴生る」（一八九〇年八月二五日付『郵便報知新聞』）を発表し、「文学界中一種の奇骨傲骨を以て超然たる幸田露伴子は何にを悟りけん頃日阿母に請うて其慈愛の手に髪を剃られたり」というように、実際に母親に請うて剃髪し「新露伴」としての出発を迎えることとなる。

露伴文学を視座として娯楽と仏教に関して考察すると、「毒朱唇」や「風流禅天魔」を始めとした「風流もの」諸作品から表出する「風流」は、仏の領域（「聖」）と世間（「俗」）とをつなぐ視点としても捉えられるのである。

註

（1）「風流禅天魔」執筆時期については「処女作天魔談」（『新潮』、一九〇七年五月）において、露伴は「二十一年頃であつたと記憶」していると述べているが、一方で「各大家の処女作」（『文芸倶楽部』、一八九八年四月）では「明治二十二年歟と覚え候」と回答している。柳田泉は「『禅天魔』は、大体明治廿一年中の作となつてゐるものゝ、正確にはそれより前かも知れない」（『幸田露伴』中央公論社、一九四二年）と述べている。これらの内容に鑑みると「風流禅天魔」執筆時期は明治二一年頃かそれ以前の執筆と推定される。

（2）「風流仏」は一八八九（明治二二）年九月二三日『新著百種』第五号、「縁外縁」（後に「対髑髏」と改題）は一八九〇（明治二三）年一月三、一八日、二月三日『日本之文華』第一巻第一～三号、「風流魔」は一八九一（明治二四）年二月『志がらみ草紙』第一七号（当時の題名は「艶魔伝」）、「風流悟」は一八九一（明治二四）年八月一三日『国民之友』「藻塩草」欄に発表されている。「風流微塵蔵」については、これは総題のようなもので、個々の題名にそれぞれ「さゝ舟」（『国会』、一八九三〈明治二六〉年一月二八～二月一六日）、「うすらひ」（『国会』、同年二月一八～三月一二日）、「つゆくさ」（『国会』、同年三月一四～一六日）、「蹄鉄」（『国会』、同年三月二三～四月二日）、「荷葉盃」（『国会』、同年四月一九～六月二〇日）、「きくの浜松」（『国会』、同年九月一～一二月七日）、「さんなきぐるま」（『国会』、同年一二月一二～一三日）、「あがりがま」（『国会』、一八九四〈明治二七〉年一〇月一六～一二月二七日）、「みやこどり」（『国会』、一八九五〈明治二八〉年二月五～四月五日）といった題名が付され発表されている。

（3）「前橋の町」というのは「前橋町」を指すものと考えられる。前橋町という名称は一八八九（明治二二）年から一八九二（明治二五）年まで使用されており（『群馬県史　通史編7』～『同　通史編9』群馬県史編さん委員会、一九八九～一九九〇年）、このことから「毒朱唇」作中年代は明治二二年頃と推定される。

（4）一八九〇（明治二三）年一月三、一八日、二月三日『日本之文華』第一巻第一～三号掲載。

（5）後年、露伴は「『白根山麓の情話』について」（『女の世界』一九一六年一月）の中で、「明治二十二三年の四五月であつた。自分は日光の奥の湯の湖の温宿に、何でも一夜では無く泊つた」と回想している。

（6）登尾豊「『対髑髏』論」（『文学』、一九七六年八月、のち『幸田露伴論考』学術出版会、二〇〇六年収載）参照。

（7）『仏典解題辞典　第三版』（春秋社、二〇二〇年）、『精選版　日本国語大辞典』（小学館、二〇〇六年）、『改訂新版　世界大百科事典』（平凡社、二〇〇七年）。

（8）同前。

（9）露伴は余市赴任時代、当地に所在する曹洞宗永全寺において『大般若波羅蜜多経』六〇〇巻を読んでいた可能性が挙げられる。詳細については、渡辺賢治「幸田露伴研究――再考・北海道時代」（『国文学踏査』第二〇号、二〇〇八年三月）を参照。

（10）現在、この書簡は早稲田大学図書館の以下のURLにおいて開示されている。なお、そこでは書簡の内容から「明治二十二年八月」のものと推定している。https://www.wul.waseda.ac.jp/kotenseki/html/bunko14/bunko14_c0083/index.html（二〇二三年一〇月二三日閲覧）。

（11）近年「大詩人」の草稿が発見され、ある程度の全体像の把握を始め「毒朱唇」と「縁外縁」がどのようにして「大詩人」から派生したかを解明する手がかりを得られるようになった。このことについてはニコラ・モラール、出口智之「『大詩人』草稿解題」（『文学』、二〇一五年一月）参照。

（12）『国文学　解釈と教材の研究』第三〇巻第六号（学燈社、一九八五年五月）参照。

(13) 同前。

(14) 渡辺賢治「迎曦塾時代の露伴」（『国文学試論』第一九号、二〇一〇年三月）。

(15) 『宮城県姓氏家系大辞典』（角川書店、一九九四年）。

(16) 柳田前掲註(1)『幸田露伴』。

(17) 『日本キリスト教歴史大事典』（教文館、一九八八年）参照。なお、設立に際しては植村正久を始め湯浅治郎、小崎弘道、浮田和民らの名が挙げられる。

(18) 渡辺前掲註(14)「迎曦塾時代の露伴」。

(19) これは現代で言うところのメディアミックスにも重なる視点であり、露伴自身、演説を活字主体の物語世界へと変換し、かつ従来とは一線を画した世俗的な釈迦像の提示を行っている。この点についてはいずれ別稿を設け論じてみたい。

(20) 渡辺賢治「露伴の北海道時代」（『国文学試論』第一六号、二〇〇六年三月）、渡辺前掲註(9)「幸田露伴研究」。

(21) 中央公論社、一九六五年七月。

(22) 没後発表。『露伴全集』（第四〇巻収載、岩波書店、一九五八年）。

(23) 一八九五（明治二八）年一月三日付『国会』参照。

(24) 余市在住時代、露伴は当地に所在する曹洞宗永全寺の東開和尚との交流もあったと考えられる。また、付近一帯の門前町には辻村楼などの遊郭もあった。渡辺前掲註(9)「幸田露伴研究」。

(25) 渡辺賢治「幸田露伴研究――『風流魔』を中心に」（『国文学試論』第一七号、二〇〇七年三月）。

付記 「毒朱唇」原文は『新日本古典文学大系 明治編22 幸田露伴集』（岩波書店、二〇〇二年）に拠る。その他の露伴作品の原文は、第二次『露伴全集』（岩波書店、一九四九〜五八年）に拠る。

第五章　岩波文庫に見られる仏教出版文化

――三木清と岩波的スクリーニング――

嶋田毅寛

はじめに――「読書子に寄す」に見られる三木清の『構想力の論理』

岩波文庫の巻末に必ず記されている「読書子に寄す」（以下、「読書子」）の草稿は哲学者の三木清（一八九七～一九四五）の手によるもので、岩波書店創業者である岩波茂雄（一八八一～一九四六）が手を加えてその形になったという。「読書子」が書かれた一九二七（昭和二）年当時、三木は同書店での数々の企画や編集にも関わっていた。岩波文庫はドイツのレクラム文庫に範を取り、古今東西の名だたる古典を安価で提供することを目的としていたという。当初、岩波文庫出版の計画は必ずしも賛同の意見ばかりではなく、岩波自身も一時この企画そのものに躊躇しかけたものの、当時の従業員である小林勇と三木の両名の熱意と努力によって実行された。その間の事情について岩波の終生の友人にして伝記者である哲学者安倍能成（一八八三～一九六六）曰く、「三木は意気投合した小林と共に、岩波を動かす力を持つ点に於いて、二者（茅野儀太郎と高橋穣）にまさっていた[1]」という。

「読書子」の中には後の三木の『構想力の論理[2]』につながるような表現がある。「真理は万人によって求められることを自ら欲し、芸術は万人によって愛されることを自ら望む……岩波文庫はこの要求に応じそれに励まされて生まれた。それは生命ある不朽の書を少数者の書斎と研究室とより解放して街頭にくまなく立たしめ民衆に伍せしめるであろう」。これは一見して学術及び美術的知識を広く世に知らしめることが岩波文庫の使命であると受け取られる。当然それは間違いないのだが、それを『構想力の論理』に見られる見解と照合して見てみると、そのような目的だけにとどまらない意図が浮かび上がってくる。ただ『構想力の論理』の刊行は一九三九（昭和一四）年であり、三木自身も「考えてから書くというよりも書きながら考えていく[3]」とするように、同書を執筆する以前の「読書子」の執筆当時に果たしてそこまで彼が想定していたかとの疑念はあるが、筆者としては、後の三木であればそのような意図を持っていても自然であると捉えている。

> 固有な意味における科学の理念は近代に至って生まれたものであるが、それ以前においても技術はもとより存在した、それは科学が発達しなかったと言われる東洋においても存在した。技術は人類の文化と共に古くかつ普遍的である。近代科学も技術的要求から生まれたものであり、また常に技術的目的に適用されている。したがって技術の理念であるところの形の理念に定位をとる文化の理念は、科学の理念に定位をとる文化の理念よりも普遍的である。科学もその内に要素的に包括されるのである。近代的ゲゼルシャフト以前のゲマインシャフト的文化の理念は形の理念であったと見ることができる。今日科学の理念に定位をとった近代のゲゼルシャフト的文化の抽象性が指摘され、新しいゲマインシャフト的文化が要求されているとき、構想力の論理は新文化

の創造に対して哲学的基礎を与えるであろう。しかしこの新しいゲマインシャフトはゲゼルシャフトに抽象的に対立するのでなく却ってこれを止揚したものでなければならぬように、形の論理も科学に抽象的に対立するのでなく却ってこれに媒介されたものでなければならぬ[4]。

ここに見られるゲマインシャフト（共同体）及びゲゼルシャフト（利益社会）とは社会学者テンニエス（Ferdinand Tönnies, 一八五五～一九三六）が提唱した概念である。三木によれば構想力の論理とは形を作る変化の論理であり、それは実際に形を作る行為の立場に立っているという。そしてそのような行為とは人間が環境に対する適応であり、その行為を三木は「技術」と捉える。[5]

先の文章には「近代以前のゲマインシャフト的文化」とあるが、井上純一によると西欧古典古代の都市国家的市民文化がゲマインシャフト的とされている。そこでは不自由民が経済・日常的活動を提供する傍ら、自由民の文化享受が可能になっていた。自由民のみではあるものの文化の享受という一体感があり、それがゲマインシャフト的であるという。その後身分階層がより分化する中世を経て、都市の発達、国民国家の形成、科学の発展による技術革新に伴う市民の台頭という近代に至り、政治的身分階層が掘り崩されて文化享受も拡大される。

三木も述べるように、技術は科学の媒介により大きく発展し、そこでは文化を創造するものと享受するものとの間に身分差別はなく、両者共に市民である。だがそのような文化はもはや、享受者の与り知らぬところで科学に媒介された技術により大量生産されており、さらに不特定多数を対象としているために文化の一般化も進行しており、享受者も文化の本質に関心を持つことなく、知的関心を触発させない単なる娯楽と化している。このようにして政治的身分差別に代わって、言わば知的な身分差別が生じている。このような意味で、科学に定位した文化が創造者と享受者との間で経済的に取引され、そこには市民としての一体感ではなく、経済的な立場が引き起こす「知の格差」が生じているということで、ゲゼルシャフト的なものと見られる。

　再び「読書子」に戻ってみる。「古今東西にわたって文芸・哲学・社会科学・自然科学等種類の如何を問わず、いやしくも万人の必読すべき真に古典的価値ある書をきわめて簡易なる形式において逐次刊行し、あらゆる人間に須要なる生活向上の資料、生活批判の原理を提供せんと欲する」の件について、三木が古典文化の普及を目指していたにとどまらず、それらの普及を読者に対する（当時の）現代における生の指針とさせ、その結果として市民的一体感の実現を目指していたものと思われる。当然それは単なる娯楽の普及ではなく、文化の本質を伝達するような啓蒙活動に類する。

　しかしそれは、古典古代のゲマインシャフト的市民の一体感を現代に取り戻すような反動復古的で、『構想力の論理』の言うゲゼルシャフトと抽象的に対立するようなやり方ではない、〈科学〉に媒介された〈技術〉でもって現代的な〈形〉をなさねばならない。それを三木は岩波文庫の刊行に見ていたように思われる。つまり安価な岩波文庫刊行による経済・市場的なやり取りというゲゼルシャフト的普及が、結果として知識人と大衆との間の知の格差を埋めてゲマインシャフト的な知の共同体を形成するという方向性である。

　ところで「読書子」は三木の草稿に、岩波茂雄が加筆することで現今の形として伝わっており、特に当時の出版業界に対しての批判的な論調は岩波の手によるものである。そのためやはり店主たる岩波の意向がそこに反映されて当然である。それに岩波自ら「岩波文庫論」を執筆しており、岩波文庫として刊行する著作の選考には多大な関心を払っていたと考えられる。よって次節では三木（著作者、企画者）の視点に加えて、岩波（経営者、製作者）の視点も加えた社会・文化理論的考察を図ってみる。

一　「創る人」と「作る人」の分離及び岩波的スクリーニング

1　岩波文化と講談社文化との対比

「真に世の為になる良書ならば経済的にも酬いられる(6)」とは岩波のテーゼであり、彼について語る識者たちのいずれもが必ず取り上げる言明である。これは営利よりも学術及び文化的価値を優先していることを示しているように捉えられるであろう。ただそれは決して利益そのものを無視しているわけではなく、利益につながる学術及び文化的価値の高い出版の追求とも見ることは可能である。

そこでそのような岩波の経営態度に関する一つの目安として、「講談社文化と岩波文化の対比」を取り上げてみたい。蔵原惟人(7)はそれら二つの文化を前者が「大衆の卑俗な封建的文化」、後者が「知識層の高踏的な自由主義文化」と評している。それに対して村上一郎(8)は、一般民衆が「講談社文化」を経るからこそ「岩波文化」に対してコンプレックスを持つというようにそれらの連続性を見る。少なくとも「講談社文化」が総合的大衆娯楽、「岩波文化」が知的エリート学術という観点の一致が両者に見られる。安倍は「講談社文化」について、「民衆を相手にして金を儲けようとする露骨な商売主義」と評する一方、「岩波文化」について、「著者を大事にして読者に媚びず、しかもこれに奉仕することを終始心がけた」とする。[9] 安倍は岩波の友人であるため、その主張については多少割り引いて考えねばならないが、ここでは「講談社文化」についての評価に着目したい。講談社は現在でも娯楽雑誌から学術図書まで手広く出版しており、岩波はそれに対して差異化を図るために学術・教養中心の出版方針をとっていたとも考えられよう。岩波には学術のために「利害を無視する公的精神[10]」と、出版事業者として「本を読んでいては本は出せない[11]」という、二面性があることが重要になる。

2 〈創る人〉と〈作る人〉との分離

なぜ「講談社文化と岩波文化との対比」を持ち出したのかというと、前節における三木の構想に岩波茂雄という要素を加えると異なった様相が出現し、講談社文化との対比がその岩波の経営姿勢の一端を示すからである。三木が岩波書店に数々の出版の企画や編集で関わっていたとはいえ、彼は〈創る人（クリエーター）〉であり独力で自らの構想を「形」にする手段を持たない。そのため岩波という〈作る人（プロデューサー）〉の資本・設備に依存して自らの構想を文化財にする必要があり、それこそが「形」を産み出す行為である「技術」は「科学」の媒介により大きく発展するということである。そして岩波という〈作る人〉は学者（創る人）ではないものの、彼らの構想を「形」にする手段を持っており、〈創る人〉の依頼を「形」にするのである。しかし〈作る人〉は〈創る人〉からの依頼全てを「形」にはせず、そこには〈作る人〉による選別がある。先の「講談社文化からの差別化」もその一つである。大衆文化や娯楽的要素の強い作品に関しては少なくとも岩波文庫の形にしなかったであろうことは、「謙遜のつもりで文庫にでも入れて貰いたいなど出版を申し込まれる場合がある[12]」としても、彼は決して文庫には引き受けぬと断言することからもうかがえる。

　村上は「岩波は何を避けたか」ということについて、「わけのわからないデモーニシュ（悪魔的）なものはこれを避けたと踏まえることができよう[13]」と述べる。それについては「下降型・破滅型」と評されている私小説作家のうち葛西善蔵や、戦後フランスや日本での虚脱感を埋めるが如く実存主義の代表と見られるサルトル等を岩波は文庫に取り入れないと評する[14]。この点に関して「もし三木清が京大純哲のアカデミズムを背負っていなかったら（岩波は彼を取り立てなかっただろう[15]）」とのことも、岩波が「デモーニシュなものを避けた」パターンの一つとされている。しかしその葛西の他に彼よりもさらに内面暴露的で仮借のない嘉村礒多も岩波の死後に文庫に取り入れられている。これに関して竹内洋は村上の論理に即して、デモーニシュなものが時間の経過とともに薄れたため取り入れられたとする[16]。果たして竹内が言うように、葛西も嘉村も文庫に取り入れられたのが時間の経過に伴う「弱毒化」によるものか、または岩波茂雄の死（一九四六年四月二五日）による方針転換か定かではないが、少なくとも岩波の生存中に、そのような選定に彼が全く与り知らなかったと考えられないことは確かである。

　こうした岩波による出版の選別方法を竹内は「岩波的スクリーニング」と評し、「『文化財としての価値』によるスクリーニングは硬派出版界の中心という位置に刻み込まれたもの[17]」であるとし、岩波書店のような学術方面に特化した出版社には冒険的投資を避ける保守戦略があるのだという。ここで以下に三木の「構想」と実際の〈作る人〉と〈創る人〉を加えた構図をそれぞれ対比してみる。**図1**では「岩波文庫出版」を媒介した知識人と一般人との相互作用により知の格差が狭まり、本来は現代のゲゼルシャフト的であるはずの出版という産業によりゲマインシャフト的な知の共同体が形成されるという。しかし図1では〈創る人〉と〈作る人〉の分離という視点が欠けているため、実際には図2のような状況がある。上記二者の分離があるため、図1における「評価・世論」と「知の伝達」という相互作用が成り立たず、ゲマインシャフト的な「知の共同体」が成立しない。また「知の伝達」は「岩波的スクリーニング」による〈作る人〉の選別を経ているため〈大衆〉は直接的には〈創る人〉の思想を得られず、またそれに伴い〈創る人〉に対する「評価・世論」も歪曲された形となる。図2における「理念的な知の共同体」とは、井上の言う「〈市民文化〉の原・モデル」に相当

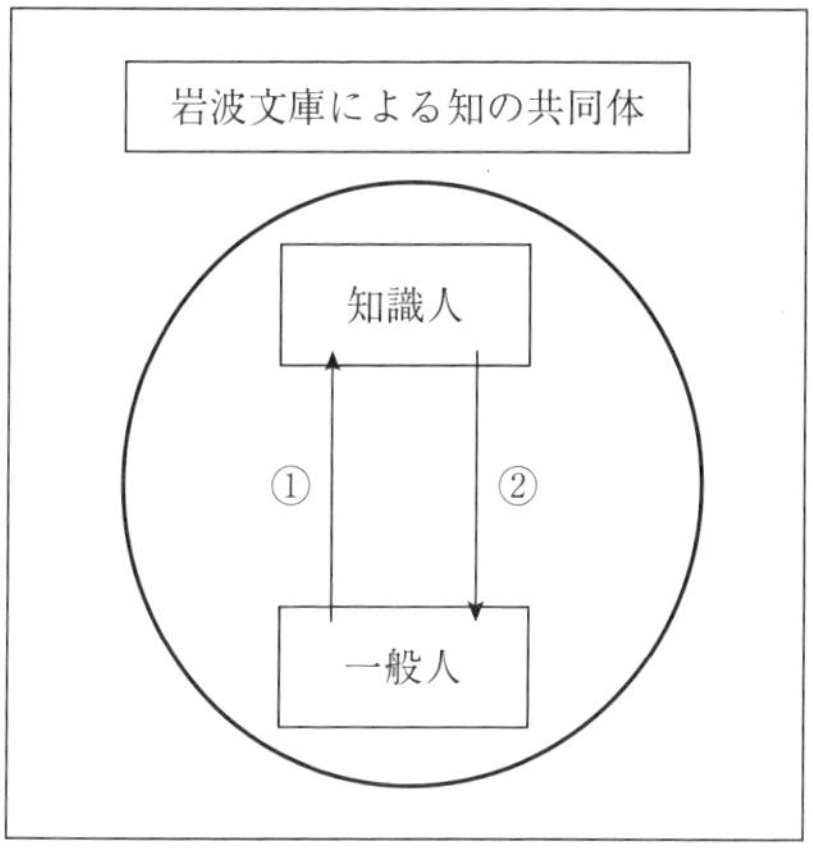

図1　［三木の「構想」］
①＝評価・世論、②＝知の伝達

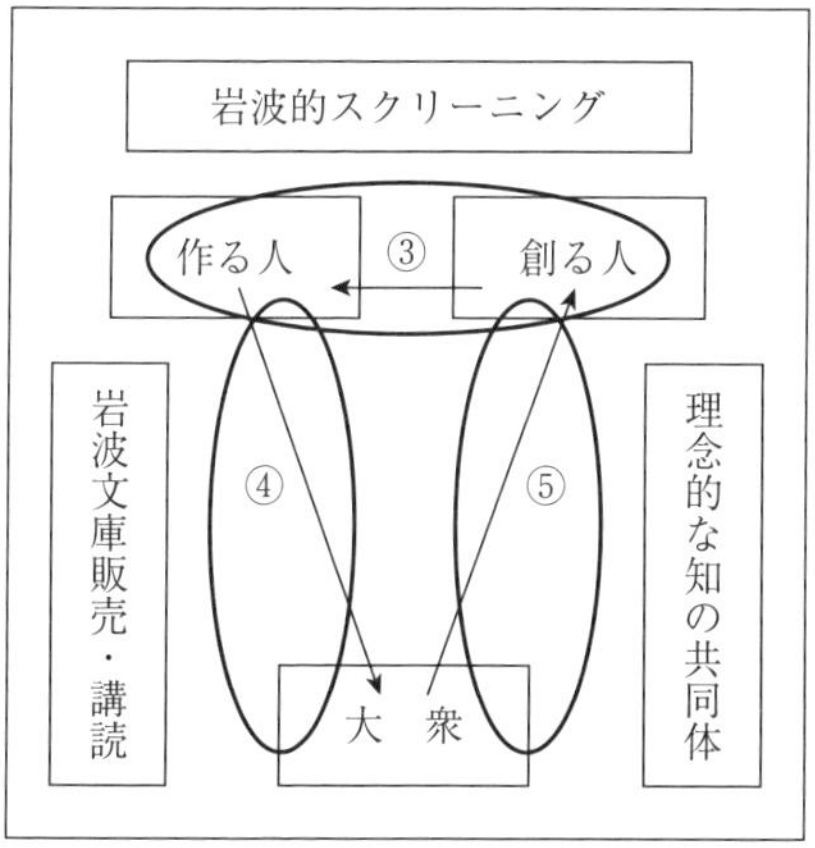

図2　［〈創る人〉と〈作る人〉を加えた構図］
③＝出版依頼、④＝知の伝達、⑤＝評価・世論

するものである。[18] 彼によれば、「創造者は市民であり、享受者もまた市民である」ため、「〈市民文化〉は自ら創り楽しむ点で個別的・人格的になると同時に、人間一般を志向する点で普遍的・脱人格的となる」という「〈市民文化〉の原・モデルは、その胎内に個別と普遍、人格化と脱人格化を統一している」。恐らくは三木の『構想力の論理』もそれに類する方向性を想定されていたと考えられる。しかし実際には出版も資本主義経済の一部に組み込まれており、そのため〈創る人〉と〈作る人〉との分離を引き起こし、〈大衆〉は直接〈創る人〉から「知の伝達」を受けることなく、しかもそれへの「評価・世論」が歪められるのであれば相互作用ではなく一方的となり、大衆は単なる提供された娯楽（そう言って悪ければ知的遊戯）を受動的に享受するに過ぎなくなる。

次節以降では岩波がどのように西田幾多郎や田辺元に代表される「官学アカデミズム」と関わり、それによる岩波文庫に関する「岩波的スクリーニング」でもってどのように仏教出版を形成していたかについて考察してみる。

二　岩波的スクリーニングと官学アカデミズムとの相互作用による仏教出版

1　官学アカデミズムと岩波文化との相互依存

ここで岩波茂雄存命中（〜一九四六）の岩波文庫における仏教出版について見てみる。[19]

①インド・初期仏教関連：荻原雲来訳註『法句経』

②中国仏教関連：金倉円照訳註『三論玄義』、宇井伯寿訳註『大乗起信論』、『禅源諸詮集都序』、『頓悟要門』、『伝心法要』、得能文訳註『仏説四十二章経／仏遺教経』、朝比奈宗源訳註『臨済録』、『碧巌録上下巻』

③法相宗関連：高瀬承厳校註『解脱上人・愚迷発心集』

④真言宗関連：加藤精神訳註『三教指帰』

⑤天台宗関連：花山信勝訳註『往生要集』

⑥浄土宗関連：森下二郎校訂『一言芳談抄』

⑦浄土真宗関連：清沢満之著『清沢文集』（真宗大谷派の僧侶）、名畑応順校註『親鸞和讃集』、金子大栄校註『歎異抄』、笠原一男校註『蓮如文集』、稲葉昌丸校訂『蓮如上人御一代聞書』、倉田百三著『出家とその弟子』（親鸞を登場人物とした戯曲）

⑧時宗関連：大橋俊雄校註『一遍上人語録』

⑨曹洞宗関連：衛藤即応校註『正法眼蔵全三巻』、大久保道舟訳註『道元禅師語録』、『道元禅師清規』、宇井伯寿訳註『宝慶記』、和辻哲郎校訂『正法眼蔵随聞記』（岩波の生前中に一度改版されている）、横関了胤校訂『伝光録』

⑩臨済宗関連：佐藤泰舜校訂『夢中問答』、辻善之助編註『沢庵和尚書簡集』、鈴木大拙編校『盤珪禅師語録』、今北洪川著『禅海一瀾』

⑪黄檗宗関連：赤松晋明校訂『鉄眼禅師仮字法語』

⑫日蓮宗関連：兜木正亨校註『日蓮文集』

⑬その他（聖徳太子関連及び江戸時代の神仏儒道徳書等六冊）

上記を一見して理解できることは、中国仏教関連とその他を除き、浄土真宗（六冊）及び曹洞宗（六冊）関連が群を抜いていることである。前節にも記した通り文庫出版に関しての岩波自身の姿勢から、これら仏教関連の選定に関しても彼の意向が反映されていないとは考えられない。そこで本節では既に述べた「官学アカデミズム」と岩波書店との関係について見ていきたい。

官学アカデミズムとは、具体的に旧帝国大学を指している。名だたる仏教学者たち及び京都学派と呼ばれる日本を代表する哲学者たちが東大または京大に学び、そして教壇に立った。そして岩波茂雄も東大哲学科選科を修了後一時期神田女学校の教壇に立つものの、ほどなくして古書販売を経て出版事業を開始する。

竹内によると[20]、官学アカデミズムと岩波文化は相互に正統化し合っており、「岩波文化は、東京帝大教授や京都帝大教授の著作を出版することで」、「官学アカデミズムの業績は岩波書店での書籍刊行によって」互いが他方により正統性を賦与されるという相互依存の関係が「岩波アカデミズム」を形成するという。岩波は当時の京大教授である哲学者田辺元（一八八五～一九六二）と親交があり、彼は岩波に助言を与えていたという。ある若い著者が岩波書店からの出版契約を結んだものの、その著者が田辺を批判したことがあったため、田辺は岩波に契約破棄を勧告し岩波もそれに従ったという話を村上は挙げる[21]。それに、「田辺が（岩波書店）店員の失言からか、岩波書店で自著をすべて出版するということを取り消したときには、岩波は取るものもとりあえず京都へ駆けつけ、百方田辺に陳謝した[22]」ともなると、もはや単なる友誼とは片付けられず、岩波書店の経営者として彼を手放すことはできないという「商人」としての態度が垣間見える。

これらのことも講談社文化に差異化を図る岩波文化という脈絡で捉えて見れば、「（講談社文化とは違った）真に世の為になる良書ならば経済的にも酬いられる」との岩波のテーゼにつながる。田辺（官学）が岩波の経営に助言を与え、岩波（書店）が田辺の著作を出版するという相互正統化が利益を産み出す。それで次項ではこのような官学アカデミズムと岩波文化との間に、仏教がどう位置付けられるか、特に浄土真宗について見てみる。

2　官学アカデミズムと岩波文化間における浄土真宗

明治新政府により「官学アカデミズム」としての旧帝国大学が設立され、仏教研究もその中に位置付けられた[23]。当初は文学科における「仏教書」の講義の担当として曹洞宗の僧職出身の原坦山（一八一九～一八九二）が招聘され、少し遅れて真宗大谷派出身の吉谷覚寿（一八四三～一九一四）も講師として招かれた。その後新たに哲学科が設置されそこに「東洋哲学」、さらにその中の「印度哲学」という学科の成立とともに、彼らもそのままそこの担当となった。その両名の出身宗派及びその後が示唆的である。原は曹洞宗出身とはいうものの、東大に着任当時は僧職を離れており、また出身宗派をさほど前面に出すことなく「心身相関に関する生理学的理論に基づいた技法を強調して」、「経典の文献学的研究に重点を置くことはなかった」という。一方で吉谷やその後継者である同門の村上専精（一八五一～一九二九）は、原のような仏教を「哲学」と捉えて「宗教としての性格を軽視する」態度に異議を唱えている。しかも吉谷及び村上の両名とも所属宗派を強く意識し、その内での教育や僧侶育成を目指していた点で、東大着任前に曹洞宗を離れた原とは対照的である。しかもその後の風潮は原の路線ではなく、吉谷と村上らに代表される経典の文献学研究が中心となり、後の「官学アカデミズム」の路線が後者の方向性で定まったと言われる。

岩波自身にも浄土真宗との関わりがあり[24]、例えば彼が一高に在学中、求道学舎（求道会館）を拠点に活動し、当時の青年らに大きな影響を与えた真宗大谷派僧侶の近角常観（一八七〇～一九四一）が彼の煩悶に応え、自著の『信仰の余瀝』を与えたという。その著作は岩波にさほど感銘を与えなかったようだが、近角は岩波にトルストイの『我が懺悔』を勧め、それに対して岩波は「これは僕の思想上の一転機といえよう」とその時の感激を告白している。また岩波は郷土（長野県）教育にも関心があり、岩波書店創業後に自身が旅費を出して長野県で行われる講演会に主だった学者や思想家を送り出し、その中には田辺や和辻といった哲学者の他、先の近角も含まれていた[25]。

浄土真宗関連の著作が岩波文庫に取り入れられたことは、それが「一介の商人」を自称する岩波の言う持論に相当しているからに他ならない。ここで考えられることは、仏教が官学アカデミズムの枠内で確立されていったとき、その代表者たる吉谷及び村上の両者が浄土真宗の出身であった事実である。それに関連して、私塾・浩々洞を拠点に門下生らと精神主義運動を展開した真宗大谷派僧侶の清沢満之（一八六三～一九〇三）の著作も岩波の生存中から岩波文庫に取り入れられている。しかし浄土真宗関連の著作とはいえ、「岩波的スクリーニング」を経たものだけが出版されることは疑いない。そこで以下に当初から岩波文庫に取り入れられた倉田百三（一八九一～一九四三）の『出家とその弟子』と、岩波の死後に文庫化された嘉村礒多の『業苦』とを対比してみよう。

> この戯曲は、身に徹して人生の悲哀を体験した作者が、親鸞聖人を主人公としたものとして、具体的に全人格的に自己の内的生活を表白したものである。大正五年の発表以来、人生の問題に悩める人々の導きとなり、思想界に偉大なる感激を与え、今もなお多数の読者を得ていることは、この作の不朽の生命を証明するものである[26]。

3　岩波茂雄による倉田百三の評価

上記は『岩波文庫解説総目録』における『出家とその弟子』についての解説文であり、同書は一九二七（昭和二）年の岩波文庫の第一回の発刊に含められている。安倍曰く「「古典的価値ある書」の選択については、色々の批議を免れなかった[27]」との通り、同期の刊行である『古事記』、プラトン著『ソクラテスの弁明』、アダム・スミス著『国富論』等と比べて、同著作が「古典的価値ある書」に値するか異議のあることは一理ある。それでも岩波文庫の第一回発刊に取り入れられたことは、それが岩波的スクリーニングを経ていると意味する。安倍によれば、「（一九一七〈大正六〉年の『出家とその弟子』発刊）当時の倉田は無名の青年で郷里に病臥中、書を未知の岩波に送って出版を求め……その後が岩波の出版になった[28]」とあることからも、岩波自身が彼及び同書を高く評価していたと見られる。

同書の内容について見てみると、親鸞を主人公として彼の弟子を連れての托鉢に始まり、雪中の行脚に際して一夜の宿を求め、その民家の亭主が非情にも追い出したものの、後に悔い改めて親鸞一行に宿をもてなし、その後は亭主の一人子である松若が唯円として親鸞に弟子入りし、さらにはその唯円が親鸞の子である善鸞と出会い、その親子の縁と浄土真宗における信心との葛藤に巻き込まれる等、まさに「人生の問題に悩める人々の導きとなり」との通り、多分に宗教的・教育的啓発に満ちている。また同書中の文面、

> 弥陀の本願まことにおわしまさば、釈尊の教説虚言ではありますまい。釈尊の教説虚言ならずば、善導の御釈偽りでございますまい。善導の御釈偽りならずば法然聖人の御勧化よも空言ではありますまい。いやたとい法然聖人にだまされて地獄に堕ちようとも私は恨みる気はありません[29]。

この一節は明らかに、親鸞の弟子である唯円が直接に聞かされた内容を記したと言われる『歎異抄』がその原案となっている[30]。そして当の『歎異抄』も『出家とその弟子』の文庫化からほどなくして一九三一（昭和六）年に岩波文庫として刊行されている[31]。

　このように浄土真宗に縁のある著作が「岩波的スクリーニング」を通過することは十分可能に見える。ただ浄土真宗関連であることが無条件にその通過を可能にするとは限らない。それで次は倉田と同様に浄土真宗に造詣が深いうえに岩波書店との縁が皆無でないにもかかわらず、岩波の生存中に著作が岩波文庫化されなかった嘉村の例について見てみる。

4　自己の罪業を暴露した嘉村礒多

嘉村礒多（一八九七～一九三三）の作品は苦悩に満ちた稀有なひとつの魂の年代記でもある。プロレタリア文学、あるいは「新感覚派」など文学の新たな潮流が隆盛に向かった昭和初期に、明治以来の文学伝統につかえる以外にしか自己を生かし得なかった彼は、私小説作家としてその伝統の悼尾を飾った[32]。

この解説にある通り、嘉村は奇しくも三木と同年輩であり、両人ともに浄土真宗の信心を終生持ち続けていて、さらにはどちらも五〇歳に満たず生涯を終えたことなどよく似ている。嘉村は近角に親鸞信仰を師事して彼の求道学舎にも出入りし、そして文学上で安倍と親交を持っていた[33]。このように岩波と関わる機会があったものの、彼の著作は岩波茂雄の死後（一九四六年）にようやく岩波文庫化された（一九五三年）。つまり、彼の著作は「岩波的スクリーニング」を通過できなかったとも言える。この点について以下で考察してみる。

杉崎によると、「平野謙のいわゆる「葛西善蔵の嫡流亜流としての最後の私小説」作家であり、作品を「私小説の極北」とする見解に集約することができる[34]」とあり、嘉村が葛西と並び下降型・破滅型の窮極に置かれ、現実放棄者の典型とも見られるという。

『解説目録』にもある、「文学の新たな潮流が隆盛に向かった昭和初期に、明治以来の文学伝統につかえる以外にしか自己を生かし得なかった」というところに見られる、ある意味孤高であり不器用でもある姿勢が、「何主義かわからぬ、得体の知れぬもの」というデモーニシュなものと受け取られても仕方ない。実際に嘉村は葛西の知遇を得て、その庇護のもとに作家活動に入ることになる。それに際して妻子を捨てて他の女性と駆け落ちしつつ上京したため、そのことについてかつて師事した「近角からは厳しく戒告されたが同棲生活に踏み切り[35]」、まさにそれらのいきさつが彼の処女作『業苦』の内に見られる。

> 駈落ち当時、高徳の誉高い浄土教のG師が極力二人を別れさせようとした。そのG師の禅房に曾つて圭一郎は二年も寄宿し、G師に常随してその教化を蒙つてゐた関係上、上京すると何より真つ先きにG師に身を寄せて一切をぶちまけなければ措けない心の立場にあつたのだ。G師の人間的な同情は十分持ち乍らも、しかし、G師自身の信仰の上から圭一郎の行為を是認して見遁すことはゆるされなかつた。G師は毎夜のやうに圭一郎を呼び寄せて「無明煩悩シゲクシテ、妄想顛倒ノナセルナリ」……今は水の出端で思慮分別に事欠くけれど、直に迷ひの目がさめるぞ、斯うした不自然な同棲生活の終に成り立たざること、心の負担に堪へざること、幻滅の日、破滅の日は決してさう遠くはないぞ、一旦の妄念を棄て別れなければならぬ。——斯う諄々と説法した[36]。

ここに記されている「G師」が近角で、「圭一郎」が嘉村自身であろう。「禅房に寄宿し」、「G師が極力二人を別れさせようとした」等、全く嘉村自身に当てはまることである。そのG師に「無明煩悩繁くして、妄想顛倒のなせるなり」とまで言わしめたにもかかわらず、妻子を故郷に残したうえに所謂不倫の関係を続けるなどの、まさに自己の煩悩を主人公「圭一郎」に託して赤裸々に告白せしめている。さらには故郷に残した年上の妻である咲子の婚前の「処女」を疑ったり、それを求めるあまり「往来で、電車の中で異性を見るたびに……仮令《たとえ》獄衣を身に纏ふやうな恥づかしめを受けようと、レエイプ（rape）してもとまで屡思ひ詰める[37]」との記述は、『出家とその弟子』の記述と比べてあまりに生々しすぎる。それこそが自己の内面の罪業を徹底的に暴露するという、近角の「内心の実験」という方法論を「私小説」で応用した嘉村の親鸞信仰である。このような嘉村に対する安倍の「煩悩即菩提の文学」との評価に対し、杉崎は「人間の業苦を極限に問うて、常に時流を超えた不変の妖光を放つ、煩悩即菩提の仏性開眼の文学[38]」と捉える。この「時流を超えた不変の妖光」という辺りにも村上の言うデモーニシュなものを連想させる。文壇ではそれなりに評価されているにもかかわらず、本人並びに岩波の両者の生前に岩波文庫に収められなかったのも、岩波的スクリーニングを通過できなかったからであろうか。また先の田辺の例の如くに、岩波とも縁のある近角から叱責されたにもかかわらず改めなかった件も、岩波に嘉村に対して低評価を起こさせた一因かもしれない。

三　岩波文庫における禅宗の潮流と大乗非仏説

1　岩波茂雄と仏教学

岩波茂雄は西田幾多郎を尊敬し、田辺元や和辻哲郎と親交を持っており、彼らいわゆる京都学派と呼ばれる面々は禅・曹洞宗に造詣が深い。鎌田茂雄は西田の『善の研究』における「純粋経験においては未だ知情意の分離なく、唯一の活動であるように、また未だ主観客観の対立もない[39]」や、「エックハルト（エックハルト）の言ったように神すらも失ったところに真の神を見るのである[40]」等の言説を評して「禅の境地と通ずる」としている。[41] また田辺は著作『正法眼蔵の哲学私観』において絶対否定・絶対無を言う禅仏教は「科学と矛盾することなく完全にこれを包容する可能性[42]」があるという。そして和辻も岩波文庫から『正法眼蔵随聞記』を自らの校訂により刊行している。

岩波存命中に刊行された文庫中の『大乗起信論』及び『三論玄義』を除き他の中国仏教関連全てが禅宗である。そしてその中国仏教関連中の三著作、これに道元著『宝慶記』を加えた四著作の訳註が宇井伯寿（一八八二～一九六三）の手に依るものである。宇井は同世代の木村泰賢（一八八一～一九三〇）と同じく曹洞宗の僧職を持ち、両名とも同時期に旧東京帝国大学にて高楠順次郎（一八六六～一九四五）の下に学んでいる等、彼らの間には接点が多い。しかし宇井の訳書を含む著作の大半が岩波書店から刊行されている一方で、木村が直接かかわる著作は共著を除き岩波書店から刊行されていない。高楠は我が国の仏教研究の最高峰である『大正新修大蔵経』の責任編集者であり、その彼に学んだ両名とも「官学アカデミズム」に値すること疑いない。それにもかかわらず宇井と木村間に岩波出版文化においてこのような差異がいかなる理由で起こったかを本節にて考察する。

2　宇井伯寿の学問的態度

上記した三哲学者らの著作の大半が岩波書店から刊行されていることから、岩波自身も禅に対する理解があったことをうかがわせる。岩波茂雄存命中に岩波文庫で発刊された曹洞宗関連の出版物は浄土真宗と並び群を抜いているが、宇井が関わる著作を見渡してみると大半が中国、禅、唯識に関してであり、岩波文庫での出版物に関してはリストで見た通りである。

宇井自身の学問的態度にも注目に値する文言がある。

> 仏教には宗祖や先達に対して宗教的敬虔の甚だ濃いものがあって、誠に一美風となっていると考えられる。宗祖に対しては、その流れを汲むものとしては絶対の尊信を捧げるが、しかしこれは他派の者に強要するを得るものではない。また先達に対する尊敬も、心情のうえからは敬仰すべきであるが、それにもかかわらず学的研究の方面からは尊敬しつつも、批評的態度を取るのを排すべきではない。現今としてはこの如きことは、学者の何人にも認められているところであるが、時にはこれを混同することもないではない。我々は他の宗祖や先達に対して尊信の念を欠くが如きことはないと思うが、しかし事無くも研究の方面に関するならば、批評的に扱うことをあえてする。[43]

このような批判的かつ合理的態度は、奇しくも先述した原坦山のそれに通ずるものがある。宇井自身も早稲田、学習院等の私学で教鞭をとりつつ東京帝国大学で教授に就任したことからも、「官学アカデミズム」に値する。確かに初期の官学アカデミズムの方向性に関して吉谷や村上が常に宗派を意識していたことは先述したが、同時期の原の事例で見られる「官学の枠組みでは、「仏教」を「哲学」として評価する傾向は確かに存在していた[44]」のであり、それも「初期アカデミズム仏教学の一特徴を表していると言えよう[45]」。この原と同様に自らの宗派に対して護教的にならぬよう自戒する姿勢は、「デモーニシュなものを避ける」という岩波的スクリーニング通過の条件としては十分と言える。次にその宇井とは文庫を含む岩波書店の出版に関して対照的である、木村泰賢について見てみる。

3　木村泰賢による西洋式仏教研究は支持されたか

木村の訳書を含む著作を見てみると、『原始仏教思想論』（一九二二年）、『仏陀の女性観』（一九二五年）、『小乗仏教思想論』（一九三五年）、その他インド哲学関連等、一見して大半がインド・初期仏教関連であることに気付く。同窓である宇井が関わる著作の大半が岩波からの刊行であることからも、岩波が木村を全く知らなかったとは考えにくい。ということは彼もまた「岩波的スクリーニング」を経ることができなかったことになる。しかし宇井とともに高楠に師事し、東大を次席が宇井で主席卒業をしており、さらには高楠との共著もある木村が岩波的スクリーニングを通過できなかった理由は何であろうか。

ここで考えつくことは、彼の著作の大半がインド・初期仏教関連ということである。先のリストを見ても、岩波の生存中にはその方面で『法句経』しか刊行されていない。吉谷や村上が常に宗派及び宗祖を意識していたように、「官学アカデミズム」における仏教の特に浄土真宗では宗祖に還ること、が最も重要であった。この状況はそれに至った過程に原因があるように見られる。

一九世紀末に真宗大谷派を代表して南条文雄と笠原研寿が英国に留学し、仏教学者のリス＝ディービスや宗教学者のマックス・ミュラーからパーリ語仏典研究を推奨されたという。西欧での仏教研究は仏陀その人に還ること、そのためパーリ語経典研究が最も重要視されており、サンスクリット大乗経典が軽視されていたという、いわゆる大乗非仏説が唱えられていた。我が国の仏教は大乗仏教であり、それ自体を否定するミュラー等の勧告を受け入れるわけにはいかない。それで我が国の仏教学は、大乗非仏説にどのように対処するかという課題に直面していた。その回答が原（曹洞宗）による仏教の合理的・哲学的解釈であり、吉谷及び村上（浄土真宗）による宗祖に還る路線と見ることができる。宇井の批判的・合理的学問姿勢は前者に連なるとも言える。後者の言う「宗祖」と目された人物は主に法然、親鸞、道元等の鎌倉新仏教であり、天台や真言等の密教系はむしろ前近代的かつ非合理的として軽視された。先述した文庫リストでの真言及び天台宗関連の著作の少なさもこの辺りに要因があるのではなかろうか。

　木村はインド・初期仏教関連の他に、リス＝ディービスと並び西洋における仏教学の大家として名を連ねる、ドイツのＨ・オルデンベルクの著作『仏陀――その生涯、教理、教団[46]』の翻訳監修を務めている。オルデンベルクにも大乗非仏説的発言があり、同著作中に「ネパール所伝の経典……等の如きと比較すれば、パーリ所伝のものの方が確かに優れておると断言し得る[47]」との言説がある。木村は同著作の「訳者序」において、「オルデンベルク氏の『仏陀とその教理』はある意味において原始仏教に関する標準的研究書である……いやしくも原始仏教を研究せんとする人にありては、少なくとも一度は必ず通過すべきの関門をもって目せらるるものとなった[48]」と語っている。

　このような態度が西欧仏教学の系列に連なるものと見られるのは当然である。前近代的などと断罪される密教系に比して、西洋流の仏教研究が「何やらわからないデモーニシュなもの」と見られるとは考えにくい。しかし仏陀の生涯研究に忠実なあまり大乗仏教の否定にまで至る西洋仏教学を支持しているかのような木村の姿勢が、果たして当時我が国の仏教学において受け入れられるか疑わしい。もちろん、かくの理由だけをもってして『仏陀とその教理』が岩波文庫の「古典的価値ある書」に該当しなかったと断言はできないものの、当時の日本における仏教学の西洋に対する反感が岩波書店（文庫）をして官学アカデミズムに相応しくないと捉えさせたとの解釈も可能である。

おわりに――三木の「構想力」と岩波文庫における仏教出版

果たして三木が「構想していたかもしれない」岩波文庫出版による「知の共同体」が実現できたのかと問われれば、それには「否」と言わざるをえない。もちろん岩波文庫による安価な知の普及の果たした功績を否定しようもなく、岩波自身が「文庫論」において、「私は良い仕事だ、高貴な永遠の事業だ、達成すべき企てだ、後には必ず成就する仕事だと考えたが、かくまで速やかにかくまで盛んに歓迎されるとは思わなかった」[49]と述べるほどである。しかし「読書子」に「芸術を愛し知識を求むる士の自ら進んでこの挙に参加し、希望と忠言とを寄せられることは吾人の熱望するところである……その達成のための世の読者書子とのうるわしき共同を期待する」とはあるものの、実際は三木の言うような「知の共同体」ではなく、岩波的スクリーニングと官学アカデミズムとによる相互正統化の産物である。そのため仏教に関しては、早くから官学における学の部門として認められていた浄土真宗、合理的な解釈も可能で名だたる官学における哲学者たちにも高く評価された曹洞宗・禅宗等に比して、仏陀やインド・初期仏教経典、天台・真言等の平安仏教に関する出版が少ないという状況にあった。岩波のテーゼである「真に世の為になる良書ならば経済的にも酬いられる」からすれば、岩波的スクリーニングを通過できなかった作品は「真に世の為になる良書」ではないと言うに等しい。もちろん岩波とて、浄土真宗及び曹洞宗・禅宗以外の仏教著作が全て「真に世の為になる良書ではない」と断ずることはあるまい。しかし、たとえ浄土真宗または曹洞宗であろうと、嘉村や木村のように官学や宗派それに連なる者からの高評価を得られなければ、岩波としても取り入れることができなかったのであろう。この場合の「取り入れる」ということは、竹内も言うように「作品を岩波文庫に入れるか、入れないかである[50]」。

三木も京都大学という官学出身であるが、母校での教壇に立つことを得られず、西田や田辺と異なり言わば官学から追い出された身分である。そして岩波書店の出版はその官学との相互正統化で成り立っている。三木が小林とともに岩波文庫の企画に熱意を傾けたのも、このような状況を打破して「真の知の共同体」を達成したかったからであろうか。そして果たせなかった。刊行前から風当たりの強かった「岩波文庫」を軌道に乗せるために、岩波としては自らのテーゼに即して「経済的に酬いられる良書」を追求せざるをえなかった。三木は終生、『歎異抄』を愛読していたという。それにある「たとひ法然上人にすかされまひらせて、念仏して地獄におちたりとも、さらに後悔すべからずさふらふ」の通り、三木は岩波文庫に賭けたことを後悔しなかっただろう。しかもその文面の如くに、彼の打破したかったと思われる状況（官学）の背後にある国家によって彼は獄中での非業の死を遂げた。彼の遺稿が『親鸞』であったことも何か予感めいたものを感じさせるのである。

註

(1) 安倍能成『岩波茂雄伝・新装版』（岩波書店、二〇一二年）、一四六頁（括弧内筆者挿入）。
(2) 三木清『構想力の論理』（岩波書店、一九六七年）。
(3) 同前、三～四頁。
(4) 同前、九～一〇頁。
(5) 井上純一『文化と意識――合理性の文化社会学』（晃洋書房、一九八六年）、一四～三七頁参照。
(6) 岩波文庫編集部編『岩波文庫の80年』（岩波書店、二〇〇七年）、四二八頁「岩波文庫論」（一九三八年、岩波茂雄執筆）。
(7) 村上一郎『岩波茂雄と出版文化』（講談社、二〇一三年）、一二七頁（竹内洋解説執筆）。
(8) 同前、六二頁。
(9) 安倍前掲註(1)『岩波茂雄伝』、二六一頁。
(10) 同前、三五一頁。
(11) 同前、二六二頁。
(12) 岩波文庫編集部前掲註(6)『岩波文庫の80年』、四二七頁。
(13) 村上前掲註(7)『岩波茂雄と出版文化』、五九頁（括弧内筆者挿入）。
(14) 同前、六〇頁参照。
(15) 同前、六四頁（括弧内筆者挿入）。
(16) 同前、一三九頁参照（竹内洋解説執筆）。
(17) 同前、一三九頁参照。
(18) 井上前掲註(5)『文化と意識』、二七頁参照。
(19) 岩波文庫編集部編『岩波文庫1927-1996解説総目録（上）』（岩波文庫、一九九七年）に拠ったものである。
(20) 村上前掲註(7)『岩波茂雄と出版文化』、一四一頁。
(21) 同前、六四頁。

（22）安倍前掲註（1）『岩波茂雄伝』、三九八頁（括弧内筆者挿入）。

（23）東京帝国大学での仏教学に関する経緯については、末木文美士・林淳・吉永進一・大谷栄一編『ブッダの変貌――交錯する近代仏教』（法藏館、二〇一四年）、第一部「近代日本の仏教学における〝仏教 Buddhism〟の語り方」（オリオン・クラウタウ執筆）に拠る。

（24）安倍前掲註（1）『岩波茂雄伝』、五二頁参照。

（25）同前、二七七頁参照。

（26）岩波文庫編集部前掲註（19）『岩波文庫1927-1996解説総目録（上）』、四四五頁。

（27）安倍前掲註（1）『岩波茂雄伝』、一四七頁。

（28）同前、一二五頁（括弧内筆者挿入）。

（29）倉田百三『出家とその弟子』（岩波書店、一九一七年）。

（30）金子大栄校註『歎異抄』（岩波文庫、一九三一年）、四三頁参照。

（31）ほかにも仏教に関連したものではないが、一九二一（大正一〇）年には、倉田百三の『愛と認識との出発』が岩波書店から刊行されている。本作は、『出家とその弟子』と並ぶ「大正教養主義」の代表的著書である。『精神界』に寄稿した文章が収録されており、真宗について論じた文章もみられる。

（32）岩波文庫編集部前掲註（19）『岩波文庫1927-1996解説総目録（上）』、四五八頁。

（33）大久保良順編『仏教文学を読む』（講談社、一九八六年）、一七三〜一八四頁参照（杉崎俊夫執筆）。

（34）同前、一七四〜一七五頁。

（35）同前、一七九頁。

（36）『日本文學全集34　梶井基次郎・嘉村礒多・中島敦集』（新潮社、一九六二年）、「業苦」。

（37）同前（括弧内筆者挿入）。

（38）大久保前掲註（33）『仏教文学を読む』、一八四頁。

（39）西田幾多郎『善の研究』（岩波文庫、一九五〇年）、七四頁。

（40）同前、二三七頁（括弧内筆者挿入）。

(41) 鎌田茂雄『禅とは何か』（講談社学術文庫、一九七九年）、二一～二二頁。

(42) 末木・林・吉永・大谷前掲註(23)『ブッダの変貌』、三五七頁（西村玲執筆）。

(43) 宇井伯寿『四訳対照唯識二十論研究』（岩波書店、一九五三年）、二頁。

(44) 末木・林・吉永・大谷前掲註(23)『ブッダの変貌』、七一頁（オリオン・クラウタウ執筆）。

(45) 同前。

(46) H・オルデンベルク著、景山哲雄・木村泰賢訳『仏陀——その生涯、教理、教団』（書肆心水、二〇一一年）。

(47) Hermann Oldenberg, *Buddha, sein Leben, Lehre Gemeinde*, 1914, Stuttgart und Berlin, S. 88.

(48) オルデンベルク前掲註(46)『仏陀』、一一頁。

(49) 岩波文庫編集部前掲註(6)『岩波文庫の80年』、四二七頁。

(50) 村上前掲註(7)『岩波茂雄と出版文化』、一三八頁（竹内洋執筆）。

Ⅱ

観る

扉画像：帝国劇場舞台
（『帝国劇場写真帖』1911年〈国立国会図書館デジタルコレクション〉より）

第六章　最澄絵伝の歴史的展開
——大正期から昭和期を中心に——

髙橋洋子

はじめに

日本仏教においては、高僧の一生を描き、伝える「絵伝」が鎌倉時代頃から盛んにつくられ、普及してきた。絵伝は絵巻物と掛幅絵に大別され、掛幅絵は主に絵解きに使用されてきたが日本仏教の宗祖の中で掛幅絵が最も多いのは、真宗の宗祖、親鸞（一一七三～一二六二）である。[1]小山正文著「真宗絵巻・絵詞の成立と展開」に「初期真宗の念仏勧進が、門徒にわかりやすい絵解き説法でなされた」とあるように、真宗ではその教えを広めるのに、目と耳でわかりやすく伝えるための絵画が積極的に用いられ、それら絵伝の研究も蓄積されている。[2]

一方、比叡山延暦寺を創建した最澄（七六七～八二二）は、日本の天台宗の開祖である。二〇二一（令和三）年は最澄の一二〇〇年の大遠忌にあたり、特別展が東京、九州、京都の国立博物館で開催された。この特別展では、現存最古の最澄の肖像画や秘仏、絵画などが出品されていたが、そこには最澄の絵巻物や掛幅絵の展示はなかった。

『宗祖高僧絵伝（絵解き）集』の渡邊昭五・堤邦彦著「解説総論」には、「庶民対象に宣伝が行われなかった宗祖僧の絵伝（例えば天台宗）は、絵巻物にも掛幅にも描かれていない」と記されている。(3)この指摘を踏まえると、最澄の絵伝は一般にほとんど知られていない状況であることがうかがえる。そうしたなかで唯一、前掲書の後に刊行された堤邦彦著『近世説話と禅僧』において、金沢市道入寺所蔵の最澄の木版掛幅型『伝教大師絵伝』（全四幅）の存在が明らかにされた。これは「木版墨刷りの上に手彩色をほどこしたもので、全四幅三十一景よりなる」と説明されている。(4)ここでは内容に関して言及されていないが、四幅の構図や色彩から、江戸後期に制作されたものと推察されている。(5)

道入寺のこの掛幅絵を除けば、近代以前の最澄の絵伝は確認されていない。延暦寺は僧侶が仏教を学ぶ場として発展し、庶民中心の寺院にはなりにくかったため、最澄の絵伝制作は、ほとんどなされてこなかったと考えられ、先行研究でも取り上げられていない。

そこで筆者は、道入寺の絵伝の現地調査を行い、さらに天台宗典編纂所および叡山文庫へ赴くなどして最澄絵伝に関するデータ収集を行った。その結果、大正期に作成された絵伝が一点、昭和期のものが三点、新たに発見された。明治時代のものは発見できなかったが、前述した江戸期のものを含めて、計五種類の絵伝を年代順に以下に列挙する。

一　掛幅型『伝教大師絵伝』四幅（刊記なし）金沢市道入寺所蔵　江戸時代後期頃

二　絵巻物『伝教大師御絵伝』三巻（竹内喜太郎編纂　土屋秀禾画）一九二〇（大正九）年制作開始

三　木版画集『伝教大師御絵伝』折本（比叡山延暦寺編）一九二九（昭和四）年発行

四　絵巻物『伝教大師絵巻』一巻（比叡山延暦寺内）一九三七（昭和一二）年発行

五　紙芝居『最澄さま』（天台宗宗務本庁社会部発行・全甲社制作）一九四一（昭和一六）年発行

一点目は道入寺所蔵の掛幅絵である(6)。多人数が同時に視て聴くことができるという点で掛幅絵はすぐれており、四幅の大画面の絵を使って絵解きが行われたと推察される。二点目は一一〇〇年遠忌を記念して一九二〇（大正九）年から制作を開始した絵巻物である。絵は土屋秀禾によるもので、最澄絵伝の核となった作品である。三点目は開創一一五〇年の記念事業で一九二九（昭和四）年に出版された木版画集である。制作指導者は二点目の絵を担当した土屋秀禾である。四点目は一九三七（昭和一二）年刊行の絵巻物である。形態は異なるものの、その絵柄は三点目の木版画集を受け継いでおり、図柄の共通性がみられる。

一方、五点目は一九四一（昭和一六）年に天台宗宗務本庁から出版された紙芝居である。紙芝居は掛幅絵と同様に、多人数が同時に視聴することができる。また主に子どもを対象としている点が特徴として挙げられる。従来の絵伝と同様に絵で物語を展開していくことから絵伝の系譜に位置づけておく。加えて絵伝を普及するものとして、絵はがきや絵伝カードも作られていることが判明した。

本章では、前述した五点の最澄絵伝に関して、作品の制作背景と表現方法の変遷およびその特徴を分析し、大正期以降の絵伝が天台宗の普及に重要な役割を担うものであることを当時の社会情勢などを踏まえて明らかにする。

一　掛幅型『伝教大師絵伝』四幅（道入寺所蔵）

初めに挙げる石川県金沢市道入寺所蔵の木版掛幅型『伝教大師絵伝』（四幅）は、これまで調査した資料の中で最古のものと考えられる最澄絵伝である[7]。先述したように、本絵伝は木版墨刷りの上に手彩色をほどこしたもので、全四幅三一景よりなる[8]。裏書等がないため制作年の確定はできないが、四幅の構図、色彩からみていくと、江戸後期ではないかとの推察がなされている[9]。この絵伝には発色鮮やかな青色が用いられており、これはベロ藍と考えられ、江戸時代後期にオランダ経由で輸入された絵具である。葛飾北斎や歌川広重などの浮世絵師たちに好まれた明るい色調の青い絵具で、プルシャン・ブルーともいう[10]。色彩表現からみても、この絵伝は江戸後期に作られた可能性が高い。

以下に道入寺現住職の白﨑良瑩師による解説の一部を示す[11]（紙幅の都合上、第一幅〈図1〉の解説のみで第二～四幅は割愛した）。

①時は今から一二五〇年前の話です。最澄様のご両親はなかなか子どもに恵まれず、比叡山の山中にこもって子宝を授けていただけるよう神様に祈願されました。祈願されて五日目に、父（百枝）は不思議な夢をみました。里に下りてみると、空から花が舞い降りていました。その後、神護景雲元年、百枝夫婦は赤ちゃんを授かりました。

②幼名は、広野と名づけられました。後の最澄様です。広野は五歳ころから神童と呼ばれるくらい

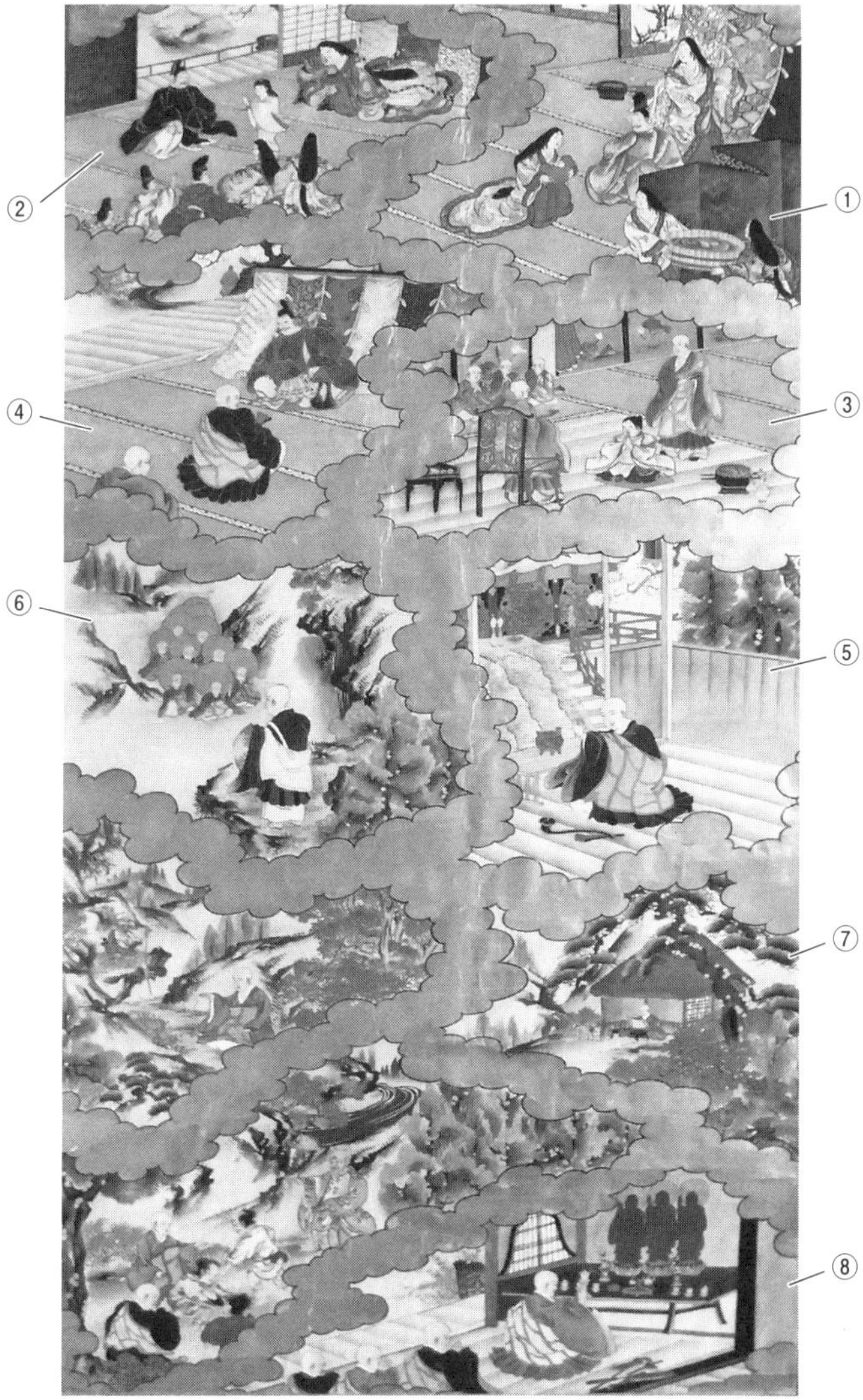

図1　『伝教大師絵伝』（道入寺蔵）第一幅

頭が良く、村では優等生の子どもだったといわれています。

③広野は一〇歳にも満たないのに、仏道に関心を持ち、仏道の教えによって人々を幸せにしたいという思いが募り、父親に将来お坊さんになりたいと相談しました。一二歳のときに、近江の国分寺の行表和尚のもとで出家しました。

④一四歳のとき、近江の国分寺にて得度をされました。名は広野から最澄へ改名しました。

⑤神宮禅院は、両親が子どもを授けていただいた場所で、悔過読経されました。そのとき、仏舎利を感得したと伝えられております。

⑥当時のお坊さんは一人前の僧侶になるためには、具足戒を受けなければならなかったのです。最澄様は東大寺戒壇院で一九歳のとき戒を受けました。男のお坊さんには二五〇の種類の戒がありました。あまりにも多すぎて、その戒を守る人もなく、また、奈良の仏教界も晴れやかで自分には合わないと思われたのでしょう。戒を受けたのち、奈良の都を離れました。もっと自分を厳しくしなければ、人々を救うことができないと思われたのです。

⑦最澄様は、生まれ故郷の比叡山山頂付近に修行の場を求めて、小さなお堂（草庵）を作られました。後の一乗止観院（現在の延暦寺根本中堂）というお堂です。最澄様は、山で修行している間、だんだんと人が集まり、共に修行され、共に仏典の勉強をされたと思われます。

⑧比叡山から永遠に仏法が広まるようにと三体の仏像を刻まれました。過去の仏像として釈迦仏、現在の仏像として薬師仏、未来の仏像として阿弥陀仏を作られました。仏像三体が完成したのち、「あきらけく　のちの仏の御世までも　光つたえよ法のともしび」という歌をよまれ燈明を灯さ

れました。それが、比叡山根本中堂に灯されている「不滅法灯」で、今現在に至るまで灯り続けています。

道入寺所蔵の最澄の掛幅絵は、誕生にまつわる不思議な夢をみる話から始まり、嵐を乗り越える渡海の様子、最澄が亡くなった後、大乗戒壇建立の許可が下りるところまでの特徴的なエピソードが全四幅に描かれている。第一幅は上から下、右から左を時系列として物語が続くが、第二幅、第三幅では必ずしも上から下へという流れではない。第四幅は上下の時系列で描かれている。全三一景からなるこの掛幅絵は、現在確認されている資料の中で、最澄の一代記を絵画で明瞭に示した初めてのものといえよう。

二　絵巻物『伝教大師御絵伝』三巻（竹内喜太郎編纂）

道入寺所蔵の掛幅の後に確認できる最澄絵伝は、絵巻物『伝教大師御絵伝』三巻である。一九二〇（大正九）年、最澄の誕生した八月一八日に制作が開始された。その編纂の願主である竹内喜太郎は「伝教大師御絵伝編纂に就て」（一九二四年）という手記に、最澄の絵巻物が「一千百年の今日迄伝へられぬといふ事は実に遺憾至極の事と感慨の情に堪へず、然らば吾等大師の絵巻を寄進致さうと申出ました」と述べており[12]、一一〇〇年遠忌をきっかけとして制作されたことが分かる。また同手記に「伝教大師の御絵巻は今本山に伝へられて居ない由を承知しました」とあることから[13]、この巻子本

『伝教大師御絵伝』が、現在までに比叡山に伝えられている最澄の絵巻物としては最初のものであると考えることができる。

絵巻制作にあたっては、土屋秀禾が絵を描いている。詞書は『伝教大師』（一九二一年）[14]を編纂した半井桃水の草案をもとに、跡見花蹊らが浄書したとある。[15]さらに、この絵巻物の附記（一九二四年記述）には、大森亮順、長澤徳玄、菊田義衷、福田尭頴、塩入亮忠、武藤舜応、正木美術学校長、森博物館長、[16]大村西崖、関保之助に教えを受けたことが記されている。

一方、竹内喜太郎と親交があった井上隆森が、この絵巻物に関する文章を一九二四（大正一三）年一二月発行の『叡山宗教』（第五巻第一〇号）に寄稿している。それによると、竹内喜太郎は東京市牛込区南榎町の人で、霊夢を感じ長澤増正等の提示を受け、多大の苦心を重ねて、「古昔より類例の無き御絵伝」を完成させたという。[17]竹内は一九二三（大正一二）年の関東大震災で財産全部が灰燼に帰したが、辛うじてこの絵巻だけは被害を免れて、全巻二九図の絵伝が完成したことが述べられている。ここで井上は、「何れ天台座主、吉田猊下より御垂示でもなされるか、或は宗会の議題となるか、兎に角、叡山に一大国宝が出来る事になるのだから何等かの方法を以て此一大美挙を応援されるには相違なかろふと思ふ」と、天台宗側に呼び掛けて竹内を応援している。[18]

以上のことから、絵巻物『伝教大師御絵伝』は、最澄の一一〇〇年遠忌に当たる一年前の一九二〇（大正九）年に着手されて、関東大震災後の一九二四（大正一三）年に完成した、と考えられる。

この絵巻物に関しては、『渋沢栄一伝記資料』第四七巻の一九二四（大正一三）年一一月の記述でも触れられている。ここには、「是月栄一、土屋秀禾画伝教大師絵巻ノ副本頒布ニ関シテ、竹内喜太郎・長沢徳玄ノ懇請ニヨリ、古河虎之助等ニ、又同十四年二月中川末吉等ニ宛テ大倉喜八郎ト連署シテ紹介ノ労ヲ執ル」とあり[19]、副本頒布において渋沢の協力も得ていたことが判明した。

また渋沢の紹介状には、「土屋氏をして著色密画に絵かしめ候処、頃日漸く完成致し候ニ付、之を三巻に分ち既に装潢をも了し候、就てハ長沢・竹内両氏ハ更に之を精巧なる玻璃版に複製して汎く有志者に頒ち」と記されている[20]。この記述からは、原本のほかに複製の副本が作られ、原本は着色密画で、副本は玻璃版、つまりガラス板を原板に使用したコロタイプ印刷（白黒）であることが分かる[21]。

一方、同時期の一九二五（大正一四）年六月の『東京日日新聞』には、「伝教大師絵巻物成る」（大阪発六月二二日）という記事が掲載されている。ここでは、「万一の場合その正本が震災等で焼失する憂ひがあるためこの副本一千部を作製して広く一般に頒布する筈でその後援者のおもな人々は東京の渋沢、後藤両子爵、大倉男、小川法相、犬養氏、村上専精博士、大阪の本山本社長等である」とあり、副本は一〇〇〇部作られたという。

また『読売新聞』の記事（一九二七年一一月二七日）には、「伝教大師御絵伝原本三巻三十一図は装幀を了し去る十一日畏くも天皇陛下、皇后陛下の御内覧を賜はり副本も宮相の手を経て奉献の所御嘉納の栄に浴し該原本はいよ〳〵近く天台宗務庁の手で比叡山延暦寺宝庫へ永納すること丶なつた」と記されており、同年にこの絵伝が比叡山へ納められ、その前に上野の寛永寺において一般公開されたとされる。

以上のように、竹内喜太郎が着手した巻子本三巻からなる最澄の絵伝は、関東大震災をはさんで、一九二七（昭和二）年に比叡山延暦寺に納められた。この絵伝は、天台宗の開祖の生涯を描いた絵伝として竹内喜太郎の情熱が込められ、高い技術によって制作された高級な作品である。比叡山へ寄進され末長く保存することを目途とした絵巻物で、最澄絵伝の基礎を成すものとなっている。

三　木版画集『伝教大師御絵伝』（比叡山延暦寺編）

その後、昭和期に入ると、比叡山開創一一五〇年（一九三七〈昭和一二〉年）の記念事業として、一九二九（昭和四）年八月一八日の奥書を持つ八点の彩色木版画集、比叡山延暦寺編『伝教大師御絵伝』がつくられた[22]。これは巻物ではなく、折本形式の絵伝である。この本の由来に関する文章が奥書に掲載されており、ここには「本山所蔵の寺宝御伝画並に御絵伝の一節を精巧なる木版画に現はして汎く有縁の信徒に頒たんと欲し其製作指導を土屋秀禾氏に題字を天台座主梅谷大僧正に詞書浄書を文学博士尾上八郎氏に依嘱」したと記されている。ここで言及されている「本山所蔵」の御絵伝とは、一九二七（昭和二）年に比叡山延暦寺に納められた竹内喜太郎編纂『伝教大師御絵伝』三巻と考えられる。また、製作指導を土屋秀禾に依嘱とあるが、土屋は前掲の画を担当した人物であり、共通点が見いだせる。つまり、この絵伝は、絵巻物（三巻）を参考にして、八場面の絵に仕立てられたものとみられる。信徒に頒布するためには、巻物は高価であることから折本形式にしたと考えられ、作品の見やすさを考慮してのことであったと推測される。

この彩色木版画集の絵伝は、見開き頁の右側に詞書、左側に絵を配置した場面構成になっている。土屋秀禾を含む、著名な日本画家八名によって描かれており、それぞれ、次のような場面を担当している。

①「根本中堂落慶供養」前田青邨
②「十講始立」小林古径
③「入唐渡海」小堀鞆音
④「天台登山」下村観山
⑤「帰朝復命」土屋秀禾
⑥「高雄灌頂」松岡映丘
⑦「広済、広拯」安田靫彦
⑧「戒壇院建立」結城素明

以上のように、八点の絵と詞書、巻頭言と奥書をあわせて、全部で一八枚に構成された木版画集となっている。

このうち、①と⑧の絵が一九三一（昭和六）年に刊行された逸木盛照編『伝教大師御事蹟誌』（天台宗務庁教学部発行）の挿絵に転用されている[23]。さらに、絵葉書に転写（白黒）したものも確認でき、これは八枚一組の絵葉書が紙に包まれ、延暦寺事務所発行と記されている。絵葉書になったのは、八点の絵画が美術的にも注目を集めていたためと考えられる。絵葉書は手軽に入手できるものであり、最澄絵伝の民衆への普及につながったと推測できる。最澄の事蹟を具体的なイメージとして伝えることにも寄与したはずである。

このように、木版画集の絵は、最澄のビジュアルイメージを作り上げるための祖型となった作品であると位置づけられる。

四　絵巻物『伝教大師絵巻』一巻（比叡山延暦寺内）

一方、比叡山開創の記念事業があった一九三七（昭和一二）年には、一〇点の絵の構成による絵巻物『伝教大師絵巻』（一巻）も刊行された[24]。これは比叡山開創一一五〇年記念の刊行物として仕立てられ、開創記念局（比叡山延暦寺内）が発行所、発行者は塩入舜道となっている。前掲の木版画集との共通性がみられ、八点の図像と詞書は同じである。異なる点は、吉川霊華作「伝教大師画像」と堂本印象作「宇佐神託」の二画面が加わり、一〇点の絵の構成になっていることと、絵巻に仕立てられている点である。この絵巻をもって、最澄絵伝は木版画集の冊子から再び、絵巻物形式へと変化している。なお吉川霊華作「伝教大師画像」を含め、これらは絵葉書にもなっている。

さらに、この木版画集とは異なる絵柄で作られたカード形式の『伝教大師御画伝』（一二枚）がある。縦一一センチメートル、横八センチメートルほどの大きさである（図2）。落款はあるものの作画者不明で奥付はない。包装紙には「比叡山開創一千百五十年記念」および「第七教区記念大授戒会」と印刷されている。その裏面にはタイトルと解説が書かれており、「父母祈誓・幼年時代・出家得度・山修山学・延暦寺開創・桓武天皇行幸・入唐求法・宇佐八幡神託・広済広拯・学生式上奏・戒

図２　『伝教大師御画伝』（筆者蔵）

図３　紙芝居『最澄さま』（筆者蔵）

壇院・不滅法灯」の計一二場面の絵が日本画風に彩色されて描かれている。この一二枚は絵葉書にもなっており、原本が他に存在していた可能性も考えられる。

五　紙芝居『最澄さま』（天台宗宗務本庁社会部発行・全甲社制作）

続いて一九四一（昭和一六）年には、前述の絵伝類とは異なる形式のものが登場した。最澄の一生を紙芝居に仕立てた『最澄さま』（作：高橋良和　画：丘みどり）である[25]。前掲の折本や巻子本と比較すると、今までの最澄絵伝とは一線を画した作例で、子ども向けに出版された作品である。本紙芝居の制作を手がけたのは、紙芝居作家で全甲社の社主、高橋五山である[26]。

紙芝居『最澄さま』は、最澄の誕生から天台宗の開祖となるまでが一八場面に描かれている。各場面のタイトルは「幕・三津首百枝公・お誕生・御幼時・お弟子入り・比叡山・御決心・霊光・村の噂・日本を護る灯・遣唐使・出帆・暴風雨・お護り・漂流・天台山・弘法・伝教大師」の順である。

紙芝居の表紙を兼ねる第一場面は、「不滅法灯」が描かれている。第一八場面の伝教大師の絵は、前述した吉川霊華作「伝教大師画像」と共通性がある[27]。また前掲のカード形式の「伝教大師御画伝」のうち「父母祈誓・出家得度・延暦寺開創・入唐求法・広済広拯・戒壇院・不滅法灯」の絵と類似性がみられることから、紙芝居を仕立てる際に、これらの絵柄を参考にしたと考えられる。

注目すべきは、最澄が桓武天皇の勅命を受け、入唐するまでの場面である。入唐求法の旅に出発した最澄は洋上で暴風にあったが、所持していた仏舎利を海に投じて龍王の怒りを鎮め、事なきを得たことが、第一一場面から一五場面までに描かれている（図3は第一四場面）。ここがこの紙芝居のクライマックス場面である。さらに第一二場面「出帆」に演出の工夫が凝らされており、脚本には「半分ぬく」「すこし間をおいて、急にぬく」など画面に集中させる演出方法が示されている。本紙芝居を手がけた高橋五山が取り入れた表現手法である[28]。

　本紙芝居の奥付には、「昭和十六年九月十日発行」とある。発行所は「天台宗宗務本庁社会部」、発行者は「武藤舜応」、編集者は「高橋良和」、印刷者は高橋五山の「全甲社紙芝居刊行会」と記されている（図4）。

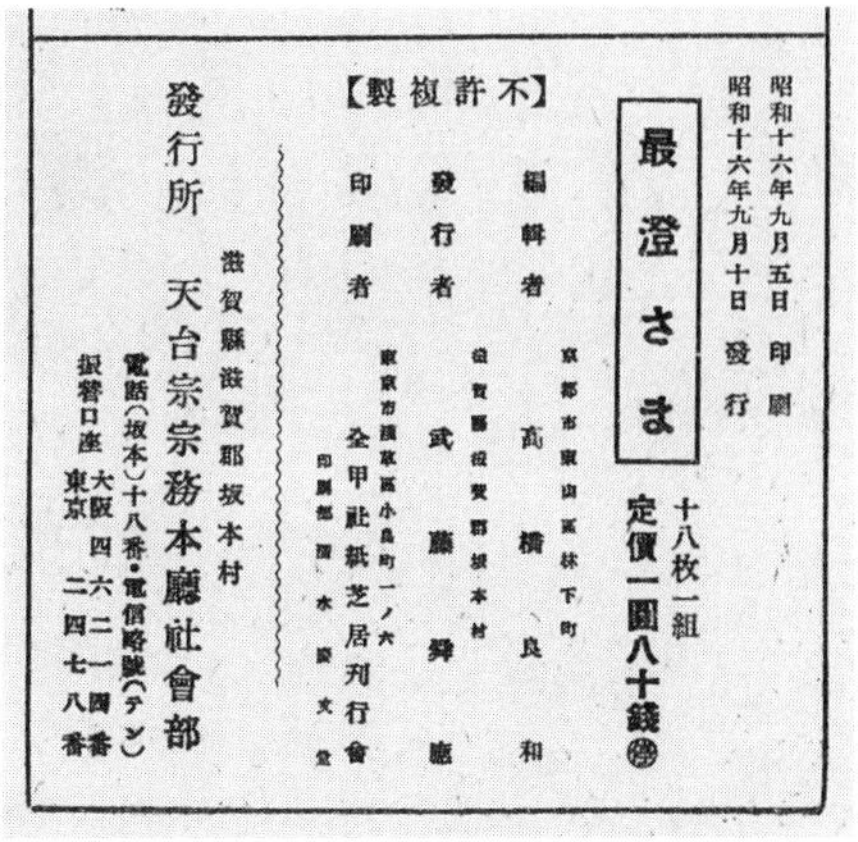
昭和十六年九月五日印刷
昭和十六年九月十日發行
最澄さま
十八枚一組
定價一圓八十錢
【不許複製】
編輯者　京都市東山區林下町　高橋良和
發行者　滋賀縣滋賀郡坂本村　武藤舜應
印刷者　東京市淺草區小島町一ノ六　全甲社紙芝居刊行會　印刷部 [illegible] 文堂
發行所　滋賀縣滋賀郡坂本村　天台宗宗務本廳社會部
電話（坂本）十八番・電信略號（テン）
振替口座　大阪　四六二一番
　　　　　東京　二四七八番

図4　紙芝居『最澄さま』奥付（筆者蔵）

　先述したように、武藤舜応は竹内喜太郎編纂『伝教大師御絵伝』に関わっていた。また高橋五山は正木直彦校長時代の東京美術学校で学んでおり、正木美術学校長も竹内の『伝教大師御絵伝』に関与していたことから、大正期の最澄絵伝に関わった人とのつながりが認められる。

1　天台宗による紙芝居『最澄さま』の制作背景と活用

では、紙芝居『最澄さま』の制作に天台宗側はどのように関与したのか、その手がかりとなるのが宗報である。以下に、天台宗が紙芝居を積極的に活用した経緯を述べる。

一九四〇（昭和一五）年度の『天台宗々報』第三〇七号（同年六月）には、天台宗社会事業連盟理事会で教化用紙芝居製作普及に関する案件が取り上げられており、紙芝居の普及を図ることが決議されている。[29]さらに同号では、天台宗社会課によって、教化用紙芝居のシナリオ募集の案内も掲載されている。一方、三一二号（同年一一月）には、社会課蒐集紙芝居目録の掲載があり、高橋五山の全甲社発行の紙芝居が一五作品、日本教育紙芝居協会発行が一一作品、天台宗社会課編集の作品も一三作品紹介されており、天台宗が複数の紙芝居を活用していたことが見出された。[30]

さらに、『天台宗報』第二号附録（一九四一年五月。四月から『天台宗報』第一号となる）には、紙芝居が常会や保育現場などで積極的に活用されている様子が記されている。一九四一（昭和一六）年度の『天台宗報』第五号（同年八月）には「伝教大師紙芝居完成近し」と大きく見出しがあり、「『最澄さま』十八枚一組　定価一円八十銭（送料共）」という案内が掲載されている。ここでは、「社会部ニ於テハ各種ノ紙芝居ヲ蒐集、児童等ノ教化ニ資シオルモ今回宗祖伝教大師ノ紙芝居ヲ考案、題名モ『最澄さま』トシテ目下東京全甲社ニ依頼製作中ナリ」と示されており、[31]高橋五山経営の全甲社で作られていることが明記されている。加えて「完成ノ『最澄さま』ニ限リ無料貸与規定ニ依ル貸出ハ致サズ、製作部数ニモ限リアル事ナレバ希望者ハ至急社会部宛申込マレタシ」とあり、「一寺一教会ニ必ズ一部ヲ」と本紙芝居利用の呼びかけがなされている。[32]このように天台宗では児童教化のために最澄の紙芝居を刊行し、その活用を推進していたことが明らかになった。

2　紙芝居の児童への普及と戦時託児所

天台宗では、昭和に入ってから社会事業数が急速に増加している。中西直樹著「天台宗・時宗の戦前期社会事業」によれば、そのほとんどが児童保護、とくに農繁期託児所であり、その約半数が一九三二（昭和七）年以降に設立されているという。[33]戦時体制を強化する中で、女性の労働力の確保のために戦時託児所が設けられるようになり、一九三一（昭和六）年に勃発した満州事変以降、仏教寺院の経営による託児所の数も拡充していったのである。

『天台宗々報』第三〇七号（一九四〇〈昭和一五〉年六月）には、一九四〇年四月二〇日と二一日に京都の華頂幼稚園で、同年四月二八日と二九日には岡山市古松園で、託児所従事員指導講習会が行われたことが記されている。[34]同講習会では、保育研究所の高橋良和が「談話の扱ひ方に就て」と「託児所経営法」の講義を行ったことが報告されている。[35]戦時体制が進展する中で、保育の在り方に関する取り組みがなされ、翌一九四一年には、高橋良和編集の紙芝居『最澄さま』が刊行された。紙芝居は当時の最新メディアである。小集団で絵を見ながら、耳で聞くという紙芝居の特性は、保育教材としても、保育者のニーズにも合致していたからであろう。そして一九四二（昭和一七）年には、天台宗社会部から『保育資料　第二輯』が刊行された。同書の序に「託児所資料の提供の声に対してその責を果たす一面、未開設の寺院にその開設を奨励するために、今度二週間の託児所資料をまとめて本書を刊行した」ことが書かれている。[36]その奥付には天台宗社会部代表者として武藤舜応の名があり、謝辞には高橋良和の名が掲載されている。同書の談話項目に「伝教大師さま」が取り上げられ、備考に

「本宗発行紙芝居最澄さまを実演してもよい」と記されており[37]、保育実践の場で紙芝居『最澄さま』が用いられていたことが裏付けられる。

一方、今回の調査によって、天台寺門宗管長を五期務めた大岡俊謙の記名がある紙芝居『最澄さま』が発見された。大岡俊謙は、香川県善通寺市にある金倉寺を一九四一（昭和一六）年から八三（昭和五八）年まで守り続けた人物である[38]。金倉寺の村上哲済副住職によれば、地域に住む八〇歳くらいの方が、「金倉寺を幼稚園として毎日通っていた」と話しているという[39]。同寺は戦後しばらくまで幼稚園として機能していて、紙芝居『最澄さま』を含めて他の紙芝居も残っているとされる。このように本紙芝居は、四国にある天台宗寺門派寺院まで普及し、幼児教育の場で活用されていたことが明らかになった。

その後、一九七九（昭和五四）年三月には、大師出家得度一二〇〇年記念として、天台宗（一隅を照らす運動総本部）から紙芝居『伝教大師さま』が作られた[40]。これは、高橋良和が紙芝居『最澄さま』の脚本を仕立て直して、計一六場面に再構成し、タイトルを『伝教大師さま』と改めた作品である。画家名の記載はないが紙芝居『最澄さま』（一八場面）の一六枚の絵が用いられている。この作品に添えられている別紙には、「青少年、檀信徒をはじめ地域社会の教化活動（掲示運動も含め）に資していただきたい」と書かれている[41]。このように『最澄さま』の紙芝居は、初版から三八年後に、子どもだけではなく、一般成人を対象として引き継がれていたことが明らかになった。

六　最澄絵伝に関連するもの

これまでみてきた絵伝類に関連して、最澄の伝記の普及に使われた出版物がいくつか確認されるので、紹介しておく。

1　絵入本『お伽伝教大師』

まず、一九一九（大正八）年に、巌谷季雄（小波）の絵入本『お伽伝教大師』が刊行されている[42]。挿絵は桐谷洗鱗が手がけている。「大師一千百年の遠忌に際し、最も分り易く通俗的に大師の小伝を作る」目的で刊行された。この絵入本は長澤徳玄と末廣照啓に検閲してもらったことが記されている。長澤徳玄は竹内喜太郎編纂『伝教大師御絵伝』に関与した人物である。長澤は「伝教大師の一代御伝記は何れも難中の難として専門外の人には一向に分らなかった」と述べており、絵入本『お伽伝教大師』は一般向きの読物として伝教大師を紹介した嚆矢本であるという[43]。同書は最澄の伝記を読みやすく仕立てた初めての本であり、絵入本として、挿絵を多く掲載していることが特徴としてあげられる。

2　「帰朝復命」（土屋秀禾筆）の絵と教科書への掲載

続いて、一九二〇（大正九）年に制作開始された絵巻物『伝教大師御絵伝』、一九二九（昭和四）年発行の木版画集『伝教大師御絵伝』、そして一九三七（昭和一二）年発行の絵巻物『伝教大師絵巻』

図5　「帰朝復命」（土屋秀禾筆、天台宗典編纂所提供）

に共通して使われている図像がある。それは「帰朝復命」（土屋秀禾筆）の絵である（図5）。

この絵は一九三四（昭和九）年の教科書にも掲載された。歴史教育との関わりから検討を加えると、一九二〇（大正九）年の国定教科書の中に伝教大師の事項が記載されていないことで、新聞紙上などで物議を生じたことが背景にあった。一九二一（大正一〇）年四月八日の『朝日新聞』（東京：朝刊）に、文学博士村上専精の「国定教科書を見て文部大臣の注意を促す」という次の記事が出された。

> 日本仏教の中心となれる人は実に伝教大師である。此の人を除きて日本仏教史を語るべからず、否、日本の国史を説くべからず。然るに此の人を新教科書に加へざりしは何事乎、予は其の愚に驚かざるを得ぬのである、是れ恐くは国史眼のない人が書いたものであらう。

と、村上専精は伝教大師が教科書に掲載されていないことを強く非難した。そして、「各方面よりして専門の人を選び、以て十二分の調査を要し、然る後之を発行して国定教科書となし、全国の学校に応用せしむべきである」と主張した。

一九三六（昭和一一）年に出版された『伝教大師伝記』（比叡山特輯号）には、伝教大師の事蹟が一九三四年改訂の小学国史に採録されて国史参考書として大師伝記を編纂し、全国の小学校へ寄贈されたことが報告されている[44]。そして翌年の比叡山開創一一五〇年の記念事業のために「新に編纂して全国小学校へ再び寄贈し国史教授上の参考に資せんとする」と解説されている[45]。

3　『復刻伝教大師御絵伝』（信越地区宗務所）

近年に刊行された伝記としては、『復刻伝教大師御絵伝』（信越教区宗務事務所内、一九九五年）があり、これは最澄の絵巻物を復刻したものである。信越教区布教師会会長の吉澤道宣氏は、布教活動への活用を願って、「昭和一二年に比叡山開創一一五〇年の記念事業に、延暦寺で発刊されました宗祖伝教大師様の御事跡御絵伝の復刻を計画」したと述べている[46]。これは冊子だが、もとになったものは一九三七（昭和一二）年に刊行された絵巻物であった[47]。

おわりに

最澄の絵伝は数が少ないため、これまであまり関心を向けられることがなく、研究もなされてこなかった。本章で現存する絵伝を掘り起こし、それらが作られた経緯と特徴、その意義を考察した。

現在確認できる最古の最澄絵伝、金沢市道入寺所蔵の掛幅型『伝教大師絵伝』四幅は江戸後期に制作されたと推察され、貴重な資料である。本章では、最澄絵伝の解説を初めて掲載した。大画面の掛幅絵は絵解きに用いられたと考えられ、この一例を除いて、大正期になるまで最澄の絵伝は発見されていない。

大正期に入り、天台宗では宗祖の顕彰活動に危機感を持っていた。そのことは、一九二〇（大正九）年の国定教科書に伝教大師の事項が記載されていないことが新聞紙上で物議を醸したことからもうかがえる。その後、同年から竹内喜太郎の尽力によって『伝教大師御絵伝』三巻が編纂され、延暦寺に宝蔵されるに至る。この絵巻物は新聞記事にも取り上げられ、副本も印刷されて、広く世人の関心を買うことになった。遠忌とともに最澄への思いが高まり、教団の組織的な絵伝制作が行われ、土屋秀禾による絵の一部「帰朝復命」が教科書にも掲載されたことを踏まえると、この絵巻物は最澄絵伝史の基礎を成すものとして位置づけられる。

そして一九二九（昭和四）年、『伝教大師御絵伝』三巻のいくつかの場面を切り取るような形で、木版画集『伝教大師御絵伝』の成立をみた。この絵は著名な日本画家らが描き手となっており、最澄絵伝の美術的側面にも目を向けさせたと考える。さらにこの木版画集によって、図像表現の画一化が進み、一九三七（昭和一二）年刊行の『伝教大師絵巻』という類書を生む母体ともなった。これらは絵葉書にも用いられ、その普及ぶりがみてとれる。一方、昭和に入ると、天台宗が宗派をあげて託児所開設事業に取り組み、当時の最新メディアの紙芝居を保育実践に取り入れた。一九四一（昭和一六）年に高橋五山が経営する全甲社で紙芝居『最澄さま』を制作し、宗報でその利用を強力に推進していたことが明らかになった。

多種多様な出版が盛んになった大正から昭和にかけて、天台宗では教化活動に絵画を積極的に取り入れるようになり、宗祖の宣伝形態が大きく変化していく。関東大震災や戦争という厳しい時代状況の中においても、天台宗では絵伝を利用して宗祖の顕彰活動に力を入れていた。このような点を踏まえれば、最澄絵伝にとっては、最澄の一一〇〇年遠忌、一九三七（昭和一二）年の比叡山開創一一五〇年の記念事業が画期であったと言えよう。

絵画は分かりやすく情報を伝えることができるメディアである。さらに印刷による絵画であれば、大量かつ迅速に複製することが可能になる。他宗派に比べて宗祖の顕彰活動に危機感を持っていた天台宗にとっては、印刷絵画の採用は必要不可欠であったと考えられ、活字だけであったなら、最澄伝の大衆化はもっと遅れたことだろう。こうして、昭和期にはさまざまな形態の絵伝が作られ、最澄および天台宗が広く一般にも知られるようになった。

本章が今後の伝教大師最澄研究の一助となれば幸いである。

註

（1）江本裕・渡邊昭五『庶民仏教と古典文芸』（世界思想社、一九八九年）、九〇～九一頁。

（2）小山正文「真宗絵巻・絵詞の成立と展開」『大系真宗史料　特別巻（絵巻と絵詞）』（法藏館、二〇〇六年）。『親鸞と真宗絵伝』（法藏館、二〇〇〇年）、『続・親鸞と真宗絵伝』（法藏館、二〇一三年）。

（3）渡邊昭五・林雅彦『宗祖高僧絵伝（絵解き）集』（三弥井書店、一九九六年）、一二頁。

（4）堤邦彦『近世説話と禅僧』（和泉書院、一九九九年）、二一六頁。画像あり。

(5) 堤邦彦教授（京都精華大学）より、四幅の構図、色彩から江戸後期の作ではないかとご教示をいただいた。裏書等がないため江戸と断定する明確な根拠はないが、福井、石川の絵師による一九世紀の高僧絵伝を多数目にして、画風の共通性から北陸画壇の関与を推察された。この形式は文化文政頃の道元、親鸞絵伝に共通の様式と考えられるとのこと（二〇二二年三月三一日、メールにて確認）。

(6) 道入寺は比叡山の末寺。創立者は酒屋八右ヱ門（寛永一八年創立：昭和一六年金石町誌）。白崎良瑩住職は二〇代目住職。最澄の掛幅絵は三月一五日の涅槃の日に掛けられる。飴買い幽霊の話でも有名で円山応挙が描いたと伝えられている。

(7) 道入寺白崎住職によれば、寛延二（一七四九）年に寺を改修しており、最澄の掛幅絵はその際に作られたものではないかという。明治一〇年頃にも改修された様子とのこと（二〇二二年八月二九日、白崎師に確認）。

(8) 堤前掲註(4)『近世説話と禅僧』、二二六頁。

(9) 同前。堤邦彦教授（京都精華大学）のご指摘による。

(10) 『色彩用語事典』（東京大学出版会、二〇〇三年）、五・四二九頁。ベルリンの染色職人が赤い顔料を作るとき偶然発見された。

(11) なお、白崎師には、二〇二二年八月二九日に全四幅の解説を郵送していただいたことを付言しておく。

(12) 竹内喜太郎「伝教大師御絵伝編纂に就て」パンフレット（一九二四年八月一八日）、三頁。叡山文庫延暦寺蔵書。

(13) 同前、二～三頁。

(14) 半井桃水『伝教大師』（伝教大師千百年御遠忌事務局、一九二一年）。

(15) 巻末に「秀禾土屋義房完道」（大正一一年八月一八日）の記述あり。

(16) 森博物館長は森林太郎（鷗外）。大正一一年に在職のまま死去した。

(17) 井上隆森「叡山の開山、日本天台の開祖伝教大師の御絵伝に就いて」『叡山宗教』第五巻第一〇号（天台宗西部大学出版部、一九二四年一二月）、三二頁。高野山大学図書館所蔵。

(18) この井上の文章は大正一三年一〇月五日付になっている。

(19)『渋沢栄一伝記資料』第四七巻（渋沢栄一伝記資料刊行会、一九六三年）、四八四頁。

(20) 同前、四八五頁。

(21) コロタイプは約一五〇年前フランスで生まれたプリント技術である。美しいガラスの板を使用し、玻璃版とも呼ばれ、撮影したネガフィルムそのものを版とする。なめらかで深みのある質感になる。

(22) 比叡山延暦寺編『伝教大師御絵伝』折本（比叡山延暦寺、一九二九年）。奥書冒頭に「昭和十二年開創一千百五十年の記念大法会」とあり、記念事業の一つだった。

(23) 逸木盛照編『伝教大師御事蹟誌』（天台宗務庁教学部、一九三一年）、五・九頁。

(24)『伝教大師絵巻』一巻（開創記念局〈延暦寺内〉、一九三七年）。外箱がない巻物でタイトル記載なし。国立国会図書館所蔵。タイトルが「伝教大師御伝画」の可能性あり。

(25) 紙芝居『最澄さま』（天台宗宗務本庁社会部、一九四一年）。二〇二一年一二月二四日、天台宗典編纂所に筆者寄贈。

(26) 紙芝居『最澄さま』奥付の印刷者に「全甲社紙芝居刊行会」と記述。全甲社は高橋五山経営の出版社で他の仏教紙芝居も手がけた（高橋洋子「高橋五山と仏教紙芝居――勢至丸様を中心に」『メディアのなかの仏教――近現代の仏教的人間像』勉誠出版、二〇二〇年、参照）。高橋五山は優れた出版紙芝居を顕彰する「高橋五山賞」（一九六一年創設、子どもの文化研究所主催）に名を残す。同賞は現在も続いている。

(27) 帽子の有無と水瓶の位置以外は袈裟の柄、如意を持つ指の形が完全に一致（天台宗典編纂所吉田慈順氏のご教示〈二〇二一年一二月一〇日〉による）。丘みどりは全甲社の紙芝居『良寛さん』（一九四〇年）と『日蓮聖人』（一九四二年）も描いているが経歴等不明。

(28) 高橋洋子編著『教育紙芝居集成――高橋五山と「幼稚園紙芝居」』（国書刊行会、二〇一六年）、三三二～三三三頁。

(29)『天台宗々報』第三〇七号（天台宗務庁、一九四〇年六月）。延暦寺蔵書。

(30)『天台宗々報』第三一五号附録（一九四一年二月）の「質疑応答」（三四頁）にも、全甲社と日本教育紙芝居協会の紙芝居のことが記されている。

(31)『天台宗報』第五号（天台宗宗務本庁、一九四一年八月）、一六頁。延暦寺蔵書。

(32) 同前、一六頁。

(33) 中西直樹「天台宗・時宗の戦前期社会事業」『戦前期仏教社会事業資料集成　第一四巻　別巻』（不二出版、二〇一一年）、二二七頁。

(34)「第二回託児所従事員指導講習会報告」（前掲『天台宗々報』第三〇七号）、三〇〜三一頁。

(35)『叡山大師伝』（天台学問所、一九七一年）に、山口光円が「御遠忌に当って未だ活字になったことのないこの写本を、高橋良和氏の御尽力により、発表されることになったのはうれしいことである」と記述（頁番号なし）。

(36)『保育資料　第二輯』（天台宗社会部、一九四二年）、序（頁番号なし）。同年に高橋良和著、武藤舜応編『青少年教化の手引』（天台宗臨時事務局、一九四二年）発行、「寺院と教化」「新しい教化の目的」など、教化という言葉が多用され、時局を意識した内容となっている。

(37) 同前、一七頁。

(38) 四国新聞社編『讃岐人物風景18』（丸山学芸図書、一九八八年）、二六頁。

(39) 金倉寺の村上哲済副住職に電話でお聞きした（二〇二三年二月一三日）。

(40) 奥付に発行日の記載はない。一隅を照らす運動総本部事務局長藤田慈善の名で寺院支部各位にあてた別紙に「昭和五十四年三月」と明記されている（紙芝居と別紙は森覚氏所蔵）。

(41) 前掲別紙。

(42) 巌谷季雄『お伽伝教大師』（市川七作発行、一九一九年）。比叡山延暦寺蔵版とある。

(43) 木村小舟編『小波先生　還暦記念』（木村定次郎、一九三〇年）、二四九頁。非売品。

(44)『伝教大師伝記』比叡山特輯号（比叡山発行所、一九三六年）裏表紙の内側。

(45) 同前、裏表紙の内側。

(46)『復刻伝教大師御絵伝』（信越地区宗務所、一九九五年）。本文解説は塩入法道教授（大正大学）による。塩入亮忠氏は法道氏の大叔父、塩入舜道氏は祖父。二人とも本章で取り上げた最澄絵伝の制作に携わった。

（47）　復刻版では「比叡入山」（菊池契月画）の絵と詞書が新たに加わっている。

謝辞

本研究を進めるにあたり、最澄の絵巻物等に関してご教示いただいた天台宗典編纂所の吉田慈順氏、道入寺掛幅絵のご教授を賜った京都精華大学の堤邦彦教授、『伝教大師絵伝』の解説をお送りくださった道入寺現住職白﨑良瑩師に深謝致します。また叡山文庫の曽我理恵氏には『天台宗々報』、大正大学講師の森覚氏には『伝教大師さま』、大正大学の塩入法道教授には『復刻伝教大師御絵伝』を提供していただきました。金倉寺副住職の村上哲済師には『最澄さま』に関するお話をうかがうことができました。厚く御礼申し上げます。法藏館編集部の丸山貴久氏には、きめ細やかな校正をしていただきました。感謝の意を表します。

第七章　大衆文化としての「日本画」と仏教

——狩野芳崖《悲母観音》の事例から——

君島彩子

はじめに

「日本画」とは、明治以降に、洋画（主に油彩画）と区別するために使用されるようになった名称である。その明確な定義をめぐって様々な意見が出されているが、未だに広く共通の答えは出ていない[1]。日本画に関する議論を牽引してきた北澤憲昭は、「〈日本画〉はザイン（存在）としてよりも、むしろゾルレン（当為）として捉えられなければならない[2]」と述べている。日本画とは「このようにあるのだ」と認識される以上に、「このようにあるべきだ」と求められ、求め続けてきたものだと言えるのかもしれない。現在も院展[3]や日展[4]など公募団体に出品する画家を中心に、日本各地の美術館や百貨店などにおいて日本画が展示されている。国内美術市場において日本画の占める割合は「現代美術[5]」と同等規模である[6]。「現代美術」は、思想やコンセプトが、作品の中心的な構成要素となるのに対して、日本画では抽象表現よりも具象表現が多く、思想よりもそこに描かれるものの「美しさ」を追求する傾向が強い[7]。日本画においては、風景、動植物、人物などを単に写生するのではなく、理想としての美しさを表現していることが多いのだ。理想的な美しさが日本画のゾルレンとしてあり、直感的に理解しやすいが故に日本画は、広い人気を獲得してきた。

本章では日本画需要の一要素として「仏教」に着目する。仏菩薩、仏教説話、寺院、僧侶など、仏教的主題の日本画は、他の画題に比べれば決して多いとは言えない。だが日本画が成立した明治時代中期から現代まで、仏教的な画題は常に描き続けられてきた[8]。さらに東山魁夷による唐招提寺御影堂障壁画（一九七〇～一九八二年）や平山郁夫による薬師寺玄奘三蔵院大唐西域壁画（二〇〇〇年）などに代表されるように、寺院の障壁画、天井画、書院の軸などにおいて日本画家の描いた作品を目にすることは多い。寺院に奉納される日本画は仏菩薩だけでなく、風景や花鳥を描いたものも少なくない。また、寺院の障壁画は伝統的に絵師の重要な収入源であったが、近代以降の日本画家にとっても寺院は重要な絵画の展示空間であり、有名寺院に絵画を奉納することは、一種のステータスともなっている。

仏教的な主題の日本画として最も注目すべき作品は、狩野芳崖が描いた《悲母観音》[9]（一八八八年）（図1）である。自身も仏教をテーマにした作品を数多く描いた日本画家の平山郁夫はこの作品について、「近代の仏画仏像の劈頭を飾るものは、狩野芳崖の《悲母観音像（ママ）》の他にはないと思う[10]」と述べている。《悲母観音》は、近代日本画史のはじまりを告げる記念碑的作品であり、しばしば「日本画の出発点」として語られてきた。

観音は様々な経典に説かれ、鎌倉時代以降、禅僧や狩野派の絵師によって数多く描かれている。では、《悲母観音》は、それまで描かれてきた観音と何が違うのであろうか。本章では明治期における仏教主題と日本画の関わりについて述べたうえで、《悲母観音》の特性を論じる。そして《悲母観音》

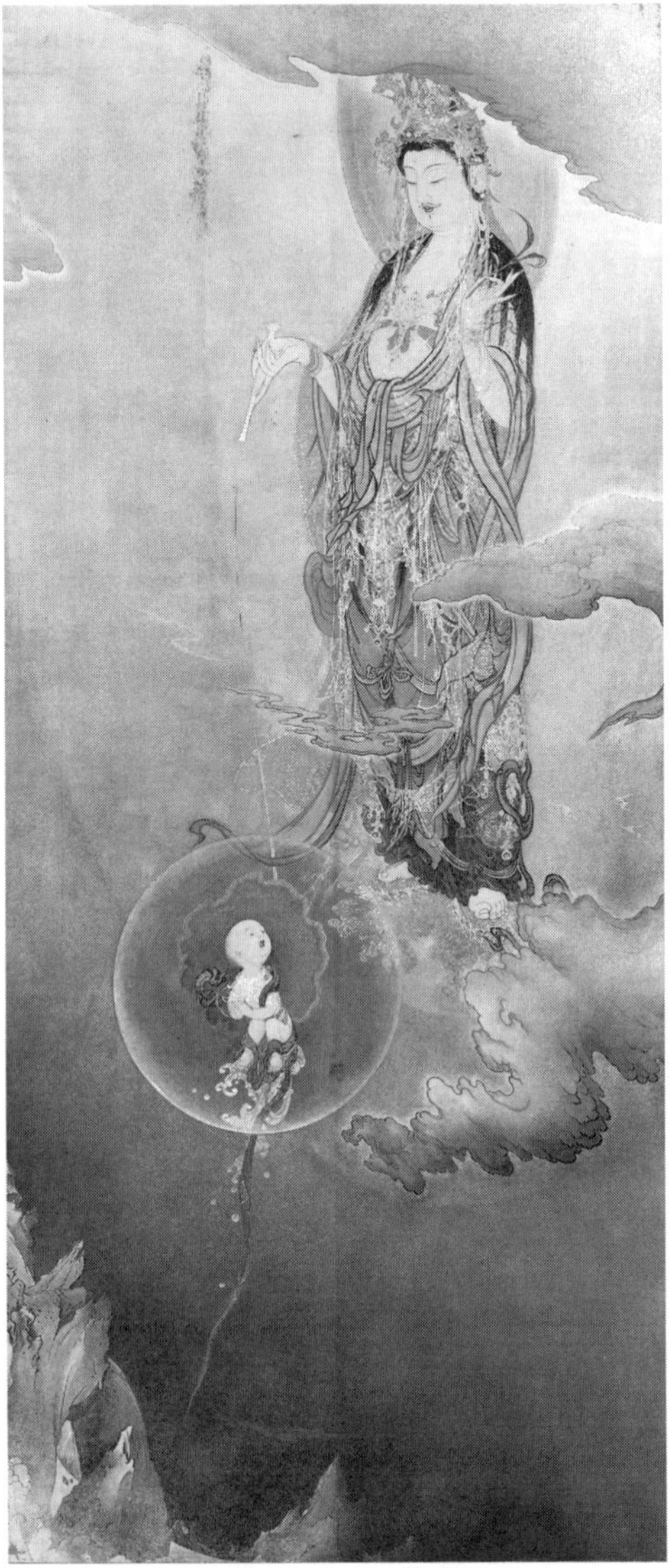

図1　狩野芳崖作「悲母観音」（部分。画像提供：東京藝術大学／DNPartcom）

が世に知られていくなかで模倣され、神格化され、大衆化していく過程について述べ、現在も多くの人々の関心を引き続ける《悲母観音》を中心に、日本画が現在も支持され続ける理由の一端を仏教という側面から明らかにする。

一　「日本画」の成立と仏教

冒頭に述べたように日本画は、洋画の対概念として成立した。言葉としての「日本画」は、一八八二（明治一五）年に、アメリカ出身の東洋美術史学者であるアーネスト・フェノロサがおこなった講演「美術真説」において[11]、Japanese painting（picture）の翻訳語として使用されたのを初出とすることが一般的である。明治二〇年代に入ると、洋画陣営が徐々に態勢を整え日本画への批判的論戦が展開され、そのような批判的な文脈によって「日本画」という用語も定着した。古田亮は、洋画陣営からの批判によって広まった日本画とは、それ自体の自己規定をともなわない概念であるのも当然であり、むしろ洋画に対する対概念として生まれた日本画は、自律的な存在規定がなされないことにこそ特徴があると言えると述べている[12]。

日本画は、大正後期から昭和一〇年代に、公募展への出品作を中心に新聞や雑誌のメディアを通して広く作品と作者が知られることで権威化するとともに、大衆化した。そのため、日本国内の美術市場では高く評価されることが多かった。自律的な存在規定をされず、それでいて「日本」というナショナル・イメージと結びついていることが、日本画の評価を現在まで不安定なものとしている。一九九〇年代から二〇〇〇年代初めにかけて、英語圏の美術史家や学芸員は日本画を批判し、それが単純な愛国主義によって描かれ、内面性や自覚的な批判に欠けていたと指摘してきた[13]。たしかに戦時中に「富士山」を描き、販売することで戦闘機を国に寄付した横山大観に代表されるように、日本画はナショナリズムの一翼を担っていた[14]。そして戦後の日本画は、美術団体展による権威化や国内美術市場における流通といった、内向きの美術であり続けた。日本画に求められる美しさはナショナリズムと結びつき大衆化した側面もあるが、大衆性ゆえの安心感もまた日本画の一要素と言える。

それでは、本章の研究対象となる仏教と日本画はどのように結びつくのであろうか。「絵画」もまた近代に登場した概念である。前近代は信仰対象としての仏画、室内調度としての障壁画、娯楽や記録としての絵巻や浮世絵といった機能を担っていたが、近代になると多様な平面イメージが「絵画」という言葉によって統一された。このため、寺院などにおいて信仰対象として用いられてきた仏画も、鑑賞の対象となる絵画へと変容した。フェノロサは一八八五年におこなった講演「画題に仏教を用ゆるの得失（仏画の復興）」[15]において、多くの人々が容易に理解しやすい画題として仏教を積極的に勧めており、その講演の要約は『大日本美術新報』に掲載されている[16]。フェノロサとの二人三脚で制作された狩野芳崖の代表作は《悲母観音》だけでなく、《伏龍羅漢図》（一八八五年）、《仁王捉鬼図》（一八八六年）、《不動明王図》（一八八七年）、など仏教的な画題が多い。佐藤道信によれば、フェノロサは、伝統的主題を従来の定型的表現としてではなく、自分自身の独創的イメージで描くことを求めており、一連の仏教的主題の狩野芳崖の作品も信仰の対象である「仏画」ではなく「歴史画」として捉えるべきであると述べている[17]。たしかにこれらの作品は東京藝術大学美術館や国立近代美術館に所蔵・展示される美術作品であり、仏教寺院において信仰されてきた仏画とは機能が異なる。そして仏教の長い歴史を背景に描かれていることに鑑みれば「歴史画」と捉えるのは妥当であろう。

さらに日本画における仏教の歴史的側面を強調したのが岡倉覚三（天心）である。一八九五（明治二八）年、円覚寺管長の釈宗演と天心が主体となり、『絵画叢誌』『錦巷雑綴』『通俗佛教新聞』等に「懸賞仏画募集広告」が掲載された。これは鈴木大拙が翻訳したポール・ケーラス『The Gospel of Buddha（仏陀の福音）』をもとに一〇枚程度の連作によって釈迦の伝記を描くというもので、作品をまず天心のもとに集めて宗演が審査し、その上で優れたものをアメリカに送り、画家のルイ・プランとポール・ケーラスが最終審査をおこなう予定であった[18]。釈迦の人生を描くこの懸賞仏画の募集は、画家たちに釈迦を信仰対象の如来から歴史上の人物として捉える契機となった。この懸賞仏画の募集がおこなわれた時期から、歴史上の人物として釈迦を描く日本画が増えたのだった。

　歴史画として描かれた釈迦と、信仰対象の如来として描かれた釈迦の最も大きく異なる点は、構図である。橋本雅邦《釈迦十六羅漢》（一八九五年）においては、狩野派的な表現はみられるものの、釈迦が見切れることで臨場感を出す、これまでにない大胆な構図になっている。この時期、寺崎広業《悉達多語天使》（一八九六年）、下村観山《仏誕》（一八九六年）、菱田春草《微笑》（一八九七年）などにも、前近代の仏画にはない構図で、歴史画として釈迦が描かれている。これら釈迦の生涯の一場面を描いた絵画には、キリスト教絵画をはじめとした西洋絵画の影響も見られる。他方で、町田曲江《仏陀の光》（一八九七年）、下村観山《闍維》（一八九八年）のように、リアリティのある画面と聖性を保つため、あえて釈迦の身体を描かず周囲の群像によって釈迦の偉大さを表現する作品も見られる。歴史画として釈迦を描く試みは、聖なる身体をいかに描くかという画家の力量が試されるものであった。また、釈迦の生涯を描いた作品の中にも天草神来《悉達太子》（一八九五年）や高井元吉《仏誕》（一八九六年）など、明らかに芳崖の《悲母観音》の影響を受けた作品も制作されており、一八八八年に描かれた《悲母観音》が、懸賞仏画募集の時期にはすでに、日本画の規範となっていたことが理解できる。

さらに、歴史上の人物としての釈迦への関心は、日本画家をインドへ向かわせた。一九〇三（明治三六）年、横山大観と菱田春草は日本画家としていち早くインドを訪れ、仏教の古蹟を巡ったが、これは前々年から前年にかけて天心がインドに滞在したことで実現したものであった。その後も日本画家のインド旅行は頻繁におこなわれる。一九一六（大正五）年から一九一八年頃にインドへ渡った荒井寛方、野生司香雪、朝井朝波、桐谷洗鱗は滞在中にアジャンター石窟内の壁画を模写した。そしてインドの人々のリアルな顔貌や服装は、仏教的主題の絵画にも影響を与えた。日本画家がインドへ渡ったことで、インド女性の服装を観音菩薩の姿と重ね合わせているほか、僧侶の袈裟もインド風へと変化を見せている。これらは、「仏教＝インド」という理解のもと成立した、近代的リアリズム表現であった。

以上のように、日本画という概念が成立してすぐに、フェノロサや天心の推進があり、日本画の画題として仏教的な主題が描かれた。フェノロサは西洋から輸入した顔料を芳崖に使用させることで、新たな仏画の創出を試みた。一方で天心は、『The Gospel of Buddha』のための懸賞やインドとのつながりなど、国際的な視野から仏教というテーマを選び、日本画家は釈迦という人物を歴史画として描こうとした。ただし、仏教的主題の日本画が信仰の対象から鑑賞の対象に完全に変容したわけではない。近代以降の日本画家の中には、祈りの対象となる仏菩薩を描いた者もいる。また鑑賞の対象でありながら、人々の信仰心を掻き立てる日本画もあるだろう。その代表が狩野芳崖の《悲母観音》である。

二　最初の日本画としての《悲母観音》

古田亮は、日本画の形成を知るうえで、《悲母観音》は欠かすことができない作品であると述べている。以下、古田『日本画とは何だったのか』より引用する。

> 《悲母観音》は、まず主題の面で従来の仏画としての観音図とはまったく違う要素、すなわち西洋の母子像を意識している点で斬新であった。一方、表現においては、伝統的な狩野派の様式と西洋画法とを掛け合わせつつ、それが単なる折衷ではなく、線と彩色と構図のそれぞれに独創性を見せた。つまり、主題、表現の両面において、次代を切り拓くだけの革新性を持っていたということができる。近代日本画が進むべき方向性を示したこの作品の影響力は、明治二十二年に開校された東京美術学校を中心に日本画界全体に及んでいく[19]。

狩野芳崖（一八二八〜一八八八）は、長府藩狩野派の御用絵師だった狩野晴皐の家に生まれ、幼い頃から、父の跡を継ぐべく画道に励んだ。幕末は、藩の御用絵師として江戸と長府を往復する生活を送っていたが、明治維新後は、雇い主がいなくなり仕事を得るのに苦労するようになった。一八七七（明治一〇）年に上京したが困窮は変わらず、陶磁器の下絵を描くなどして生活を続けていた。そんなかなか、フェノロサとの出会いによって職だけでなく、西洋美術の知識や西洋顔料を得て、新たな絵画を模索するようになった。そして一八八二（明治一五）年、《仁王捉鬼図》が鑑画会大会で一等となる。しかし、この時すでに五四歳、芳崖に残された時間はあまり多くなかった。一八八八年、《悲母観音》を描き上げた四日後に芳崖は死去し、背景の金地は盟友の橋本雅邦によって仕上げられた。

　フェノロサは「油絵ハ繁錯ニシテ、日本画ハ簡潔ナリ[20]」と述べ、油彩画よりも日本画の優位性を語っている。フェノロサは、具体的な実践として、狩野派を中心とした伝統的な画題と筆法に、西洋的な遠近法による構図をはじめ、光の合理的な明暗、モチーフの立体表現などを積極的に取り入れることを提案した。その中心的役割を果たしたのが、フェノロサが雇った狩野芳崖であった[21]。

《悲母観音》は、近代日本画史のはじまりを告げる記念碑的作品である。柳の枝を手にする楊柳観音は、古くから病難救済を本願とする信仰の対象で、善財童子と組み合わされた作例も多い。善財童子は通常、少年の姿であるが、《悲母観音》では乳幼児の姿で描かれている。手に持つ水瓶から落とされた浄水によって、乳幼児が命を与えられ地上界に降りていくかのような図像は芳崖の独創とされ、観音と善財童子ではなく母子像として描かれていることからも聖母マリア像との類似を指摘されてきた。天心は芳崖が、「人生の慈悲は母の子を愛するに若くはなし。観音は理想的の母なり、万物を起生発育する大慈悲の精神なり、創造化現の本因なり[22]」と述べていたことを記録している。子どもに対する母親の愛が、本作品の主要なテーマとなっていることは間違いないであろう。

　芳崖はその生涯で何点かの観音像を描いており、彼にとって観音は特別な主題であったと考えられ、幕末の一八五七（安政四）年には西国観音霊場巡りをしている[23]。また、妻が亡くなる直前から《悲母観音》の制作をおこなっていたことから、妻に対する思いと観音信仰が結びついていたことも予想される。ただし芳崖の師である狩野雅信も《観音像》を制作しており、幕末・明治初期においても「観音」は人気のある画題であったことから、芳崖が観音像を主題とした理由のすべてを信仰と結びつけるのは難しい。さらに芳崖は、多くの古典仏教画から学んでいた。特に理想の母として観音のイメージは、中国に伝わる観音図からの影響は大きいだろう。他方で芳崖が、観音を「万物を起生発育する」と捉えている点は、キリスト教の創造主を想像させる。フェノロサが講演の中で仏教とキリスト教の比較をおこなっており、その影響からキリスト教に対する知識を得たのであろう。芳崖の信仰については不明な点が多いが、観音に対して何らかの信仰心があったのは間違いないだろう[24]。

芳崖は、狩野友信の紹介で一八八二（明治一五）年の秋にフェノロサと出会い、翌一八八三年の終わりにフェノロサに雇われ新たな絵画を模索している。一八八〇（明治一三）～八一（明治一四）年頃には《悲母観音》と類似する《波上観音図》（所在不明）を描き、一八八三（明治一六）年には、《悲母観音》の構図と同じ《観音》（フーリア美術館所蔵）を描いている[25]。《悲母観音》と《観音》は、衣文表現などは仏画や水墨画の描法のうえでは共通しているが、色彩や空間把握がより西洋画に近いものとなっている。さらに、しっかりと髭が描き込まれ男性的な《観音》に対して、《悲母観音》はより女性的な描写となっていることが、印象を異なるものにしている。《観音》から《悲母観音》までの約五年間の間、芳崖が天心やフェノロサと交流を深めたことも作風に影響を与えたものと考えられる。幕末期からの芳崖自身の観音信仰、狩野派の伝統的画題という素養のうえに、明治期にフェノロサや岡倉天心との出会いによってもたらされた新しい知識が合わさることで《悲母観音》は完成したのである。
次節において《悲母観音》の影響について述べるが、その前に《悲母観音》とほぼ同時期に原田直次郎によって描かれた油彩画の《騎龍観音》（一八九〇年）について少しふれておきたい。「日本画」は、「洋画」の対概念として誕生したが、洋画においても観音像を描く試みがなされている。しかし、《騎龍観音》のイメージは、《悲母観音》ほど浸透することはなかった。原田直次郎は、一八八四（明治一七）年、ドイツに渡り、画家ガブリエル・マックスに師事し、油彩画の写実表現を身につけた。一八八七（明治二〇）年に東京に戻ると、日本国内は洋画排斥の嵐のまっただ中であり、原田は、洋画の重要性を訴えるとともにフェノロサによる日本画論を批判する講演をしている[26]。一八九〇（明治二三）年、原田は第三回内国勧業博覧会に《騎龍観音》を出品した。大画面には、雲間から出現した龍の上に手に柳を持つ楊柳観音。雲が開けた天井から降り注ぐ光が観音を照らし、龍の足元には炎が巻き上がっている。ヨーロッパ絵画のアカデミズムを体得した原田ならではの表現力だった。

しかし、東京帝国大学文学科教授の外山正一が『日本絵画ノ未来』[27]において《騎龍観音》を批判するなど、この作品は同時代的に決して高く評価されることはなかった。内国勧業博覧会の翌年、原田は《騎龍観音》を護国寺に納めている。この作品には当初から卍字つき金額縁がつけられており、仏教寺院に掛けられることを想定していた可能性が高い。近世から続く仏教寺院に奉納された絵馬のように高い位置に斜めに掛け、下から光があたることで《騎龍観音》はよりドラマチックな絵画へと変容した。

しかしながら、大衆に受け入れられたのは《騎龍観音》ではなく、《悲母観音》の方であった。仏教寺院という伝統的な信仰の空間に洋画の観音像を展示することを試みた原田の一方、芳崖は観音に対する信仰心はもちながらも、フェノロサらの影響もあり、鑑賞の対象となる観音像を意識して描いた。洋画の《騎龍観音》のように見慣れぬリアリズム絵画ではなく、観音像のイメージを逸脱することなく、そこに理想化された空間を作り出した《悲母観音》は革新的でありながらも、多くの人々から受け入れられる絵画であった。

三　《悲母観音》の影響

《悲母観音》が大衆化したことを最も分かりやすく示しているのは、その複製の数の多さである。展覧会『狩野芳崖――悲母観音への軌跡』の図録においても以下のように述べられている。

> 《悲母観音》を模した観音図像は、全国的に相当数つくられたと考えられる。また、現在でも《悲母観音》の写真複製はもちろん、《悲母観音》の図像を借りた観音像の制作が後を絶たない。そうした状況は民間の観音信仰のなかに《悲母観音》の図像が深く入り込んでいったことを示している。[28]

《悲母観音》が「最初の日本画」と言われるほどの影響力をもったのは、急速にそのイメージが拡散されたからである。まず完成直後、芳崖への追悼とともに『國華』に画像が掲載された[29]。さらに、芳崖の直弟子である岡倉秋水や高屋肖哲らに《悲母観音》の模写の依頼が数多くあり、彼らも師の描いた《悲母観音》を模写した[30]。当時は、モノクロで掲載された雑誌の図版以上にカラーの模写が重要であった。そのイメージの拡散は印刷や模写にとどまらない。一八九五（明治二八）年に開催された第四回内国勧業博覧会には、二代川島甚兵衛によって綴織で《悲母観音》を表した《悲母観音図綴織額》が出品されている。明治期に様々なメディアを通して広く知られるようになった《悲母観音》は、現在にいたるまで様々な形で複製され、観音を描いた絵画のひとつの規範になっている。

すでに述べたように、《悲母観音》は日本画の規範として、次世代の日本画家の作品に様々な形でそのイメージが引き継がれた。例えば、女性的な菩薩や天女が空中に浮かぶ図像は、山田敬中《浄穢界図》（一八九七年）、松岡映丘《伎芸天女》（一九〇三年）、平木与一郎《運命》（一九〇六年）などにも見られる。《悲母観音》は遮水であったが、《浄穢界図》と《伎芸天女》では散華によって、《運命》は糸を用いて、その重力を意識させている。また大正期に入っても木村武山《慈母観音》や高屋肖哲《月見観音図》（一九二四年）など、《悲母観音》のオマージュとも言うべき作品が制作された。《悲母観音》は、観音という普遍的なテーマを美術における理想的な姿として描き、近代日本画に大きな影響を与えたのである。大正後期以降、公募展に出品される日本画は洋画的な表現が増えるため、《悲母観音》の影響を直接的に受けた作品はあまり見られなくなるが、《悲母観音》の模写は寺院に奉納され続けた。その中には原型を留めないほど劣化した模写も見られるが、玉石混淆で広がった模写もまた大衆化のひとつの形である。多数の模写の日本画が流通している《悲母観音》は、日本画の祖と呼ぶに相応しいと言えるであろう。《悲母観音》の模写が仏教寺院に納められていることからも理解できるように、《悲母観音》のイメージは仏教信仰の中に自然に馴染むものであった。それは、洋画の《騎龍観音》とは対照的であり、《悲母観音》は近代以降の仏教寺院において日本画が需要される基礎となったとも言えるであろう。

多くの日本画家が国粋主義的な画題を描いた戦時期、《悲母観音》にも新たな言説が加えられた。日中戦争開戦後、アジア各国で信仰対象となっている観音は、アジアにおける日本支配を正当化する「大東亜共栄圏」のシンボルであり、敵も味方も関係なく「怨親平等」の供養をおこなう信仰対象として注目が集まったのだ[31]。観音信仰が高まった戦時期、《悲母観音》は、仏教だけでなくキリスト教を信仰する者をも魅了する日本画として、特別な作品として語られている[32]。こうして戦争を背景に、《悲母観音》は美術史にとどまらず、日本近代史に欠かすことのできない作品となった。そのイメージは海を越え、アメリカにも伝わった。アジア太平洋戦争末期にアメリカ軍によって撒かれたビラ（伝単）の中には、《悲母観音》の図像とともに「名誉ある平和」と書かれたものがある。戦後すぐ、観音像は「平和」を象徴する存在として注目されるが、《悲母観音》のイメージは敗戦を前にして、「平和」のイメージと結びついたのだ[33]。

戦後になると、狩野芳崖という《悲母観音》の作者に対する関心が高まり、一九五一（昭和二六）年に発行された文化人シリーズ切手では、芳崖の肖像が使われた[34]。アメリカ軍が伝単の図案に《悲母観音》を採用したこととの関係は不明であるが、日本が主権を回復する以前に芳崖の顕彰がおこなわれるようになったのだ。村松梢風による『狩野芳崖――明治画壇の先駆者』（一九五四年）をはじめとして[35]、「偉人」として狩野芳崖の伝記が数多く書かれた[36]。日曜日の朝に放送されていた偉人の生涯を

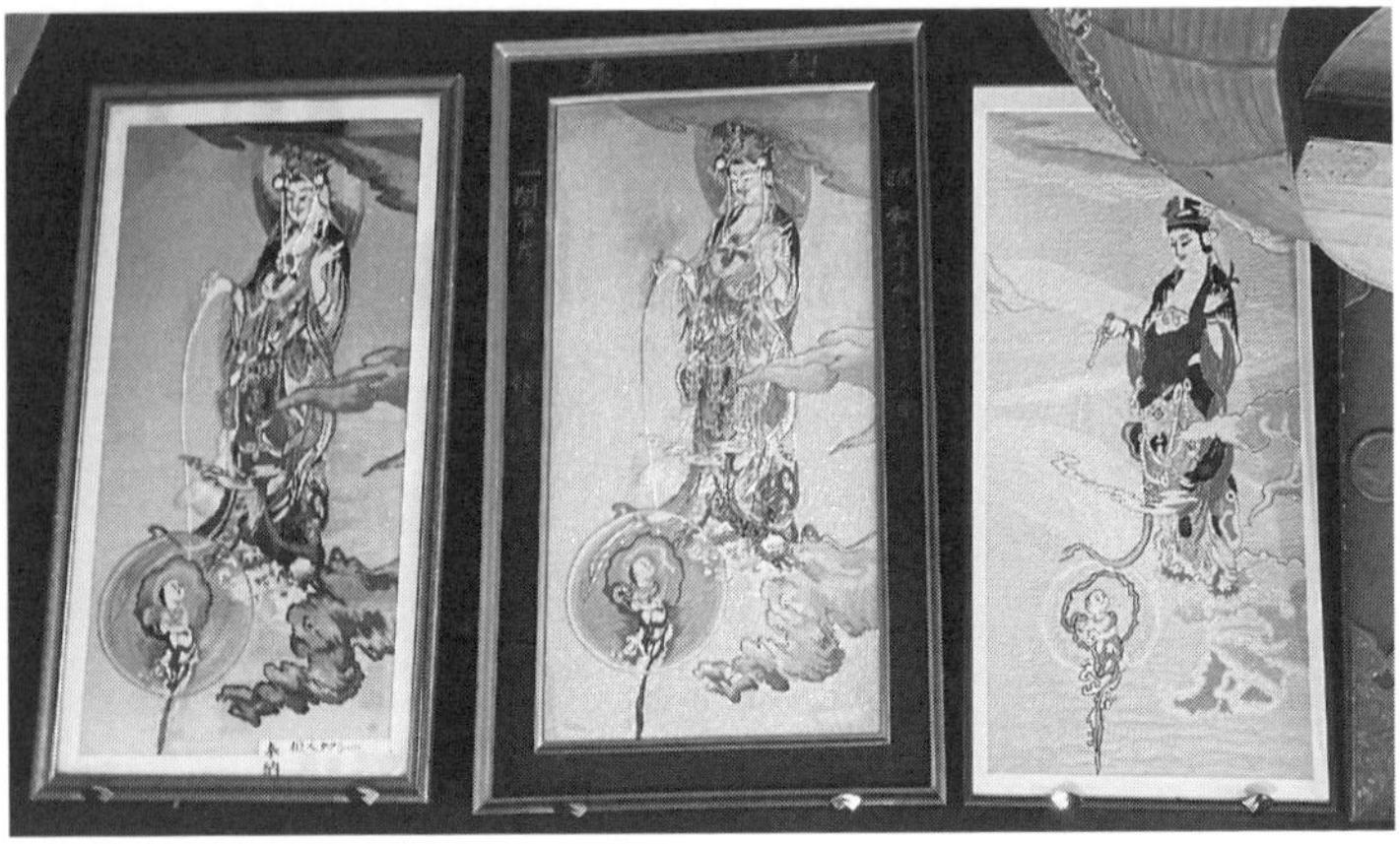

図2　定義如来西方寺本堂に奉納された「悲母観音刺繡額」

語るラジオ番組「光を掲げた人々」では、芳崖が《悲母観音》を描き上げ、『観音経』を唱えながら亡くなるなど[37]、芳崖にまつわる話が脚色され、偉人としての芳崖の顕彰とともに、《悲母観音》は戦後も高い評価をされ続けた。一九六九（昭和四四）年には、芳崖の人生を主題にした水上勉の戯曲『狩野芳崖』も上演されている。この舞台上では、芳崖が亡くなると舞台正面に幻灯によって《悲母観音》の図像が鮮明に映し出された[38]。信仰心をもって日本画を制作し、《悲母観音》の完成とともに亡くなる芳崖の人生は、創作や伝記を通して、《悲母観音》のイメージとともにドラマチックに語られた。こうして、《悲母観音》の図像は、さらに深く大衆に浸透していったのである。

オリジナルの《悲母観音》は、重要文化財に指定され、数年に一度、美術館で展示されているが、模写や印刷物などを通して《悲母観音》のイメージは寺院など信仰の空間内に入り込んでいる。《悲母観音》は、理想的な祈りの形と広く認知され、信仰を表現するイメージともなった。その最たるものが一九七〇年代から九〇年代にかけて流行した「文化刺繡」[39]などの刺繡画である。《悲母観音》の図像も刺繡で再現できるキットが販売されており、手芸として《悲母観音》の図像を刺繡する人も多かった。刺繡を額装した「悲母観音刺繡額」は、多くの寺院に奉納されている。その大半は観音信仰の盛んな寺院であり、例えば最上三十三観音巡礼の札所では、半数以上の寺院で「悲母観音刺繡額」が奉納されているのが確認できた[40]。また鳥追観音として知られる、福島県西会津町の如法寺や宮城県仙台市の定義如来西方寺など、複数の「悲母観音刺繡額」が奉納されている寺院もある（**図2**）[41]。奉納者の氏名を確認すると、女性が多いものの男性も見られる。これだけ多くの「悲母観音刺繡額」が奉納されていることを踏まえれば、信仰の一貫として《悲母観音》のイメージを刺繡することが広まっていたと考えられる。

《悲母観音》は、綴織の図案に使用されるなど、早くから工芸の図案として使用されていた。「工芸」というジャンルが形成されるなかで、日本画などの純粋美術の下位に位置づけられてきたが、主に女性が担い手となる「手芸」は、工芸のさらに下位に位置づけられてきた[42]。狩野芳崖によって美術作品として完成した《悲母観音》のイメージが、大衆化し、再び祈りの形となる過程において、そのイメージを有しながらも次第に周辺化したことは、美術制度と信仰の関係性を示す重要な事例と言えるであろう。

おわりに

本章では、最初の日本画とされる《悲母観音》の誕生とその受容を通して、日本画の特性について検討をおこなってきた。芳崖の死とともに生み出されたこの作品は、そのドラマ的な物語とともに印刷物や模写といった形でイメージが広がり、大衆化した。フェノロサの影響もあり、《悲母観音》は西洋絵画の要素を有していたが、それは人々の理想とする観音の姿でもあったため、従来の仏教信仰を壊すものではなかった。《悲母観音》は観音の理想化と、観音への信仰の二つを内包するかたちで大衆に広く受け入れられたのである。《悲母観音》に見られるような、理想化された表象、そして仏教的主題においては容易に信仰とも結びつく大衆性は、現在まで人気を支える日本画の特性と言えるだろう。

《悲母観音》は、日本画の定義にも少なからず影響を与えている。現在も寺院に奉納される障壁画のほとんどが日本画家によって描かれたものであるが、それは素材・技法・図案などだけでなく、日本画が寺院の空間に相応しいという認識が共有されているからだ。展覧会の会場と異なり、実用の場でもある寺院は、信仰空間として日本画の権威を保つ場であるとともに、大衆へと開かれた空間ともなっている。近代日本画のスタート地点に《悲母観音》があったことが、近代以降、美術制度が大きく変化するなかで仏教寺院において日本画が選ばれた一因となったと言えるであろう。一方、《悲母観音》のイメージが大衆化するなかで「悲母観音刺繍額」の奉納という新たな信仰形態も生み出された。信仰によって生み出された「悲母観音刺繡額」は、権威化された公募団体における日本画とは全く異なる、《悲母観音》のイメージの広がりであり、個人の信仰とも結びつくものとなった。

近代日本における仏教信仰と日本画の結びつきは、原田による油彩画の《騎龍観音》が、日本における仏教信仰の場で受け入れられなかったことが証明しているのかもしれない。余談ではあるが、原田の《騎龍観音》のイメージは、台湾の仏教寺院や民間信仰の寺院に数多く奉納された複製にも見受けられ、仏具店でも《騎龍観音》によく似た図像の複製画やカード型お守りが販売されている[43]。この図像は、大洪水の際に人々を救った観音の姿であると言い伝えられたり、アメリカ軍の戦闘機によって撮影された観音の写真であるなどの奇跡譚とともに広まった。ただし、オリジナルが原田の《騎龍観音》であると知られるようになったのは近年のことであり、長い間、観音を写した写真であると信じられてきた[44]。日本の仏教寺院では大衆化することのなかった原田の目指したリアリズムの観音像は、意外な形で台湾における観音信仰に影響を与えたのだ。

註

(1) 二〇〇三(平成一五)年三月、神奈川県民ホールで開催されたシンポジウム「転位する「日本画」――美術館の時代がもたらしたもの」(「日本画」シンポジウム記録集編集委員会編『「日本画」――内と外のあいだで:シンポジウム〈転位する「日本画」〉記録集』〈ブリュッケ、二〇〇四年〉として出版)から、二〇一八(平成三〇)年一月、東京藝術大学で開催された国際シンポジウム「日本画の所在――東アジア絵画としての――」(北澤憲昭・古田亮『日本画の所在――東アジアの視点から』〈勉誠出版、二〇二〇年〉として出版)に至るまで、研究者、批評家、日本画家、キュレーターなどによって「日本画とは何か」が議論され続けている。また、日本画の歴史的検討がなされる一方で、いわゆる「現代美術」のアーティストも含めた「日本画」を新たに定義しようとする企画展が複数開催されている。一方で公募団体や百貨店などにおいては「日本画」というジャンルの定義についてさほど問題とされていないようである。

（2） 北澤憲昭『「日本画」の転位』（ブリュッケ、二〇〇三年）、一〇六頁。

（3） 日本美術院展覧会の略。公益財団法人日本美術院が主催運営する公募展覧会。院展という略称は団体名と展覧会双方に用いられることが多い。かつては洋画や彫刻部門も存在したが、現在は日本画のみの公募展である。一八九八（明治三一）年、岡倉覚三（天心）が東京美術学校から排斥されて辞職した際に、自主的に連座して辞職した美術家たちを岡倉がまとめる形で、美術研究団体として日本美術院を結成。一九一〇（明治四三）年、岡倉が渡米したことにより事実上の解散状態となる。一九一四（大正三）年、前年に没した岡倉の意志を引き継ぎ文展（文部省美術展覧会）に不満を持つ美術家たちが日本美術院を再興した。毎年、秋に開催される展覧会が「再興院展」という名称なのはこのためである。

（4） 日本美術展覧会の略称。公益社団法人日展が主催運営する公募展覧会。その前身は一九〇七（明治四〇）年、日本最初の官設展に開設された文部省美術展覧会（文展）。その後一九一九（大正八）年、帝展（帝国美術院美術展覧会）となり、戦後の一九四六（昭和二一）年からは日展（日本美術展覧会）と改称。さらに一九四九年からは半官展となり、一九五八（昭和三三）年には社団法人組織を採用、純粋な民間団体となった。現在は日本画、洋画、彫刻、工芸美術、書の五部門。

（5） ここで述べた現代美術とは単に「現代の美術」ではなく、国際的なコンテンポラリーアートのマーケットで流通している美術作品として区別している。

（6） 二〇二一（令和三）年の日本画の市場規模は三六九億円で、平面・立体・インスタレーションなどすべてのジャンルを合わせた現代美術が三九四億円と同等である。文化庁／一般社団法人アート東京『日本のアート産業に関する市場レポート二〇二二』、一一頁（「ＡＲＴ　ＭＡＲＫＥＴ　ＲＥＰＯＲＴ」https://artmarket.re-port/にてダウンロード可能）。

（7） 数は多くないが公募団体に属さず、現代美術のフィールドで活動しながらも「日本画家」を自認するアーティストも存在しており、日本画家と現代美術の明確な線引きは難しいが、ここでは便宜上対比をおこなった。

（8）日本美術院百年史編集室編『日本美術院百年史』全一五巻（日本美術院、一九八九～二〇〇四年）において、院展に入選した日本画を確認する限り、仏菩薩、仏教説話、寺院、僧侶など、仏教的主題の作品が一点も入選していない年はなかった。

（9）作品の名称は一般的に多く用いられているものを採用した。例えば《悲母観音》は、芳崖の死後につけられたタイトルである。同作品は、明治大正期の史料では《慈母観音》と記載されていることが多い。

（10）平山郁夫「明治・大正期の仏画仏像と私の仏画」（弦田平八郎・真鍋俊照・永井信一編『明治・大正・昭和の仏画仏像』小学館、一九八六年）、六頁。

（11）アーネスト・F・フェノロサ「美術真説」（青木茂・酒井忠康『美術』岩波書店、一九八九年、初出は龍池會、一八八二年）。

（12）古田亮『日本画とは何だったのか』（角川選書、二〇一八年）、八五頁。

（13）チェルシー・フォックスウェル（渡邊実希訳）「『NIHONGA』とは何か?——作品制作と展示の具体的観点から」（北澤憲昭・古田亮編『日本画の所在——東アジアの視点から』勉誠出版、二〇二〇年）、六八頁。

（14）柴崎信三『絵筆のナショナリズム——フジタと大観の〈戦争〉』（幻戯書房、二〇一一年）、一二六～一二九頁。

（15）本講演は日本語訳のみが伝わっていたが、ハーバード大学ホートンライブラリーに残るフェノロサ資料の草稿類と講演との比較をおこなった村杉明子によって、「仏画の復興」と翻訳された。

（16）『大日本美術新報』（二〇号、一八八五年）、一四～一五頁。

（17）佐藤道信『〈日本美術〉誕生——近代日本の「ことば」と戦略』（ちくま学芸文庫、二〇二一年）、一三四～一三五頁。

（18）この審査員の顔ぶれからも、一八九三（明治二六）年に開催されたシカゴ万国博覧会万国宗教者会議の影響下で新たな仏画が模索されたことは明らかである。

（19）古田前掲註（12）『日本画とは何だったのか』、八六頁。

（20）フェノロサ前掲註（11）「美術真説」、四九頁。

(21) 平林彰「[概説] 狩野芳崖とその周辺——木挽町狩野の絵師たちが艦画会の画家になるまで」(『狩野芳崖と四天王——近代日本画、もうひとつの水脈』求龍堂、二〇一七年)、一二頁。

(22) 岡倉天心「狩野芳崖」(『天心全集』日本美術院、一九二二年、二八頁)、初出は『國華』第二号(一八八九年)、一二頁。

(23) 中村愿『狩野芳崖——受胎観音への軌跡』(山川出版社、二〇一三年)、六六〜七一頁。

(24) 芳崖の信仰と同時代の宗教運動については以下を参照。佐藤道信「進化論としての悲母観音」(『狩野芳崖——悲母観音への軌跡』東京藝術大学・下関市立美術館、二〇〇八年)、一二一〜一三〇頁。

(25) 古田亮「《悲母観音》考」(同前)、九六〜九七頁。

(26) 原田直次郎「絵画改良論」(『龍池会報告』第三一号、一八八七年。埼玉県立近代美術館・神奈川県立近代美術館葉山・岡山県立美術館・島根県立石見美術館監修『原田直次郎——西洋画は益々奨励すべし』〈青幻舎、二〇〇六年〉、一四六〜一四九頁に掲載)。

(27) 外山正一『日本絵画ノ未来』(私家版、一八九〇年)、六〜九頁。

(28) 古田亮、全生庵蔵「慈母観世音菩薩像」の解説より(前掲註(24)『狩野芳崖』)、一四七頁。

(29) 『國華』第二号(一八八九年)、二一頁。

(30) 狩野芳崖の四天王と呼ばれた高弟、岡倉秋水、岡不崩、高屋肖哲、本多天城については以下を参照。野地耕一郎・平林彰・椎野晃史編『狩野芳崖と四天王』(求龍堂、二〇一七年)。

(31) 君島彩子『観音像とは何か——平和モニュメントの近現代』(青弓社、二〇二一年)、七〇〜七六頁。

(32) 中根環堂『観音の霊験』(有光社、一九四〇年)、二四一〜二四二頁。

(33) 千葉慶「マリア・観音・アマテラス——近代天皇制国家における「母性」と宗教的シンボル」(『表現学部紀要』九号、二〇〇八年)、五三頁。

(34) 「文化人切手(第一次)」は、一九四九(昭和二四)年から一九五二(昭和二七)年まで一八種発行されている。岡倉天心を除けば、美術関係者で採用されたのは狩野芳崖のみである。なお《悲母観音》は一九七九(昭和五四)年に「近代美術シリーズ」として切手の図案に採用されている。

(35) 村松梢風著、大石哲路絵『狩野芳崖――明治画壇の先駆者（偉人文庫）』（ポプラ社、一九五四年）。

(36) 野口活「近代日本画の生みの親――狩野芳崖」世界偉人伝刊行会編『世界偉人伝　第二巻』（池田書店、一九五二年、九三～一二五頁）、久保喬「狩野芳崖の話――絵の道」（大木雄二編『美しい話――偉人物語　六年生』金の星社、一九五三年、八～二一頁）、富永次郎著、大日方明絵「つよい心のえかき――狩野芳崖」『三年生の偉人物語（ひかりのくに学年別童話集）』（ひかりのくに昭和出版、一九五七年、一一七～一二三頁）等。

(37) 「日本画の正統を復活させた狩野芳崖」（日本放送協会編『光を掲げた人々　二』白灯社、一九五三年）、一一二頁。

(38) 水上勉『狩野芳崖』（中央公論社、一九六九年）、八五頁。

(39) 一九二八（昭和三）年にチェコスロバキアから持ち帰られた材料をもとに日本国内で広まったヨーロッパ式の刺繡。図案などを日本式に改良し文化刺繡として定着した。東京文化刺繡という会社が、刺繡キットを販売しており、その中に《悲母観音》の図案もあったものと考えられるが、同社は廃業しているため確認がとれていない。

(40) 二〇二二（令和四）年五～一〇月に山形県内で筆者がおこなったフィールドワークより。

(41) 筆者が東北在住だったため、東北の事例が多いが、筆者がはじめて「悲母観音刺繡額」を確認したのは、福井県鯖江市の寺院である。

(42) 上羽陽子・山崎明子編『現代手芸考――ものづくりの意味を問い直す』（フィルムアート社、二〇二〇年）、一四～一五頁。

(43) 二〇一九（令和元）年一〇月三〇日～一一月三日に台北市内で筆者がおこなったフィールドワークより。

(44) 「觀音顯靈？‧台灣騎龍觀音照的故事」『今日新聞』二〇一八年五月一二日、https://www.nownews.com/news/5622968（二〇二三年三月一五日閲覧）。

第八章　明治後期の仏伝演劇
——劇詩と歌劇のなかの釈迦——

マイカ・アワーバック

はじめに

日本仏教とは、仏教東漸から現代まで幅広く研究しうる分野だが、多岐にわたる日本仏教の研究において、日本生まれではない教祖（宗祖・祖師）や僧侶の位置づけは、それほど自明なものではなかろう。本章では、日本生まれではない仏教者の代表といえる釈迦（ブッダ）をめぐる近世から近代の演目を中心に、考察をすすめていきたい。もちろん釈迦は、日本仏教を含め、あらゆる世界仏教の中心的存在といえるが、日本人にとって彼は、「偉人」であると同時に「異人」でもあった。日本において釈迦は、聖徳太子の場合と同じく広く親しまれ、尊ばれてきた存在ではあるが、立ち止まって考えれば釈迦は、聖徳太子とは違って日本人ではない。このような「異世界」生まれの教祖は、いかにして近世から近代の芝居で演じられ、日本の人々にどのような目線で観られてきたのか。

本章ではまず、近世の仏伝文学を概観しながら、江戸後期〜明治初期の合巻『釈迦八相倭文庫』とその劇化について取り上げる。その上で、明治時代後期に舞台で上演された二つの演劇について、当時の脚本や劇評を参照しながら、その実態を明らかにしていく。そして最後に、この二つの試みが後世に何を残したのか、考察したい。

一　近世仏伝文学と「正伝」の脚色

1　仏伝の流行と「正統」との相違

広義でいう仏伝文学、すなわち釈迦の伝記（あるいはその一部）を描いた芸術作品が日本で盛んに発表・流通されるようになったのは、中世末期から近世前期にかけてである。それまで日本で語られた仏伝は、『過去現在因果経』に代表されるような漢訳仏伝のみならず、『法華経』を重視する天台教学にも多大な影響を受けていた[1]。古代インドに悉達太子（シッダールタ）として生まれた釈迦は何不自由もなく育ったが、求道の心に燃えて家を捨て、難行苦行の末に魔王（マーラ）を克服して覚りを開いた、というパターンは基本的に維持されていたのだ。ところが、一六世紀末からは、学僧などの手によらない新しい形態の文学が生まれていく。『釈迦の本地』という、絵入り写本や古活字版も含まれる多様な作品群や、その流れを汲んで制作された『釈迦八相物語』（一六六六年刊）と題された仮名草子が代表的な作品として、長く読み継がれていったのだ。近世前期から仏伝にまつわる作品は舞台芸能にもなり、説経浄瑠璃や古浄瑠璃、はたまた近松門左衛門の手による『釈迦如来誕生会』（一六九五年か一七一四年初演）という浄瑠璃も上演され、一定の人気を集めたことは確かなようである[2]。これらの作品のなかで、なんらかの漢訳仏伝を典拠とする、いわば「正伝」のパターンは大きくデフォルメされ始めた。

江戸時代中期から歌舞伎が台頭し、発達していくと、『雷神不動北山桜』（一七四二年初演）や『日蓮記（上人）児硯』（一七四九年初演）など、神仏の霊験や仏教教団の祖師を取り上げた演目が流行する一方で、仏伝を題材とした歌舞伎演目が上演されないのみならず、新しい仏伝著作もほぼ現れなくなっていく。近松没後、この「仏伝空白期間」は一世紀以上も続き、江戸後期になって初めて『三世の光』（皓月宗顗選、一八三〇年序）や『釈迦御一代記図会』（山田意斎編、葛飾北斎画、一八四五年刊）などの新作が版本の形態で流通されることになる。なお、漢訳仏典の仏伝物語を広く研究し、内容を咀嚼した上で執筆され、基本的にその和訳や直接引用で構成される『三世の光』はさておき、『釈迦御一代記図会』をはじめとした新作の仏伝作品は、引き続き「正伝」から著しく逸脱し、釈迦の人生が面白おかしく脚色されて語られていることが特徴である。

そのように創作的色合いが濃く、江戸後期から明治初期にかけて仏伝の一般的イメージを決定づけたのは、他ならぬ『釈迦八相倭文庫』（万亭応賀作、三世歌川豊国・二世歌川国貞・河鍋暁斎画。以下、『倭文庫』）という合巻本だろう。一八四五（弘化二）年から一八七一（明治四）年にかけて刊行された作である。一八七二（明治五）年にその版木がすべて火事で焼失されるまで、「実に度々初編に遡って後摺り・再版されている」[3]。五八編にも及ぶこの大作は、『釈迦八相物語』や『釈迦如来誕生会』にヒントを得ながらも、「天竺」（インド）で繰り広げられるはずの物語設定を大胆に書き換え、「正伝」にはない遊郭の遊女や御家騒動など、近世日本の娯楽的な約束事を多く登場させる。また、漢訳経典はもちろんのこと、従来の「日本型」仏伝文学にもないような登場人物やエピソードを惜しみなく取り入れることで、話を膨らませている。要するに、「『倭文庫』の仏伝は、もともとの仏伝からは大きく離れ、すっかり日本的な物語に変形している」のである。[4]

応賀はこの作品を拵えるにあたり、「正伝」よりも同時代の流行り物の表現にならったものと思われる。おそらくは、当時流行していた合巻本の『修紫田舎源氏』（柳亭種彦作、歌川国貞画、一八二九〜一八四二年刊）や『傾城水滸伝』（曲亭馬琴作、歌川国安画、一八二五〜一八三五年刊）を参考にしたのであろう。『倭文庫』は、仏伝経典に精通しない読者にも読み応えがあっただろう。また、少しでも経典に基づいた話を聞きかじったことのある読者ならば、異国の出来事が身近な世界に置き換えられた物語を「見立て」として楽しめたのではないだろうか。ちなみに、『倭文庫』の続刊が事実上途絶えた五八編の時点では、釈迦は悟りを開いて祇園精舎および大林精舎の布施を受けたところが語られている。一八八五（明治一八）年の新聞広告によれば、応賀は六五編までの構成を思い描いていたとのことらしいが、それはついに日の目をみることはなかった。[5]

2 『釈迦八相倭文庫』と漢訳経典

独特な展開が目立つ『倭文庫』において注目に値するのは、提婆達多（デーヴァダッタ）がいとこである悉達太子の妻・耶輸陀羅（ヤショーダラー）に横恋慕し、妻になるようにしつこく脅迫する場面である。合巻『倭文庫』の場合、耶輸陀羅は悉達太子出家後（一四編）にも、自分が出家した後（四五編）にも、待ち伏せる提婆達多の攻撃に遭い、他者に助けてもらったり、自分の法力で退けたりする。[6]このような描写には、多くの読者が違和感を覚えるであろう。

それは著者の応賀本人も予想していたようで、ここで彼は漢訳経典の典拠を示している。(7) やや長いが、応賀が典拠として示した箇所を『国訳一切経』律部二四より引用しよう。

時に薄伽畔は人間に遊歴し、漸行して次いで室羅筏悉底国に至りたまへり。時に提婆達多は遂に是念を生ずらく、「我れ沙門喬答摩に於て屢刑害を興せるも、而し竟に其命を傷損すること能はざりき。我れ今宜しく其妻室に於て陵辱を為すべし」、遂に便ち往いて劫比羅筏窣覩城に詣り、使を遣はして彼の耶輸達羅に報ぜしめて曰はく、「沙門喬答摩に已に王業を捨てて出家と作れり、我れ是縁が為に故に来りて紹継せんとす、宜しく我が与に妻室と為るべきや」。時に彼は信を得て遂に便ち巡事して瞿弥迦に告げしに、時に瞿弥迦は耶輸達羅に報じて曰はく、「仁、応に使を遣はして天授に告げて云ふべし、「菩提薩埵は我れ昔手を執りしに彼の力は持するに堪へたり、汝若し能くするあらんに可しく来りて就るべし」と」。是時天授は情に羞恥なく己が骸力を忖らずして、進みて中宮に入り陛に進み陛に昇りて其処に就かんと欲せり。時に瞿弥迦は諸宮女を顧みて咍然として笑へるに、天授は覚えず合掌して居れり。時に瞿弥迦に大諾近那力あり、遂に左手を将りて其天授を握りしに、時に十指より血を迸らし驚ぎ流れ遂に菩提薩埵が者遊戯したまひし池に於て、之を池内に擲てるに、既にして池に堕ち已ちて大叫声を出せり。(8)

以上の引用文は、悟りを開いた釈迦が故郷カピラヴァストゥ（「劫比羅筏窣覩城」）に帰って親戚を帰依させる前の様子を語った箇所である。提婆達多（「天授」とも）はその機会に乗じて、悉達太子に捨て去られた妻・耶輸陀羅（「耶輸達羅」とも表記）に言い寄る。ところが、太子のもう一人の妻である瞿弥迦（ゴーピカー）もちょうどそこに居合わせており、彼女は持ち前の強力（「大諾近那力」）で耶輸陀羅をかばって提婆達多をはね返す。

しかし、提婆達多はそれにもめげず、また別の機会をうかがい、今度は自分を釈迦族の王にさせるようにと、次のように迫る。

> 時に提婆達多は（中略）遂に宮中に入りて高楼上に昇り、耶輸達羅の所に到り合掌して一辺にして而し之に白して曰さく、「幸に恩沢を存じて曲げて哀憐せられ、汝、国大夫人と為り我れ乃し称して此邑に王たらんことを」。時に耶輸達羅に大鉢塞建拖力あり、妙宝床より起ちて天授に就り、其合掌せるを捉へて双膝にて地に摧へしに、天授の十指より血迸りて流出し、地に婉転して痛みに自ら勝へざりき。(9)

このように経典において耶輸達羅は、今回は他人の助けを待たずに、自力で提婆達多を退けたと記されている。応賀はこの場面から着想を得たと考えられ、『倭文庫』では、耶輸陀羅の出家後へと時系列的にシフトさせてはいるものの、基本構造は経典を継承しているといってよかろう。

『倭文庫』初編が世に出てから約九年後の一八五四（嘉永七・安政元）年、仏伝物語の『倭文庫』に基づいた歌舞伎が初めて上演されることとなった。三代目桜田治助が脚色した『花御台大和文庫』（以下、『大和文庫』）という外題で、中村座で興行された歌舞伎である。『大和文庫』は、悉達太子の出家から悟りを開くまでの出来事を描いた芝居ではあるが、『倭文庫』と同様、仏伝という「世界」に様々な家来や敵役が登場し、色模様、身代わり、首実検、消えた家宝、立ち回り、遊郭、象や龍の登場など、観客を楽しませるような要素を色々と盛り込んだ作品となっている。[10]『大和文庫』にも提婆達多が悪役として登場し、こちらでは家来が耶輸陀羅を捕らえて提婆達多の妻になるよう脅かす場面が二度もあり、人の助けで彼女は難を逃れる。そして大詰めでは、悉達太子が釈迦となり、めでたく締めくくられる。

芝居として、『大和文庫』は見どころが満載なはずであったが、原作の『倭文庫』とは異なり、興行としてはあまり振るわない結果となったようである。先行研究によれば、その失敗は原作にも一因があるとされ、「つまり悉達太子＝釈迦のもつ、もともと教訓的雰囲気が、幕末の幻想的な文芸・芸能とは今ひとつ合致しなかったため」だとされる。[11]

二　明治時代後期の舞台芸能における仏伝

1　芸術分野における仏伝表現

明治時代に入っても、霊験などを描く歌舞伎は姿を消すことなく引き続き演じられていた。一方で、演劇改良運動に携わった福地桜痴という劇作家が新作した歌舞伎『日蓮記』（一八九四年）のように、神秘的で超人的な教団祖師を、歴史的考証に基づき「凡人」として描き出すような試みもなされている。[12]彼の作品は、時代錯誤的な風俗などを避け、史実考証に基づく演出を目指す「活歴」劇の一つといってよかろう。『日蓮記』は一八五七（安政四）年に小川泰堂が上梓した『日蓮大士真実伝』の大人気を受けての脚色だが、『日蓮大士真実伝』をもとに作成され、人気を博した歌舞伎『日蓮大菩薩真実伝』とは違い[13]、不評に終わってしまった。『倭文庫』を新しく脚色し直した芝居は、一八七四（明治七）年から明治後期まで、東京、京都、大阪でたびたび上演されているが、桜痴の『日蓮記』のような斬新な挑戦はほとんど見あたらない。

一八九〇年代になると、学術界における仏教を含むヨーロッパ発のインド学がもたらした学知の吸収や、美術界における歴史画のように、仏伝にまつわる画題に積極的にチャレンジする作品の制作も盛んに行われた[14]。しかしながら、芸能分野においては、類似するような挑みはなぜか、二〇世紀を待たざるをえなかった。そして、その担い手の性格にも特異な点が見られた。仏伝研究で貢献した井上哲次郎・高山樗牛・姉崎正治、また美術界で仏伝的日本画という道を切り拓いた岡倉天心とその関係者のように、この時代に新しい仏伝を舞台で上演させたのは、既成の教団を代表する者でもなく、近世以来の既成流派（学閥、画派など）からも独立した立場をとる者たちだったのである。

次からは、そのような立場から仏伝をもとにした脚本を制作した二人の人物の芝居を通して、明治後期の芸能分野と仏伝の限界と可能性を探ってみたい。

2　平木白星の『劇詩釈迦』

二〇世紀初頭に初めて新たな釈迦像を示した作家・平木白星（一八七六〜一九一五）は詩人で、新体詩の分野を開拓した一人である。千葉県に生まれ、一八九四（明治二七）年に第一高等学校の前身に入学したが、家庭の事情で中退を余儀なくされ、翌年から逓信省（当時）に入省し、生涯その職員として生計を立てることとなった。そのかたわら、内村鑑三主宰の『東京独立雑誌』や、与謝野鉄幹主宰の『明星』、相馬御風らの『白百合』など、多くの雑誌に寄稿し、上司の後藤新平とも交流を深めた。仏教界ともキリスト教界ともはっきりとした関係が確認できない白星だが、最晩年には、欧州戦争のことを念頭において「私は現在の基督教を嫌悪する」と言い放っている[15]。それは、既成宗教に対する彼の心情の現れだったのかもしれない。

一八九一（明治二四）年に発表された北村透谷の『蓬莱曲』を皮切りに「劇詩」というジャンルが台頭するなか、白星も詩劇の執筆を試みるようになった。彼が一九〇五（明治三八）年に発表した『耶蘇の恋』では、聖書の詩篇や主の祈りを台詞と織り交ぜながら、イエス・キリストと死別した際、マグダラのマリアが思慕のあまり、狂い回る様子を描写している。『耶蘇の恋』が発表された当時、救世主にマリアが恋心を抱くという発想は、キリスト者や日本基督教会の逆鱗に触れたようで、白星を除名するという新聞記事や、白星は教会に籍を置いていないため除名などできないといった記事が引き続き掲載された[16]。

それには挫けず、翌年、白星は『劇詩釈迦』を『読売新聞』に連載した（一九〇六年三月一～二五日）。この作品は同年九月二八日に書籍として刊行されている。先行研究において、白星作のなかでも「注目すべき作品」とされた二段七駒構成のこの劇詩は[17]、降魔（釈迦八相のうちの一相）をテーマとして展開されていく。

第一段は、魔王の宮殿が舞台である。魔王が部下の夜叉たちを召集し、悉達太子を倒す方法をめぐって軍評定を開くという場面だ。ここでは、夜叉がそれぞれ、自分が得意とする倒し方を自慢する度に、箜篌《くご》の曲に合わせて、舞台裏から発せられる声がその方法を否定する。その後、いよいよ歌手である第三魔女・愛楽が魔王の命令で表に出てきて、父・魔王に対し、釈迦に抗議しても無駄であると訴える。彼女が魔王に厳しく懲らしめられそうになった時、姉の二魔女が現れ、太子に恋してしまった妹の愛楽を戒め、姉妹三人で太子を誘惑すると決める。魔王と愛楽が二人となった時、愛楽は苦しみながらもその決心を示し、大事にとっていた太子の絵姿を破ってみせる。

　第二段の設定は、太子が森林において悟りを開こうとする場面であるが、ト書きでは一律に「釈尊」と記されている。ここでは、後ろ髪がひかれる思いを抱えた愛楽と姉たちがやってきて、釈尊に歌や舞を披露しながら、媚びるようにして釈尊を誘惑するが、それらは悉く失敗に終わる。そこで今度は、姉たちが釈尊を脅かそうとすると、彼女たちは即座にどくろに変身させられてしまった。一人残された愛楽は釈尊に毒酒を与えようとするが、それも釈尊に見破られてしまう。そして彼女は、釈尊を殺そうとした罪を償うために死にたいと自ら言い出す。

　ちょうどその時、魔王が雷をとどろかせながら登場する。魔王が放った矢は愛楽の肩に的中し、彼女に致命的な傷を負わせてしまう。魔軍も応援に駆けつけるが、やはり釈尊を破ることができない。そうしたなか、地神童が現れ、舞いながら釈尊の勝利を歌う。一方、傷を負い、死に瀕した愛楽は釈尊に父の許しを請い、「魔王女」ではなく仏弟子の「信女」として最期を迎える。魔王は敗北を喫しても釈尊を睨み続けるが、ついにその場に倒れ、釈尊は最後に魔王に声をかけて「汝邪迷を捨て去らば一切大智の灯明明かに正法本願成り、心霊倶に自由の世界に入るべきぞ！[18]」と改心を促しながら、天界からくる音楽と光と落花に身を包まれる。

この要約からも分かるように、『劇詩釈迦』の基本的な着想は「正伝」に負うところが多数見受けられる。それは大筋にとどまらず、かなりの割合で台詞が漢訳仏典から借用されており、話者や言い回しを替えながら、仏伝の世界が再現されているのである。白星本人がことわっているように、この作品は、「釈迦自ら自伝を説きたりと称するラリタヴィスタラの同経意訳なる方広大荘厳経と仏説普耀経とより主として資材を摘採し、間々仏本行経、仏所行讃其他一二種の経典を参照」したという。(19)

まさに、第一段第一駒の前にも、第二段第四駒の終わりにも、「天上の偈」や、『方広大荘厳経』の偈をそのまま引用しながら、ルビを振って和訳を施している。例えば、「世有最勝清浄人《よにさいしょうしゃうじゃうのひとあり》、経歴多時修業満《けいれきたじしゆぎやうみつ》、是彼釈種捨王位《これかのしやくしゆわうゐをすて》、今現座於菩提場《いまげんにざすぼだいぢやう》」のような表記である。(20) また、軍評定で行われる夜叉たちと愛楽のやりとりは、『方広大荘厳経』にある魔子二組（菩薩に帰依した側と、魔王を賛助する側）のやりとりを変更したものであるし、釈尊の台詞にも経典と重なる表現が目立つ。(21) 白星の原典に対するこのような姿勢は『耶蘇の恋』にも見られ、それは彼の一種の実証主義の現れといえるかもしれない。「従来出でたる劇詩中、取材の好かりしためか、尤も趣味深きを覚ゆ」との書評を記した記者も、恐らくその点を踏まえて『劇詩釈迦』を高く評価したのであろう。(22)

この作品は『劇詩釈迦』という題ではあるが、主人公はあくまでも魔女の愛楽とみなされるべきであろう。彼女は本作の登場人物たちのなかでただ一人、自分の立場に葛藤し、父や魔族に対する義務（義理）と、釈迦に寄せる個人的な崇敬や恋心（人情）の板挟みになっている。彼女は、宮殿に帰って魔王を諭すという善業を釈迦にすすめられても、「女性の生涯は唯二つ、恋と死とがあるのみ」と答える[23]。恋の成就を諦め、かといって義理も果たせぬ愛楽が、最後に釈迦の身代わりになって命を落とすことになるのだ。このような苦しい立場におかれる登場人物は「正伝」には決して多くない。

3　「劇詩」の実演をめぐって

「劇詩」は本来、実演を想定していないが、『劇詩釈迦』は一九〇六（明治三九）年一一月に中幕として、神田の三崎座で舞台にかけられた[24]。一八九〇（明治二三）年の劇場取締規則の緩和を受け、翌年に「小劇場」として開場した三崎座は、座名や出演形態の再編成を経ながら一九四五（昭和二〇）年まで存続した劇場である。

三崎座では、一八九三（明治二六）年から御狂言師（江戸中期より現れた、いわゆる「女歌舞伎」の役者）の流れを汲んだ市川粂八（のちに市川久女八と改名）が率いる一座が出演するようになったが、彼女は間もなく、三崎座を離れることになる。その後、残された門下たちが三崎座の女歌舞伎を支えることになった[25]。久女八の弟子で、後に座頭をつとめたことがある役者としては、岩井米花や松本錦絲がいる[26]。米花は初代市川左団次を、錦絲は七代目市川団蔵を特に模範としていたという[27]。その努力が報われたのか、一九〇八（明治四一）年に三崎座を取材した『演芸画報』の記者は、「今の所では、女優出演の劇場として、都下唯一であるのだから、這麽《こんな》事が或は人気を占めている原因の一ツになるかも知れぬ」と、三崎座の女歌舞伎を評価している[28]。

一方で、三崎座の関係者は定番歌舞伎には飽き足らず、新しい挑戦も始めていた。一九〇六（明治三九）年に『文芸倶楽部』へ掲載されたインタビューで米花は、「去年の春あたりから、喜劇や、この節の小説物から、台本をとりましたのを、手前共が致すようになりました」と述べている。[29] 他の劇場で「新しい狂言」をやっていて評判になっていたため、取り残されないためにも、三崎座でも「一つ新の物を遣って見ようというような気にな」ったのである。[30]

『劇詩釈迦』はのちに『釈迦』と改題して引き続き三崎座で上演されるが、改題へと至る経緯は不明である。ただ、そこに白星が関与していたことは、次の新聞記事により推測される。「三崎座の中幕劇詩『釈迦』は大道具も目先を替え釈迦を勤むる米花は原作者平木白星氏につき科白その他の研究をなし」たという。[31] しかし、三崎座の実演は大きな反響を呼ぶには至らず、劇評はわずか『東京朝日新聞』に載ったものしか確認できていない。

もっとも、配役に対する評価は多く見られる。例えば、中村千升が演じた大魔王には、「鍾馗に近くて、釈迦を刺さんとするほどの大魔王とは見えず、何だか間が抜けて居た。イヤ魔王が魔(ママ)が抜けては事だ」との批判がなされている。沢村紀久八の愛楽については、「父大王を諌め釈迦を庇護する側に立つ役だけに見物の同情を惹いて居た」とあるものの、米花が演じた釈迦に対しては、「椰子の大樹の根方に画面通りに裸体座像の修行は、見た目に甚だ不さまであった」と、厳しい評価がなされている。さらには、「新規々々を暗雲駆出すとどんだ物を摑むから、突飛は慎むべしである」との指摘もある。[32] 一方で、釈迦が「併し彼《あ》の長い間を胡坐の組み通しで、魔女を諭し魔王を教化《きょうげ》する骨折は慥かに勝手よる値打がある」と、演出に対しては一定の評価がなされている。

ごく短い劇評ではあるが、ここからは、原作通り（「画面通り」）の上演をめざした女性の役者たちと、彼女たちが「裸体」を顕わにしたり「胡坐」をかいたりすることに驚き、かつ「甚だ不さま」と批判する評者との間には溝があったと考えられるのではないだろうか。この推測が妥当だとすれば、登場人物である女性の苦悩を前面に出すはずの芝居を女性の役者が演じても、その苦悩を「男並みには」表現できなかったために評価が低く、結果として興行としては振わなかったという、皮肉な結末ということになるだろう。

4　松居松葉の歌劇『釈迦』

明治期においては、女役者が舞台に出演すること自体、ある意味で斬新な試みであった。それと同時に、先の米花のコメントでも分かるように、従来の歌舞伎は後ろ向きで「陳腐」ともされていた。

そうしたなかで、明治末に仏伝を再編成して舞台にかけたのは、当時の芸能分野にとって真新しい形式である歌劇（オペラ）であった。ワーグナーの作品『パルジファル』（一八八二年初演）がもともと、ブッダを主人公として描かれたという話は周知の通りだが、管見の限り、仏伝をもとにしたオペラ作品の嚆矢となったのは、帝国劇場の歌劇部が一九一二年六月に上演した歌劇『釈迦』である。作曲はドイツ人音楽家のハインリヒ・ヴェルクマイスターで、脚本を担当したのは、作家の松居松葉（一八七〇～一九三三、のちに松翁と改名）である。

仙台に生まれた松葉は、伊達家に一時期仕えていた父が亡くなった後に独り身となり、キリスト教に入信した後、上京して国民英語学校で学んだ。坪内逍遥と知り合い、『早稲田文学』を筆頭に様々な新聞社で記者をつとめながら、演劇界に関心を抱き、脚本を執筆するようになった。左団次の依頼で『悪源太』という作品を史劇に脚色（一八九九年初演）したことで、松葉は局外者として初めて歌舞伎作者となり、次々と新作を発表していく。西洋近代劇の翻案・翻訳にも積極的に取り組み、一九〇六（明治三九）年から洋行し、欧米の演劇界に親しんだ[33]。

渋沢栄一らの長年の努力が報われ、帝国劇場が一九一一（明治四四）年に開場した時から、松葉は新劇主任となった。同年一〇月から、「胡蝶の舞」という「歌劇と題されているが独唱と合唱を伴う舞踊劇とでも言うべき」作品の脚本を執筆し、ヴェルクマイスター作曲、歌手（ソプラノ）の柴田環を主役に抜擢した[34]。こちらは好評を得たが、次に帝劇で初演された創作オペラ『熊野』（一九一二年五月初演）の場合はそうはいかず、「帝劇開場以来初めて決定的な不評を受け、その後に与えた影響も大きかった」という[35]。次に創作オペラに挑戦した松居、ヴェルクマイスター、柴田らが、その「失敗」を繰り返してはならないという、ひとかたならぬプレッシャーを感じたことは、想像にかたくない。

仏伝という題材をどのようにして松居が選んだのかは不明だが、一幕三場というコンパクトな歌劇『釈迦』は、同年六月一日に初演され、翌日にその歌詞の全文が『読売新聞』に掲載された[36]。

第一場には、出家後の釈迦が乞食になった、という噂を聞いて心配する息子・羅睺羅（ラーフラ）を、母・耶輸陀羅が慰め、「父君の打建て給う王国は、真理の王国ぞ」と説き聞かせる。そして、羅睺羅が寝入った後、提婆達多がやって来て、自分が悉達多（シッダールタ）だと偽って名乗る。騙されて出迎えに出てきた耶輸陀羅に対して提婆達多は、悉達多が修行中に死んでしまったとか、悟りを開いた彼には家族などもういらなくなるだろう、などと脅して言い寄るが、耶輸陀羅は自害をしてまで貞操を守り抜く姿勢を見せ、提婆達多を退ける。

第二場では、菩提樹の下で悟りを開こうとしていた悉達多のところに魔王と「四妖女」が姿を現し、媚びて誘惑したり、耶輸陀羅の姿を見せて家族のもとに戻るようにと惑わそうとしたりする。しかし耶輸陀羅が「わが夫！一大事の時ぞ！この身の為めに動じ給うな」と励ましたことで、魔王たちの企みは失敗する。

第三場では、耶輸陀羅のところに釈迦の父・浄飯王とその侍臣・優陀夷が登場し、悟りを開いた仏陀がカピラヴァストゥに近づいてくることを知らせるが、耶輸陀羅は仏陀に会うのを恥ずかしく思って身を隠す。そこへ仏陀が登場し、父親の浄飯王に「わが王国は天を極め、地を極めて遍し、」と、新しい国の様子を語って聞かせる。その場に耶輸陀羅だけがいないと気づいた仏陀は、「耶輸陀羅はいづこぞ、わが妻は？」と問いただしたところ、彼女は泣きながら現れ、羅睺羅を仏弟子にするように申し出る。浄飯王も同じく「汝が教子《（ママ）》の一人たらん！」と自ら進言し、大団円となる。

以上、大略のみ述べてみたが、「正伝」にはない要素が非常に多いということは明らかだろう。耶輸陀羅に襲いかかる提婆達多の表現は、先に取り上げた『倭文庫』に由来すると考えられるが、それは漢訳仏典でも語られているため、この点はかろうじて「正伝」の範囲内といえる。しかしながら、釈迦が新しい「王国」を創立するような描写は「正伝」とは大きく異なり、かえって「神の国」を讃える新約聖書を想起させる。こうした表現には、松葉のキリスト教の知識が反映されている可能性がある。「正伝」において、故郷に帰ってきた釈迦は、耶輸陀羅を妻として認めておらず、彼を避けて羅睺羅を渡すまいと心を決めた耶輸陀羅は宮殿の楼閣から身を投げようとするが、本作ではそうした様子は全く描かれない。耶輸陀羅や浄飯王が最後に口にする歓呼の声「三千世界の諸王の王！」「実《げ》に天上の仏の仏！」は例えば、新約聖書・ヨハネの黙示録などに語られる「王の王、主の主」（一九章一六説）といったことばを彷彿させる。

こうしたこともあってか、歌劇『釈迦』の劇評には、「（歌劇では、――引用者注）私達日本人の感じて居る「出山釈迦」という心持ちが出て居ようか。気の毒ながら私は「否」というに憚らぬ。今度の舞台に見る釈迦は、贔屓目に見ても、出山の基督と言いたい趣がある」といった意見が散見される[37]。管見の限り、この初期創作オペラに対する劇評のほとんどは、作品の内容そのものに対してというより、演技や演出の善し悪しをめぐるものといってよい。つまり、日本語を解さないドイツ人による音楽と日本語歌詞の相性が良くなかったこと、劇中で歌われる歌詞が観衆に通じないことなど、技術面に対する指摘が圧倒的に多く、松葉の『釈迦』への批判もまた然りであった[38]。そのなかで、『読売新聞』の劇評には、「女優等が半裸体で舞踊をする我国に初めて見る美しい物であつた」とある[39]。ここには、従来の演技方法にはとらわれず、「欧米のオペラ歌手並み」に演ずることを期待された「女役者」ならぬ「女優」のありかたが述べられており、日本のオペラの新たな歩み出しとして注目できる。

おわりに

史料の制限もあり、本章では、二一世紀の現在はほぼ無名となった作家たちによる二つの仏伝劇の輪廓を描くにとどまった。平木白星の劇詩が女歌舞伎の役者たちによって上演され、また松居松葉の歌劇が帝国劇場の「女優」「男優」によって演じられたことから、何が学べるのだろうか。

演劇と「近代化」に即して考えれば、「時代遅れ」の女芝居が「新しい」オペラに敗れたという見方もできるであろう。ただし、近世後期の仏伝文学を部分的に継承したのは、「古めかしい」歌舞伎ではなく、歌劇の方であることを思い起こすと、新旧が勝敗を分けたわけでもなさそうである。このことを踏まえると、三崎座で上演された歌舞伎『釈迦』（『劇詩釈迦』）という女芝居の担い手たちの努力は不当にも、所詮は「本物」の役者（男子）の真似でしかないと見なされたのではなかろうか。

一九一三（大正二）年に劇作家で演出家の小山内薫は、女優を取り入れた帝劇が盛んになった一方、三崎座の女歌舞伎が滅んだことを歎き[40]、その原因が女役者にあったのかについて次のような問答形式の文章を寄せている。

「あなたは三崎座の女役者の運命を知つてゐますか。あすこには歌舞伎劇の素養に於いて男の役者を凌ぐ者が少くとも二三はありました。男の人物に扮して女役者の醜さは暫く問題外として、若し女優が女性に扮する歌舞伎劇が有望なものなら、女優ばやりの今日、三崎座は劇壇繁昌の一角を成さなければならない筈なのに、女優が盛んになると同時に、どうしてあの座は亡びて了つたのでせう。三崎座の女役者が演ずる歌舞伎劇が帝劇の女優が演ずる歌舞伎劇より拙かつたからでせうか」

「そりやさうぢやありますまい」

「無論さうぢやありません。三崎座の亡びたのは、あすこの女役者が歌舞伎劇以外の物を演ずる能力を持つてゐなかつたからです。益田太郎氏作の喜劇や、ロシイ氏案出のダンスを演ずる資格を欠いてゐたからです。帝劇の女優が世間に喜ばれるのは、決して歌舞伎劇の故を以てではないと思ひます[41]」

ここで小山内は、三崎座の女優はあくまで歌舞伎を演じる女性であって、帝劇で演じられるような演劇の女優とは異なるものであったと指摘している。つまり、三崎座で歌舞伎の『釈迦』を演じた女優（女役者）に対し、帝劇でオペラ『釈迦』に出演した「女優」は、歌舞伎の約束事とはまったく関係のない、カテゴリーも異なるものとして認識され、社会に受け入れられた可能性があるのだ。

大正期に入ると、歌劇『釈迦』は浅草オペラによって継承され、新約聖書にヒントを得て釈迦を語り直すという趣向もますます盛んになっていく。と同時に、『方広大荘厳経』の要素をふんだんに引用する「劇詩」のように、従来日本ではあまり注目を集めてこなかった仏伝文献を素材として活かした作品も誕生する。

その例として挙げられるのは、歌劇『釈迦』と同じく帝国劇場で舞台にかけられた『わしも知らない』（武者小路実篤作、一九一五年初演）および、やはり帝国劇場で上演された『布施太子の入山』（倉田百三作、一九二五年初演）である。これらの脚本では多くの観衆にはまだ馴染みのうすい（本生譚を含む）仏伝エピソードを取り上げ、斬新なストーリー構成となっている。

学問や美術の世界よりは時代が下るが、芸能分野においても、大正期には主流な作家による「新たな」釈迦像が生み出されていったのである。白星や松葉の努力が大正以降の作品の出現を可能にさせたかどうかは判断しかねるが、少なくとも近世以来の仏伝の伝統を絶えさせず、釈迦の物語を近代へと繋いだという点においては、彼らの詩劇と歌劇は、重要な役割を果たしたと言えるだろう。

註

(1) この点に関しては、黒部道善『日本仏伝文学の研究』（和泉書院、一九八九年）が詳しい。特に第三章「『今昔物語集』における仏伝説話」を参照されたい。

(2) 管見の限り、『釈迦如来誕生会』公演最後の記録は一九三〇（昭和五）年七月に大阪西区四ツ橋の文楽座にて、本曲より「道行きの段　難行の段」が上演されたことである。日比繁治郎編『松竹関西演劇誌』（松竹編纂部、一九四一年）、三七六頁。少なくとも、近松在世中から二〇世紀初頭まで公演があったことは間違いないようである。

(3) 佐々木亨「『釈迦八相倭文庫』に関する二、三の問題」（『日本文学・語学論攷』翰林書房、一九九四年）、一二九頁。

(4) 末木文美士「近世後期の仏伝——ブッダの日本化をめぐって」（『仏教文化』第六一号、二〇二二年）、五七頁。

(5) 興津要「釈迦八相倭文庫」（『日本古典文学大辞典』第三巻、岩波書店、一九八四年）、二五三頁。

(6) 『釈迦八相倭文庫』詳細な要約は、伊木寿一「釈迦八相倭文庫」（『増補改訂　日本文学大辞典』第参巻、新潮社、一九五〇年）による。

(7) 高橋誠一郎「映画『釈迦』と徳川文学の『釈迦』」（『浮世絵随想』中央公論美術出版、一九六六年）、二一〇頁。原典の翻刻本でこの箇所は、大橋新太郎編『校訂釈迦八相倭文庫』下巻（博文館、一九〇二年）、七一頁を参照。

(8) 西本龍山訳「根本一切有部毘奈耶破僧事」（『国訳一切経』律部二四、大東出版社、一九三四年）、一七八～一七九頁。

(9) 同前、一七九～一八〇頁。

(10) 本作のあらすじは、佐藤かつら「『釈迦八相倭文庫』の劇化をめぐって」（『國語と國文學』第九一巻第五号、二〇一四年）、七八～七九頁。

(11) 同前、八五頁。なお、明治時代にも『倭文庫』を劇化した歌舞伎版『釈迦八相倭文庫』は上演されたが、これは桜田治助の作品とは別物である。

（12）大澤絢子「演じられた教祖——福地桜痴『日蓮記』に見る日蓮歌舞伎の近代」（『近代仏教』第二九号、二〇二二年）。

（13）ジャクリーン・ストーン「維新前後の日蓮宗にみる国家と法華経——小川泰堂を中心に」（岩田真美・桐原健真編『カミとホトケの幕末維新——交錯する宗教世界』法藏館、二〇一八年）、二〇二頁。

（14）Micah Auerback, *A Storied Sage: Canon and Creation in the Making of a Japanese Buddha*, The University of Chicago Press, 2016, 第五章を参照。

（15）平木白星「新宗教に就いて（絶筆）」（『新理想主義』第六一号、一九一六年二月五日）、二七頁。

（16）昭和女子大学近代文学研究室『近代文学研究叢書』第一五巻（小林寅次、一九六〇年）、一二一頁。

（17）大山勇『近代日本戯曲史』第一巻（近代日本戯曲史刊行会、一九六八年）、五〇五頁。

（18）平木白星「劇詩釈迦（十九）」（『読売新聞』朝刊、一九〇六年三月二五日付）、五頁。同「釈迦　劇詩」（『リプリント日本近代文学　184』人間文化研究機構国文学研究資料館、二〇〇九年）、一四四頁。

（19）平木白星「劇詩『釈迦』につきて」（『読売新聞』朝刊、一九〇六年二月二八日付）、五頁。平木前掲註（18）「釈迦　劇詩」、八頁。

（20）平木白星「劇詩釈迦（一）」（『読売新聞』朝刊、一九〇六年三月一日付）、五頁。平木前掲註（18）「釈迦　劇詩」、一六頁。典拠は『大正新脩大蔵経』（以下、『大正蔵』とする）T一八七—〇三—五九〇B一八～一九。

（21）例えば「未だ去らずや」で始まる台詞。平木白星「劇詩釈迦（十四）」（『読売新聞』朝刊、一九〇六年三月一五日付）、五頁。平木前掲註（18）「釈迦　劇詩」、一一六～一一七頁。典拠『大正蔵』T一八七—〇三—五九三A一三～一七にはかなり忠実である。

（22）「劇文概観（其七、脚本）」（『歌舞伎』第七三号、一九〇六年五月一日）、七四頁。

（23）平木白星「劇詩釈迦（十五）」（『読売新聞』朝刊、一九〇六年三月一六日付）、五頁。平木前掲註（18）「釈迦　劇詩」、一二九頁。

（24）「興行一覧　自明治三十九年十一月一日　至同三十九年十一月卅日」（『歌舞伎』第八〇号、一九〇六年）、一三四頁には、「明治座（十一月十日）「知盛」「釈迦」「紀文大尽」「錦絲、米花、燕嬢」とある。

(25) 阿部優蔵『東京の小芝居』（演劇出版社、一九七〇年）、一七九頁。
(26) 古谷野敦『歌舞伎に女優がいた時代』（中央公論新社、二〇二〇年）、一三一〜一三三頁。
(27) 渥美清太郎「女役者のはなし」（『演芸界』第一三巻第一四号、一九五五年一二月）、四七頁。
(28) 天潮生「演芸案御」（『演芸画報』第二年第一一号、一九〇八年一〇月）、九五頁。
(29) 「岩井米花（女優）」（『文芸倶楽部』第一二巻第一号、一九〇六年一月一五日）、一六六頁。
(30) 同前、一六六〜一六七頁。その好例としては、同年九月に、三崎座で上演された『吾輩は猫である』を劇化した同名の演目が挙げられる。「演芸雑俎」（『読売新聞』朝刊、一九〇六年九月一二日付）、三頁。
(31) 「演芸雑俎」（『読売新聞』朝刊、一九〇六年一一月八日付）、三頁。
(32) 「三崎座の釈迦劇」（『東京朝日新聞』一九〇六年一一月二七日付）、六頁。
(33) 昭和女子大学近代文学研究室『近代文学研究叢書』第三四巻（近代文化研究所、一九七一年）、三七四〜三八二頁。「年譜」（『明治文学全集』第八五巻「明治史劇集」所収、筑摩書房、昭和四一年）、四三八〜四三九頁。
(34) 増井敬二『日本のオペラ――明治から大正へ』（民音音楽資料館、一九八四年）、一七三頁。
(35) 同前、一七七頁。
(36) 松居松葉「日曜付録　歌劇釈迦」（『読売新聞』一九一二年六月二日付）、六頁。以下、本作の引用は同記事による。
(37) 杏三「歌劇『釈迦』を観て」（『演芸画報』第六年第七号、一九一二年七月一日）、一七〇頁。
(38) 以下の劇評を参照されたい。萩原朔太郎「歌劇『釈迦』の感想」（『読売新聞』一九一二年六月二五日付）、五頁。鳩二、久太郎、玉巌「歌劇『釈迦』合評」（『早稲田文学』第八〇号、一九一二年七月一日）。松居松葉「『釈迦』に就て」（『歌舞伎』第一四五号、一九一二年七月一日）。
(39) 「帝劇『新夫婦』と『釈迦』」（『読売新聞』朝刊、一九一二年六月二日付）、三頁。
(40) 三崎座は、劇場自体は存続したが、その目玉であった女歌舞伎は一九一三（大正二）年までに滅んでいる。
(41) 小山内薫「女形に就いて」『演芸画報』第八年第八号、一九一四年（演芸画報社編『演芸画報　復刻版　大正篇　第8巻』不二出版、一九八七年）、八四頁。

第九章　日蓮の「聖地」身延山へのツーリズム

——教養主義、富士身延鉄道、高山樗牛——

平山　昇

はじめに

本章では、大正期における日蓮ゆかりの「聖地」身延山へのツーリズムについて、教養主義との関わりに着目して検討する。身延山への参詣の歴史は、近世についてはすでに研究が進展しているが[1]、近現代についてはほとんど空白のままとなっている。もっとも、本章は単なる空白の埋め合わせを目的としたものではない。

このテーマを設定したきっかけは、一九三六（昭和一一）年の旅行雑誌で「敬神仏思想」という見慣れない言葉が登場していることに気づいたことである。いわゆる「国家神道」のバイアスによって昭和の戦前から戦時期にかけては神社神道の影響力が肥大化したとイメージされがちであるが、当時のツーリズム産業においては神社のみならず仏教寺院への参拝ツーリズムも十分すぎるほどに推進されていた。大正期から昭和戦前期にかけて教養主義[2]と結びついた仏教ブームが教養志向層のあいだで広がっており、それが当時の旅行マーケティングに活かされたと私は見通している[3]。

後付けではあるが、もう一つ動機がある。私の研究の出発点は初詣の近代史の解明であった。[4] 新聞各紙を活用したのだが、様々な鉄道会社による社寺参詣の集客広告のなかで、明らかに毛色の異なるものがあるのが気になっていた。身延山久遠寺への参詣をうたう富士身延鉄道の広告である。他の広告の寺社は川崎大師（神奈川県）や成田山（千葉県）など大都市圏から手軽に日帰りできる範囲にあるのに対して、身延山はその範囲を逸脱している。しかも、他の鉄道会社が「家内安全」「商売繁盛」などとわかりやすく現世利益をアピールしているのに対して、富士身延鉄道は小さいポイントの活字を詰め込んで高山樗牛の言葉を長々と引用している。つまり、幅広く都市大衆を対象とした他の鉄道各社と異なり、教養主義に共鳴する層をターゲットにしていたと思われるのである。

教養主義は読書を通じた「人格」の陶冶が基調であったので、それだけではただちにツーリズムに結びつきにくい。だが、現地へ赴く体験が何かしらの形で特権化される回路が生じれば、ツーリズム形成の動因となりうる。たとえば、碧海寿広『仏像と日本人』の内容は、「信仰／信心／宗教」とは距離を置く教養層が、「美術」という価値観から仏像を鑑賞するために現地（寺院）を訪れるツーリズムを形成したと捉えることができる。[5]

そして、教養主義をツーリズムと結びつけたもう一つの回路がある。日蓮ゆかりの「聖地」である。教養主義の影響下での仏教ブームといえば大正期の親鸞ブームが知られているが、[6] これは『歎異抄』というテクストの受容が出版文化と演劇に結びついたことによるブームという性格が強く、ツーリズムとの結びつきは乏しかった。これとは対照的に、明治末期から生じた日蓮ブームは、日蓮ゆかりの地を訪れるという傾向が強くみられる。[7] 信徒として寺院・教団と結びついている人々とは別に、メデイアを通じて日蓮をとりあげたコンテンツに触れ、その経験が現地を訪れるツーリズムを生み出すという、現代のコンテンツツーリズムにも通ずる傾向である。

本章では、大正期に旧制第一高等学校（一高）の学生たちが出版した身延山訪問記、身延への路線を開通させた富士身延鉄道、高山樗牛、「聖地」という言葉の新奇性などをとりあげながら、身延山への教養主義的ツーリズムについて考察してみたい。

一　一高生たちの『聖地巡礼』

1　日蓮ブームと鉄道網の形成

身延山への参詣は近世から盛んにおこなわれていたが、明治末期以降になると、従来の「信心」とは明らかに異なる動機による（ということを強調したがる）知識人層の訪問がみられるようになる。読書で得た知識に基づいて日蓮の「人格」に想いをめぐらせながら日蓮ゆかりの地をめぐるというツーリズム（以下、日蓮ツーリズム）である。

一九一六（大正五）年の『読売新聞』に掲載された「避暑地めぐり　日蓮の遺跡」と題した全九回の連載記事をみてみよう。[8] 連載の冒頭では次のように記されている。

「今の世の日蓮流行にどれほどの意義があるか、それは茲に問ふ処でない、が、（中略）彼の足跡を一条の線として、或は太平洋の潮風強き半島の一角に、或は古へ政道の中心たりし処に、或は日本海上に栄ゆる一孤島に、或は山境嵐翠の霊山に、五分の宗教歴史味に胸を浸しながら、夏の静けさと涼しさを求めつゝ行くのも、あながち意義の無き企てゞもないであらう」

（第一回、六月二三日）

「今の世の日蓮流行」とは、明治末期以降に教養層のあいだで生じていた日蓮ブームのことである。日蓮主義の主唱者田中智学による『日蓮聖人の教義』（一九一〇年）や高山樗牛の日蓮論をまとめた『高山樗牛と日蓮上人』（一九一三年）といった書籍が大手出版社の博文館から発売されて版を重ねた。これは先行研究がすでに注目してきたことである[9]。だが、もう一つ見逃してはならない事実がある。それは、このブームがわが国の鉄道網の飛躍的な発展の時期と重なっていたということである。

一八八六（明治一九）年から八九年にかけての企業勃興のなかで鉄道業が中心となったことで私設鉄道の設立が相次ぎ、いったん恐慌によって鎮静化するも日清戦争後に再燃し、広域的な路線網が私設鉄道によって形成されていった。一方の官設鉄道（官鉄）も路線を伸長させていくが、本章にとって重要なのが、東京から身延山へのアクセスを大きく向上させた中央線の路線伸長（一九〇三年に八王子〜甲府が全通）である。

そして、一九〇六（明治三九）年の鉄道国有化で大手私鉄の多くが国鉄に編入されて全国規模で統一された鉄道網が出来上がり、長距離運賃が低下した[10]。明治四四（一九一一）年に京都の西本願寺でおこなわれた「親鸞聖人六五〇回大遠忌《おんき》法要」に全国各地から大勢の門徒がつめかけて史上空前の規模となったことは[11]、鉄道国有化のインパクト抜きには語ることができない。日蓮ツーリズムもこのような鉄道旅行の飛躍的発展の時期と重なっていたことをふまえておく必要がある。

さて、前述の連載は、安房、鎌倉、佐渡、身延という日蓮ゆかりの地をめぐった記者が執筆している。毎回の末尾に交通と宿泊の案内を掲載しているので、読者を日蓮ツーリズムに誘う意図がはっきりと読みとれる。交通案内をみると、東京を起点として、一部では馬車や汽船（佐渡への渡海）を利用する区間もあるものの、それ以外はすべて鉄道で移動できることが示されている。このうち佐渡については、第五回（六月二七日）と第六回（同二九日）に上野から汽車と汽船を乗り継いで行けることが案内されている[12]。かつては僻遠の流刑地だった佐渡は、いまや近代交通機関で容易に到達できる旅行地となったのである。実際、第七回（七月一日）の記事では、一谷《いちのさわ》の妙照寺の住職が「東京の巡礼者が年々五六百は必ず参ります、昨年は何故か二千から来ました」と話したと紹介されており、この地にも日蓮ツーリズムが確実に波及していたことがわかる。

2　日蓮ツーリズムと教養主義

「避暑地めぐり」というタイトルも示すように、この連載は行楽気分が満点で、佐渡の「遊女の町」について詳述してさえいる。しかし同時に読書を通じて得た知識に基づいて日蓮の「人格」に想いをはせつつゆかりの地をめぐるという教養主義をベースにした内容にもなっている。第一〇回（七月四日）の記事は、身延山を訪問したあとに富士川をくだる舟に乗って難航したときのことを次のように記す。

料金受取人払郵便

京都中央局
承　　　認

5829

差出有効期間
2025年2月
22日まで

(切手をはらずに
お出し下さい)

郵便はがき

6 0 0 8 7 9 0

1 1 0

京都市下京区
正面通烏丸東入

法藏館 営業部 行

愛読者カード

本書をお買い上げいただきまして、まことにありがとうございました。
このハガキを、小社へのご意見またはご注文にご利用下さい。

お買上 **書名**

＊本書に関するご感想、ご意見をお聞かせ下さい。

＊出版してほしいテーマ・執筆者名をお聞かせ下さい。

お買上 **書店名**	区市町	**書店**

◆新刊情報はホームページで　http://www.hozokan.co.jp
◆ご注文、ご意見については　info@hozokan.co.jp

23. 02. 50000

ふりがな
ご氏名　　　　年齢　　歳　男・女

〒□□□-□□□□　　電話

ご住所

ご職業
(ご宗派)　　所属学会等

ご購読の新聞・雑誌名
（ＰＲ誌を含む）

ご希望の方に「法藏館・図書目録」をお送りいたします。
送付をご希望の方は右の□の中に✓をご記入下さい。　□

注 文 書

月　　日

書　　名	定　価	部　数
	円	部
	円	部
	円	部
	円	部
	円	部

配本は、○印を付けた方法にして下さい。

イ. **下記書店へ配本して下さい。**
（直接書店にお渡し下さい）

（書店・取次帖合印）

書店様へ＝書店帖合印を捺印の上ご投函下さい。

ロ. **直接送本して下さい。**
代金（書籍代+送料・手数料）は、お届けの際に現金と引換えにお支払下さい。送料・手数料は、書籍代計16,500円未満780円、16,500円以上無料です（いずれも税込）。

＊お急ぎのご注文には電話、ＦＡＸもご利用ください。
電話 075-343-0458
FAX 075-371-0458

（個人情報は『個人情報保護法』に基づいてお取扱い致します。）

「たゞ妙法蓮華経を口にして観念の眼を閉ぢてゐる尼僧や旅人の徒の哀れさよ、我れは人力の最上を尽さんと日蓮張りに構へてゐた甲斐あつてか黒い岩を銜《は》つて咲いた赤い岩躑躅の静けき心までも鑑賞することが出来た」

教養主義は、読書を通じて「観念の眼」を開き、自身の人格を陶冶することを理想とする。この記者は「日蓮張りに構へてゐた」と記しているが、「人格」というキーワードこそ用いていないものの、日蓮の霊威にすがるのではなく、自身の「人力」で「観念の眼」を開くことによって日蓮と並び立つほどの「人格」の高みへと到達しようとする姿勢が読み取れる。彼はそのような高みから、居合わせた庶民が「たゞ妙法蓮華経を口にして」無事を祈るのに対して、侮蔑のまなざしを向けている。もっとも、庶民の「信心」を否定視するというのは、近世後期の儒教的素養からロシア革命後に流行したマルクス主義にいたるまで、日本の知的エリートにほぼ一貫して受け継がれていた特質である[13]。

このほかにも、別の回（第九回、七月三日）で身延山の「日蓮の大きな像」に対して「仏像彫刻としては、あまりに「動」が在りすぎる」と美術的観点から批評してみたり、「日蓮の骨塊」をありがたがる参拝者たちに対して「日蓮に帰依の心を傾くることに於いて、私は決して人後に落る者ではないが、彼の白骨を迄見んとは思はない」とつきはなしたり、あるいは身延山の訪問について記した箇所のなかに「参拝」とか「拝む」といった言葉を一切使用していないこともあわせてみれば、この連載には教養主義と結びついた日蓮ツーリズムの特徴が濃厚にあらわれている。

3　一高澍治会の『聖地巡礼』

日蓮ツーリズムが広がりを見せるなかで、当時大手出版社として成長の真っ只中にあった実業之日本社からとある書籍が刊行された。澍治会《じゅこうかい》編『聖地巡礼』（一九二〇年）である。

この澍治会というのは、第一高等学校（一高）の学生たちによって一九一〇（明治四三）年に結成された「一高に於ける最古の仏教的会合」であり、その主な活動は、日蓮と仏教に関する研究会、および、日蓮ゆかりの「遺跡」「霊蹟」を中心にめぐる旅行であった[14]。一九一九（大正八）年の夏休みに「今迄の旅行記及感想を出版しようといふ説が起」こったことから本書が刊行されることになった[15]。

図1　澍治会『聖地巡礼』の出版広告（『東京朝日新聞』1920年3月10日）

もっとも、おそらくは商業出版という事情もあって、実際には単なる「旅行記及感想」の文集というよりは、日蓮の生涯に関心のある教養志向層に向けたガイドブックという位置づけで売り出されたと考えられる。というのも、新聞広告を見ると、坪内逍遥が日蓮の小松原法難を描いた脚本『法難』とセットで売り込まれており（図1）、さらに巻末附録として「日蓮上人遺跡略図（地図）」が付されているからである[16]。

ここで「教養層」ではなく「教養志向層」と書いたのは、自身は必ずしも高学歴ではないものの教養ブランドに惹きつけられるという層が対象になっていたと考えられるからである。実際、同書は本文が総ルビつきとなっているうえに、「この書物の性質上、初めて日蓮を知る方々の便宜の為、略注を添へます[17]」と記されている。出版元の実業之日本社の看板雑誌『実業之日本』が、高学歴の道を歩めないノンエリートへの社会教育の役割をになっていたという先行研究の指摘とも符合する[18]。

同書の内容を見ていこう。まず「序」では、次のように述べている。

「唯上人の真の精神、あの偉大な全人格に私達の魂が触れた時ほど、「自分は今こそほんとうに生きてゐるのだ《（ママ）》」と痛切に感ずることはないというところに、凡ての会員の共通点を見出します。又真実、深い生命の流に触れる歓喜と感謝の念を除いて私達の会の存在する筈もありません[19]」

当時の青年知識層をとらえていた教養主義と生命主義をストレートに反映した文章である。

4　「延山行記」

続いて本体の中身をみていく。会員たちによる日蓮ゆかりの地（佐渡もふくめて主要な場所はほぼ網羅している）への旅行記が列挙されるなかで「延山行記」と題された章がある。これは一九一八（大正七）[20]年におこなわれた甲府と身延山への四日がかりの旅行のエッセイである[21]。「スペイン風《（ママ）》」が猛威を振るっている最中のことで、このために参加をキャンセルした会員も少なくなかった。それでも総勢一〇人で出発したのだが、三日目の夜になってある参加者が風邪の症状をうったえ、町医者へ行くことになったという。

それはさておき一行の足跡をたどると、三日目に甲府を出発して鰍沢《かじかざわ》から富士川の急流を下る舟に乗船し、途中で強雨に襲われる。前掲の連載記事にもあったように、富士川下りではこのように難航する場合は乗船客たちから題目（南無妙法蓮華経）の声が聞こえてくるのがおきまりだったが、彼ら一高生たちはそんなことはせず、「寮歌の合唱」を始めた。「十人のもろ声に歌ふ声は極度の緊張に震へ」たという。

幸いにも無事に目的地に到着し、宿に荷物を置いてから、身延山久遠寺へ向かった。以下、境内を散策した際の感想をいくつか引用しておこう。

「あの老杉を仰ぎ見て、上人〔日蓮〕は或は清澄[22]を思ひ叡山〔比叡山〕を偲んで無限の感慨を寄せられた事はなかつたらうか。かう思へば、一堆《たい》の土一茎《けい》の草にも深い意義は窺はれて、云ふべからざる法の御山《みやま》の尊さを感じない訳には行かない」

「顧みれば思親閣のあたり、風に揺られて気が動くのか、風に吹かれて霧が散るのか、時折薄黒い木の葉の群れが影みたやうに顔を出す。御堂の中からは御勤めの木鉦《もくしょう》の音が洩れて来るが、風に取られて絶え絶えに耳朶《たぶ》をかすめる。何といふ神秘的な場面だらう。この超人間的な無形の力に充ちた空気に圧倒されては、小さな私達はもう何とも云ふ事は出来ない、俗念は全く跡を断つて仏を念《おも》ふ事のみ切である」

「独り呑気に歩いてゐる内にS君に追ひ付いた。（中略）話題は仏教とクリスト教との比較論に始まつて宗教改革論に及び、同君が御得意の題目のこととて却々愉快だつた。途中からT君も加はつてとうとう祖師堂に帰りつくまで話しつゞけ」

いかにも一高生らしい感想であるが、この日の夜にはお菓子を食べながら布団のなかで夜更けまで語り合うという無邪気な一面ものぞかせている。

翌日、朝からふたたび久遠寺へ行ったが、祖師堂へ行こうとしたら一人の「坊さん」から「矢《や》鱈《たら》に入つてはいけませんよ」と注意されたため、「叱られるとよい気のするものぢやない」とへそをまげてそのまま引返してしまい、「態々身延迄来て居り乍ら〔日蓮上人の〕真骨も拝せられず」「一同心から残念」と記している。そんな後味の悪いアクシデントがあったものの、「無量の感慨を残してこの聖地を後にした」。

5 「聖地」という言葉

ここまでみてきた『聖地巡礼』の内容について、二点指摘しておきたい。

まず第一に、右の引用のなかに「聖地」という言葉があるが、実はこの用例は注目すべきものである。詳細は別稿[23]に譲るが、明治期以来この言葉はメッカ、エルサレム、あるいはインドの仏跡のように、ほとんどもっぱら外国の宗教との関連で使用されていた。日本の宗教については「霊場」「霊蹟」「霊地」といった熟語を使用するのが一般的であった。

ところが「延山行記」はこれらの言葉を一切使用せずに、かわりに「聖地」（別の箇所では「聖蹟」）という言葉を用いている。別のエッセイに「霊蹟の春」というタイトルもあるので、会員全員で語法を統一していたわけではないが、同書のタイトルが『聖地巡礼』となっていることからみても、従来の「霊場」「霊蹟」「霊地」とはあえて差別化しようとする志向が彼らのあいだにあったことはたしかである。

今生きている「人生」を自身の「人格」の陶冶にもとづいて高めていくことを追求する教養主義の立場からみれば、死後（彼岸）や神仏（霊力）への他力本願は忌避すべきものであった。彼らは「衰滅と堕落」に傾いた「既成宗派」と自分たちとの区別を強調している[24]。前項の引用には身延山の境内で仏教とキリスト教の比較論を語り合ったというくだりがあるが、同じ空間にいながらも一心不乱に題目を唱えていた大勢の参拝者たちとは、まるで次元が異なる。当時の知識人のあいだでは、このような「信心」につき動かされた行為を突き放して批評するということが珍しくなかった。典型的な例として、劇作家・美術評論家の河野桐谷の身延山訪問記をみてみよう。河野は、真骨堂で日蓮の遺骨を拝する参拝者たちについて次のように記す。

「彼等の宗教的狂熱は今や其頂上に達して居る〔。〕頭を板の間に擦付て平蜘蛛の様になり「南無

> 妙法蓮華経、南無妙法蓮華経」と金切声で喚叫《わめき》ぶ。（中略）中には感極つて泣いてるのもある。滑稽であるが気の毒でもある。併し斯んな真似をして迄も「永生（「エターナルライフ」のルビ付き）」を希はねばならぬ人間の矛盾を浅間しくも考へた」[25]

わざわざ横文字（英語）のルビをふりながら、土下座して熱心に題目を唱える人々をあからさまに見下す表現を書き連ねているのは、前掲の連載記事と共通するところである。

ここで土下座について補足しておきたい。右の史料にもあるように一心不乱に土下座して祈願するという当時の社寺参詣の場でよくみられた庶民の身体行為は、明治期の知識人たちから侮蔑や嘲笑のまなざしを向けられていた。ところが、この行為が一転して激賞され、知識人をも巻き込んだ土下座の群集が帝都東京のど真ん中に出現する瞬間が訪れる。一九一二（明治四五）年七月、明治天皇が危篤に陥った際に宮城（皇居）前の二重橋前広場に平癒祈願の大群衆が自然発生したときである。この出来事が一時的なセンセーションで終わることなく、明治神宮の誕生ストーリーの中に埋め込まれたことは、同じく明治期の知識人が侮蔑していた「賽銭」が明治神宮において一転して好意的に評価されるようになったこととあわせて、社寺参詣というプラクティスの近代から現代への転換を考えるにあたって決定的に重要なことである[26]。

話を元に戻そう。以上をふまえると、欧米文化を崇拝して自国の庶民の旧慣を否定的にとらえる教養主義の人びとが、主に外国の宗教との関連で用いられていた「聖地」という言葉を持ち込んで、日蓮ゆかりの地を外国の宗教（とくにキリスト教）と同じ土俵にのせて（「仏教とクリスト教との比較論」！）、新たなイメージづけをしようとしたのではないかと考えられる。キリスト教と同じ土俵で身延山を語るときに「聖地」という言葉が登場するというのは、田中智学『身延に登りて』[27]にも見られる傾向である。

6　高山樗牛の影響

もう一点指摘しておきたいのは、右の点とも関わるが、高山樗牛の影響である。澍洽会は、創立直後は本多日生を講師として招聘しながらも徐々に「宗教家」と距離を置くようになった。そんな彼らが「所謂宗教なるものを離れ」て「日本が生んだ最大の偉人日蓮」と「魂に於て相触れ合ふ」のがこの会の趣旨であるとうったえる際に引用するのが、「一代の文聖高山樗牛」による日蓮論であった[28]。「我」一人で向き合って「魂に於て相触れ合ふ」という彼らの個人主義的な日蓮との向き合い方は、晩年の樗牛が咆哮した日蓮論の影響をストレートに受けている[29]。ちなみに、彼らは静岡の龍華寺にある樗牛の墓にも詣でている[30]。

二　富士身延鉄道

続いて、身延山へのアクセスの改善に大きく貢献し、日蓮ツーリズムを支えた富士身延鉄道（現・ＪＲ身延線[31]）に着目してみたい。

1　富士身延鉄道以前

身延詣は近世に盛んになったといわれるが、そうはいっても東海道からも中山道からも離れた山間部にあるという地理的な制約があった。明治になって鉄道路線が伸長していくと、身延山にも様々な変化が生じる。たとえば開帳についてみると、近世後期から江戸・東京では身延山が深川浄心寺に出向いておこなう出開帳が人気を集めていたが[32]、一八九〇（明治二三）年には身延山で初めての居開帳がおこなわれた[33]。ちょうど前年に官鉄東海道線が全通したことをうけたものと考えられる。

一九〇三（明治三六）年には官鉄の八王子～甲府間が全通したが[34]、富士身延鉄道の路線が身延に到達するまでは、東京～身延山は富士山のまわりをぐるりと反時計まわりで移動するのが主流であった。すなわち、往路は東京から鉄道で甲府へ向かい、馬車で鰍沢へ移動、そこから富士川を舟で下って身延に到着する。復路は身延からさらに富士川を下って東海道線の汽車に乗り換えて帰京する。川の移動は上流から下流に向かうしかないため、このルートがもっとも合理的だった。したがって、身延山で重要な行事がある際には新宿駅から僧侶や信者などが大勢汽車に乗り込むのがお馴染みの光景だった[35]。

このように鉄道を利用した参詣が定着していくなかで、身延山久遠寺はみずから『身延の栞』と題したガイドブックを刊行するなど[36]、参詣客の受け入れ対応につとめていく。同書の奥付には「編集兼発行　身延山久遠寺　右代表者　下里是察」とあるが、ここにみえる下里是察は、身延山の現在の広報誌『みのぶ』の前身となる『身延教報』を創刊するなど、長年にわたって身延山の広報活動に尽力した人物である。

　もっとも、鉄道の路線伸長につれて便利になっていったとはいえ、富士川下りの区間が残るかぎり危険はつきもので、「仮そめにも身延山詣を志すものは妙法を心に念じて富士川下船の危険を覚悟しなくてはならない[37]」と言われるほどだった。ある旅行者は、鰍沢から乗船しようとしたところ、事故による死者の発生に備えて乗船客の氏名がずらりと貼りだされているのを目の当たりにして背筋が寒くなったと記している[38]。

2　身延山と富士身延鉄道株式会社

　このような危険は、一九二〇（大正九）年に富士身延鉄道の路線が富士から身延まで通じ、さらに一九二八（昭和三）年に富士〜身延〜甲府が全通することで過去のものとなった。株式募集広告で賛成人の筆頭に身延山法主が名前を出したり[39]、経営不振に対する株主の不安をおさえるために会社側が求めてきた補償契約に身延山が応じるなど[40]、身延山と富士身延鉄道は密接な協力関係を築いていった。この連携の立役者である身延山法主の小泉日慈は一九二三（大正一二）年に死去したが、追悼号には富士身延鉄道の社長堀内良平が「日慈尊者と身延鉄道」と題した追悼の言葉を寄せている[41]。

　この堀内良平という人物は、東京市内で初となる路線バス（乗合自動車）の事業をおこしたり、富士山麓電気鉄道（現・富士急行）を設立して「富士五湖」（堀内の命名）の開発に先鞭をつけるなど、甲州財閥の一人として大きな足跡をのこした人物であるが、熱心な日蓮宗の信徒でもあった。身延山を参拝する名士をみずから案内するなど[42]、堀内の身延山との関わり方は実業家と信徒という両面が織り交ざっていた。一九四四（昭和一九）年に亡くなると、僧侶以外の俗人としては初めて久遠寺の仏殿で葬儀がいとなまれ、生前にみずから設計した身延山聖園に葬られた。(43)

3　富士身延鉄道の集客宣伝と教養主義

さて、一九二〇（大正九）年五月に富士身延鉄道が富士～身延を全通させると、いよいよ同社は身延山への参詣を宣伝するようになる。広告文を見てみると、「身延山迄鉄道全通」「身延行は東海道院線富士駅にて乗換へ二十七哩にして身延駅に達す」「日戻り参詣が出来る」(44)などとアクセスの良さを強調している。これは当たり前のことであろう。興味深いのは、この種の広告としてはきわめて異例なことに、小さなポイントの活字をびっしりと詰め込んで、日蓮の遺した文書類である「高祖御遺文」を持ち出しながら「日蓮宗総本山身延久遠寺は高祖日蓮大菩薩開闢の霊地」と述べていることである。(45)

図２　富士身延鉄道の広告
（『東京朝日新聞』1921年２月23日夕刊）

翌一九二一（大正一〇）年は、日蓮生誕七百年ということで身延山の広報活動が従来以上に活発化した年であるが、それに呼応して富士身延鉄道も四段抜きという異例のサイズでの広告を掲載している（図2）。これもやはり「日蓮大聖人　御降誕七百年奉祝身延参詣」というタイトル以外は小さな活字をびっしりと詰め込んだ説明文となっているが、その冒頭には次のように書かれている。

「故高山樗牛博士の宣言に曰く「予を信せよ日蓮は予の知れる日本人中の最大の偉人なり予は和気清麿、楠正成乃至豊臣秀吉を生じたる日本左迄大なりとは思はざれども日蓮を生じたる国土は実に生れ甲斐のある国土なることを思ふ、吾人の祖先中に日蓮の如き人物を有することは吾人の世界万邦に誇称すべき所也…………」」

ここでも高山樗牛が登場している。要するに、「日蓮ゆかりの身延山へ」というよりも「あの樗牛が絶賛した日蓮ゆかりの身延山へ」と強調しているのである。樗牛の言葉で教養志向層を引きつけようとした意図は明白である。

この鉄道会社の広告にはこのほかにも注目すべき点がある。以下、二点あげておこう。

まず第一に、夏の登山シーズンになると、日蓮が富士山に登山して法華経を埋めたという伝説を持ち出して「富士山との因縁如此深し富士登山せらるゝ者は必ず身延山に参詣し日蓮聖人の大理想に接せられよ(46)」と呼びかけた。富士登山をする者は必ず身延山へという言い方からわかるように、富士山の人気を身延山に結びつけようというセット化戦略である。大正期は富士山にかぎらず学生による登山が広まっていく時期であったので、「山へ山へ　学生諸君は夏期休暇を利用して左の旅行を試みられよ」という表現で身延山の奥の院や七面山への登山を打ち出した広告も出している。[47]

第二は、富士身延鉄道の広告でも「聖地」という言葉が登場するということである。調査した範囲では一九二六（大正一五）年が初出であるが、「霊山富士より聖地身延へ」という言葉からわかるように、富士山とのセット化のなかで登場している。[48] 従来の語法に従えば「霊山富士より霊地身延へ」の方が自然なのだが、なぜあえて「聖地」と表記したのだろうか。同社が教養志向層向けにマーケティングを展開していたことをふまえれば、六年前に刊行された一高生たちの『聖地巡礼』に影響を受けていた可能性も考えられる。

なお、その後の富士身延鉄道についてであるが、一九二七（昭和二）年六月に電化、翌一九二八（昭和三）年三月には甲府まで延長開業して国鉄中央線にも接続し、富士川下りは遊覧目的のものを除いて過去のものとなった。ただし、同社の経営は建設費用や度重なる災害復旧などで苦しく、沿線の地元からの運動もあって一九三八（昭和一三）年には国鉄（鉄道省）が借り上げ、一九四一（昭和一六）年には国有化されて国鉄身延線となった。

4　身延山のメディア広報

国鉄の東海道線は、東京、名古屋、京都、大阪、神戸といった主要都市を結ぶ最重要幹線であった。富士身延鉄道を介して東海道線と接続するようになった身延山は、従来とは明らかに異なる熱量で広報活動を活発化させていくことになる。『身延教報』の読者から寄せられた「すでに身延鉄道のレールは幽谷の身延山を街頭へ連結延長せしめた。イヤでも山林仏教では居られない」[49]という認識は、身延山の関係者たちにこそ強い実感をもって共有されていたであろう。

たとえば、鉄路が身延まで到達した翌年の一九二一（大正一〇）年、身延山は日蓮生誕七百年にくわえて、明治初年に上知された山林の払下げが成就したこと（山林復古）を記念する大法会をおこなった。新聞に身延山と富士身延鉄道の連名で広告を掲載したのにくわえて[50]、東京の主要新聞の記者団を招待して「特待をなし夫々記念品を贈呈」している[51]。もちろん新聞記事での広報効果を期待してのことである。それだけでなく、漫画家たちの一行を招くというユニークな試みもおこなっている。『東京朝日新聞』に掲載された岡本一平の記事には次のような一節があり、身延山の試みがたしかに功を奏したことがわかる。

「雑沓せぬ前に東京の漫画団に一遍参詣して看よとお山から親切な言葉だ。皮肉な漫画家を呼んで平気で本山を見せるところは神経質な宗教家には出来ぬ芸当だ。流石は大日蓮の度胸が今に伝はつて居る[52]」

おわりに

本章では、日蓮ゆかりの「聖地」をめぐるツーリズムが教養主義と関わりながら展開した過程について検討してきた。ここで、まとめも兼ねて四点述べておきたい。

まず第一は、教養主義とツーリズムをつなぐものについてである。第一節と第二節の内容を総合して述べれば、明治末期からの日蓮ブームは、後の親鸞ブームに比べると日蓮ゆかりの地をめぐるという行動的な側面が際立っていた。教養主義をリードする一高の学生サークルの旅行記録がガイドブックの機能も兼ねて大手出版社から刊行されたことは、日蓮への関心にくわえて学歴エリートたる一高生たちへの憧れとコンプレックス[53]も合わせもっていた教養志向層に、確実に影響を与えたはずである。このような動向は、日蓮宗信徒の堀内良平が率いる富士身延鉄道が日蓮、高山樗牛、身延山、富士山（信仰というよりも近代的な夏のレジャーとしての登山）といった、教養志向層を強く意識した内容で集客マーケティングを展開したことにも何かしらの影響を与えたと予想される。

もっとも、このツーリズムの影響力は、社会全体でみれば限定的だった。旅行記の類をみても、居合わせた多数派の庶民参詣層との隔たりを記すことが珍しくなかったし、教養主義の影響を受ける層の中ですら必ずしも主流とは言い難かった。澍洽会も、大正に入ってしばらくすると創立当初の「盛況」は見られなくなる[54]。それでも、日蓮ゆかりの「聖地」が教養主義とツーリズムを結びつける回路として機能したことの意義は見落としてはならない。冒頭で述べたように、昭和戦前期に隆盛する仏教ツーリズムの前提となった可能性は十分にあるのである。いずれにせよ、近代仏教史研究は思想史的アプローチが中心で、メディア史のアプローチも言説内容と出版動向の検討にとどまりがちであるが、それらの成果をツーリズムの動向と関連づければ新たな知見を得られるだろうと思われる。

第二に、これは第一点とも関連するが、明治期に亡くなったはずの高山樗牛が、大正期にも昭和期にも、およそ教養主義が及ぶ範囲はすべてと言っても過言ではないほどに、絶大な存在感をもっていたということを強調したい。私は大谷栄一『日蓮主義とは何だったのか』に対する書評で、他の諸要素と織り交ぜて日蓮主義の「幅広い影響力」と一括してしまったために、「日蓮主義の社会的流行のスプリングボード[55]」としての樗牛の決定的な重要性をはっきりと示すことができていないと指摘した[56]。同書と本章が示すように、日蓮主義を主唱した田中智学も、宗教学者の姉崎正治も、既成宗教とは距離を置くと言う一高生徒たちも、身延山への旅行を宣伝する鉄道会社の宣伝も、すべては樗牛という共通項でつながっていた。日蓮ツーリズムが教養主義と関わるかぎりは、「日蓮ゆかりの聖地」というよりも「樗牛が絶賛した日蓮ゆかりの聖地」という意識に不可避的にならざるをえなかったのである。大正末年に新聞に掲載された次の投書は、右のような意識がメディアの発信側だけでなく受け手にもしっかりと共有されていたことを示唆している。

「山梨県身延山は、高山樗牛をして「日本の誇り」とまで叫ばしめた一代の英僧日蓮の舎利を安置する聖地として、今に至るも参詣者が絶えない[57]」

続く第三点と第四点は、残された課題の提示である。

第三に、紙幅の都合により本章にほとんど活かすことができなかった重要なテクストがある。田中智学『身延に登りて』（天業民報社、一九二三年）である。一九二一（大正一〇）年の御廟釐《ごびょうり》整会《せいかい》の発足を経て、身延山では「祖廟（聖廟）」周辺にあふれるたくさんの墓石を除去するなどして「浄化」が進められていく[58]。この空間再構築は、同時代に進行した明治神宮（「聖／俗」の区別を徹底するゾーニングが特徴）の造営プロセス[59]に強く影響されたものだったが、それを正当化する言説を前面に打ち出したのが、ほかでもない智学のこの書籍であった。身延山の広報誌『身延教報』は「愛山の熱情と憂宗の赤誠とが躍如として居る」「今身延開闢六百五十年に際し、此快著のありたるは、何によりの記念であり宣伝である」と手放しで同書を礼賛している[60]。智学が明治神宮を理想モデルとして身延山の空間再構築を主張し、実際にそれが身延山に影響を与えたということについては、このプロセスに明治神宮造営を担った専門家たちが関与してくるという事実もふまえて[61]、今後検討する価値がある。この空間再構築は、身延山が二〇世紀の新しい大衆ツーリズムを受容していくにあたって重要な基盤になっていくであろう。

最後の第四点だが、文字・絵画・口承といった近世以来の情報の蓄積がツーリズムを下支えする想像力として機能したということについても、本章では論じられなかった。

たとえば、第一節で紹介した「避暑地めぐり　日蓮の遺跡」という連載記事には、鎌倉をめぐった際、幼少期に乳母からきかされた日蓮のお伽噺をふと思い出し、「呆然と佇んで（中略）私の身も何だか消えてお伽噺の中へ後戻りして仕舞ひさう」に感じたというくだりがある[62]。私も含めて近代のツーリズムの研究はついつい近代発祥を強調しがちだが、仏教説話もふくめて前近代から様々な回路で伝承と蓄積がなされてきた情報やイメージを看過するわけにはいかない。

口承ということで言えば、二〇世紀はラジオ、映画（のちにテレビ）という視聴覚メディアの影響力が絶大となっていく。実は、草創期のラジオが「最も成功の可能性の強い放送の一《ひとつ》」になり得るフロンティアとしてスポーツ試合とともに着目したのが宗教行事、とりわけ仏教系の行事であった[63]。たとえば日蓮六五〇遠忌と「立正」勅額の下賜という重大な出来事が重なった一九三一（昭和六）年には、池上本門寺の御会式を前に、「日蓮の夕」と題した特番が組まれた。午後七時半からたっぷり二時間かけて日蓮にちなんだ講演、長唄、音頭、そして坪内逍遥『法難』のラジオドラマが放送され、日蓮コンテンツが目白押しの一夜となった。[64] まさしく「耳で聴く仏教文化史」そのものである。

この論文集のタイトルは「読んで観て聴く　近代日本の仏教文化」となっているが、本章の内容もふまえれば、「読んで観て聴いて訪れる仏教文化」ということになるだろうか。ツーリズムのように人の移動によって生じるインパクトも視野に入れた仏教文化史研究が進展することを望みつつ、本章を閉じることとしたい。

註

(1) 林是晋「身延参詣の史的考察」（同『身延山久遠寺史研究』平楽寺書店、一九九三年）、望月真澄『身延山信仰の形成と伝播』（岩田書院、二〇一一年）。

(2) 先行研究では「大正教養主義」と称することが多いが（竹内洋『教養主義の没落――変わりゆくエリート学生文化』中央公論新社、二〇〇三年）、本章の検討範囲においては日露戦後から大正および昭和にかけて、断絶よりもむしろ連続面が強くみられるので、本章では読書による「人格」練磨を基調とする思潮を単に「教養主義」と称することとする。

(3) 平山昇「総力戦体制と「聖地」ツーリズム――「鍛錬」と「信仰」」（川島真・岩谷將編『日中戦争研究の現在――歴史と歴史認識問題』東京大学出版会、二〇二二年）、一二七～一三一頁。

(4) 平山昇『初詣の社会史――鉄道が生んだ娯楽とナショナリズム』（東京大学出版会、二〇一五年）、第一章。

(5) 碧海寿広『仏像と日本人』（中央公論新社、二〇一八年）。

(6) 大澤絢子『親鸞「六つの顔」はなぜ生まれたのか』（筑摩書房、二〇一九年）。

(7) この対比は、田中智学と日蓮主義について精力的に研究しているブレニナ・ユリア氏との対話のなかで気づかされた。心から感謝したい。

(8)『読売新聞』一九一六年六月二三日～七月四日。

(9)大谷栄一『日蓮主義とはなんだったのか――近代日本の思想水脈』（講談社、二〇一九年）、二二六～二三〇頁。

(10)老川慶喜『日本鉄道史　幕末・明治篇』（中央公論新社、二〇一四年）、一一八～一一九頁、一八〇頁、二一二～二一三頁。

(11)碧海寿広「本願寺――親鸞の廟をめぐる近現代」（星野英紀・山中弘・岡本亮輔編『聖地巡礼ツーリズム』弘文堂、二〇一二年）、七二～七三頁。

(12)〈上野～岩越線～新潟～汽船～佐渡〉と〈上野～信越線～直江津～汽船～佐渡〉の二つのルートが示されており、この連載の筆者は前者で移動している。

(13)山口輝臣「宗教と向き合って――十九・二十世紀」（小倉慈司・山口『天皇の歴史9　天皇と宗教』（講談社、二〇一八年）、二七七～二七八頁）。

(14)「澍洽会記事」（第一高等学校寄宿寮〈編・刊〉『向陵誌』一九二五年）、一三七九～一三八九頁。

(15)同前、一三八六頁。

(16)ちなみに、国立国会図書館デジタルライブラリーで公開されている画像では、この地図が破り取られていることが確認できる。

(17)澍洽会編『聖地巡礼』（実業之日本社、一九二〇年）、巻末附録一頁。引用史料中の傍点は引用者（平山）によるものである（以下同様）。

(18)大澤絢子『「修養」の日本近代――自分磨きの１５０年をたどる』（ＮＨＫ出版、二〇二二年）、第三章。

(19)澍洽会編前掲註(17)『聖地巡礼』「序」、二頁。

(20)何年なのか本文では明記していないが、富士身延鉄道の記述および前掲註(14)「澍洽会記事」、一三八四頁の記述から、一九一八（大正七）年と確定できる。

(21)「延山行記」（澍洽会編前掲註(17)『聖地巡礼』）、一九一～二二〇頁。以下、このエッセイについては頁数をいちいち明記しない。

(22) 日蓮が出家得度して立教開宗した清澄寺（千葉県鴨川市）のこと。久遠寺、池上本門寺、誕生寺とともに日蓮宗四霊場とされる。

(23) 平山昇「戦前期日本の「聖地」ツーリズム——「聖地」の日本化に着目して」（『メディア史研究』第五四号〈特集　宗教とメディア〉、二〇二三年九月）。

(24) 澍洽会編前掲註(17)『聖地巡礼』「序」、三頁。

(25) 河野桐谷「文学百方面　身延の旅（下）」（『読売新聞』一九〇九年一一月七日）。桐谷こと河野智新は、このエッセイ掲載の六年後の一九一五（大正四）年に国柱会に入会し、同会の芸術活動で重要な役割を果たした人物である（田中香浦監修『国柱会百年史』〈国柱会、一九八四年〉、一三五頁）。このことについてはブレニナ・ユリア氏からご教示を得た。

(26) 以上、平山前掲註(4)『初詣の社会史』、第三章、第四章。

(27) 田中智学『身延に登りて』（天業民報社、一九二三年）。

(28) 前掲註(14)「澍洽会記事」、一三八六頁。

(29) 大谷前掲註(9)『日蓮主義とはなんだったのか』、第三章。

(30) 前掲註(14)「澍洽会記事」、一三八三～一三八四頁。

(31) 富士身延鉄道についてとくに注記のない記述は、以下の文献による。日本国有鉄道（編・刊）『日本国有鉄道百年史　第六巻』（一九七二年）、五三一～五三七頁、同『同　第一一巻』（一九七三年）、八九九～九〇三頁、身延山久遠寺編『身延山史』（身延教報出版部、一九二三年、復刻、身延山久遠寺、一九七三年）、三一〇～三一一頁、同編『続身延山史』（身延山久遠寺、一九七三年）、一七四～一七七頁。

(32) 前掲註(31)『身延山史』、二七四頁、「身延山の出開帳　江戸三大開帳の一つ」（『読売新聞』一九一三年七月二九日）。

(33) 前掲註(31)『身延山史』、二九七頁。

(34) この路線と八王子で接続していた甲武鉄道は、一九〇六（明治三九）年に国有化されて中央線の一部となった。

(35)「身延山の会式」（『東京朝日新聞』一八九一年一一月一〇日）。

(36)身延山久遠寺（編・刊）『身延の栞』、一九〇六年。

(37)「都人の肝を冷すの記　身延参詣（其二）」（『読売新聞』一九一五年七月一一日）。

(38)「御岳と身延（七）　幻花」（『東京朝日新聞』一九〇二年八月四日）。

(39)「富士身延鉄道株式募集」（広告、『東京朝日新聞』一九一二年一月一九日）。

(40)堀内良平「日慈尊者と身延鉄道」（『身延教報』第一五巻第九号、一九二三年五月三日）、二四頁。

(41)同前。

(42)「仲小路廉氏の登山　八十の老母堂と共に参拝　頗ぶる熱烈なる感想」（『身延教報』第一三巻第三号、一九二一年一一月三日）。

(43)堀内についての記述は、以下の文献を参照した。堀内前掲註(40)「日慈尊者と身延鉄道」、富士急行五〇年史編纂委員会編『富士山麓史』（富士急行、一九七七年）、塩田道夫『富士を拓く　堀内良平の生涯』（堀内良平伝刊行委員会、一九九四年）。

(44)広告（富士身延鉄道、『東京朝日新聞』一九二〇年五月一八日）、広告（同、同一九日）。後者の広告には、〈東京駅を夜に出発→翌日の夜に東京に帰着〉〈東京駅を早朝に出発→翌日の早朝に東京に帰着〉というスケジュールの列車時刻が掲載されている。

(45)広告（富士身延鉄道、『東京朝日新聞』一九二〇年五月一八日）。

(46)広告（富士身延鉄道、『東京朝日新聞』一九二三年七月一九日）。

(47)広告（富士身延鉄道、『東京朝日新聞』一九二一年七月一〇日夕刊）。

(48)広告（富士身延鉄道、『東京朝日新聞』一九二六年八月三日）。

(49)中村又衛「御在世の身延と今後の身延」（『身延教報』第一四巻第一六号、一九二二年八月一八日）、八頁。

(50)広告（身延山・富士身延鉄道、『東京朝日新聞』一九二一年五月三一日）。

(51)「東京各新聞記者団の登山」（『身延教報』第一三巻第一号、一九二一年一〇月三日）、「東京記者団の参拝」

（同第一三巻第三号、同年一一月三日）。

(52) 一平生（岡本一平）「身延山予拝記（上）」（『東京朝日新聞』一九二一年三月一一日）。同月一二日と一四日に「同（中）」「同（下）」が掲載されている。

(53) 近代日本において、維新期に見られた社会の流動性が学歴社会の形成とともに低下していき、学歴上昇に関わる青年層の欲望やコンプレックスが日露戦後の社会不安と結びついてその後の日本社会に種々の影響を与えていくことについては、岡義武「日露戦後における新しい世代の成長」（『岡義武著作集』第三巻、一九九二年、原論文一九六七年）、天野郁夫『学歴の社会史』（平凡社、二〇〇五年、原著一九九二年）などを参照。

(54) 前掲註(14)「澍洽会記事」、一三八六頁。

(55) 大谷前掲註(9)『日蓮主義とはなんだったのか』、二二九頁。

(56) 平山昇・大谷栄一「書評とリプライ　大谷栄一著『日蓮主義とはなんだったのか――近代日本の思想水脈』」（『宗教と社会』第二七号、二〇二一年）。

(57) 「鉄箒　ああ身延温泉」（『東京朝日新聞』一九二六年九月一一日）。

(58) 「身延山御廟釐整会設置に於て」（『身延教報』第一四巻第三号、一九二二年二月三日）、前掲註(31)『身延山史』、三一三頁、前掲註(31)『続身延山史』、五～六頁、一一六～一二四頁、一五二～一五五頁、日蓮宗総本山身延山久遠寺身延文庫『身延山古寫眞帖　写真で遺す霊山の昔日』（イーフォー、二〇一五年）、四四～四五頁。

(59) 藤田大誠ほか編『明治神宮以前・以後――近代神社をめぐる環境形成の構造転換』（鹿島出版会、二〇一五年）。

(60) 「「身延山《（ママ）》に登りて」を読みて」（無署名、『身延教報』第一五巻第一一号、一九二三年六月三日）。

(61) 「身延の日蓮上人廟を清い霊場とする　神社局の角南博士も七月初めに実測して」（『読売新聞』一九二五年六月二九日）。

(62) 「避暑地めぐり　日蓮の遺跡（三）　辻説法の跡、牡丹餅の味」（『読売新聞』一九一六年六月二五日）。

(63) 日本放送協会編『昭和七年　ラヂオ年鑑』（日本放送出版協会、一九三二年）、一九六～二〇〇頁。

(64) 「お会式を前に「日蓮の夕」　法華信者随喜の夜」（『東京朝日新聞』一九三一年一〇月一〇日）。

第一〇章　旅行記からテレビまで

——近代仏教とシルクロードの想像——

パリデ・ストルティーニ
（訳・嵩　宣也）

はじめに

毎年五月五日、奈良の薬師寺では、中国僧の玄奘三蔵（六〇二～六六四）を顕彰する法要が行われる。「玄奘三蔵会大祭」と呼ばれるこの法要には多くの信徒が集まり、写経や永代供養を通じて、薬師寺を中心としたコミュニティへの帰属意識を高める契機となっている。法要のなかで、とりわけ人気を博しているのは、玄奘がアジアを横断し、ブッダ生誕の地インドを目指した旅をモチーフとした演劇「玄奘三蔵」である。この演劇では、玄奘の分骨を安置する塔の背後に玄奘の旅行記『大唐西域記』（七世紀）に描かれた風景を再現した日本画家・平山郁夫（一九三〇～二〇〇九）の大壁画が飾られる。

「玄奘三蔵」は仏跡巡礼者の旅行記を原作とした演劇で、仏教が東アジアに伝播した際のシルクロードの交易路における僧侶の旅物語が音楽・演技・美術など複数からなるメディアの組み合わせにより表現されている。この演劇は、観衆である薬師寺の信徒を楽しませると同時に、薬師寺が戦後に築き上げ、重要視してきた価値観を広く伝え、薬師寺とアジアに跨がる仏教の文化的・芸術遺産的な側面をアピールすることにも役立っている。玄奘の旅行記は、その象徴なのだ。

演劇における視覚と音は、読む・書くという行為とも結びついている。「玄奘三蔵」は、一六世紀の中国の小説『西遊記』にも刺激を受けており、劇中の玄奘による古代インド経典の写経は、現在でも寺院で行われる写経がモデルとなっている。「読む」「視る／観る」「聴く」、そして「書く」という行為を通じて、薬師寺の仏教コミュニティは成り立っているのである。薬師寺の玄奘三蔵会大祭は、仏教の歴史的な語りが異なるメディアを通じて表現、伝達された重要な例であり、これらのナラティブ（物語）が、さらに別のコミュニティでも共有されていくのだ。

西域やシルクロードのように、異国情緒溢れる想像をかき立てる場所は、東アジアへの仏教伝播、あるいは、僧侶たちの冒険的なインド巡礼譚の中心的な題材を占めてきた。よく知られているように、インドから日本への仏教伝来には、舎利・仏像・経典などの伝統的な物質文化が不可欠な役割を果たした。だが、美術展や写真を含む旅行記、テレビのドキュメンタリー番組なども、こうした異国への関心を高め、アジアへの観光や仏教文化遺産の保存を促す役割を担った。テレビや文化遺産の保存、そして観光は、二〇世紀の仏教世俗化の一形態と言えるかもしれないが、それだけでなく、薬師寺におけるシルクロードに関する取り組みやイメージの使用は、伝統的な宗教コミュニティにおける近代メディアの貢献を示している。

そこで本章では、二〇世紀の日本におけるシルクロードへの想像が、アジアに仏教を広める空間としていかに重要であったかに着目する。日本におけるシルクロードのイメージに薬師寺を位置づけることで、そこに複合的な近代メディアがいかに重要な役割を担ったかを明らかにしたい。

一　読む、見る、想像する

1　西域をめぐる近代仏教徒の旅と文学

近代日本仏教の研究ではこれまで、西洋文化との新たな接触や日本の仏教徒が欧米に渡航したことによる影響がしばしば重視されてきた。しかし近年では、近代日本仏教の形成にとっては、アジア内の旅やネットワークも重要であったことが指摘されつつある[1]。

インドや中央アジアの仏教遺跡は、明治・大正期の日本の仏教徒にとって重要な目的地であり、彼らの旅行記は、日本における「西域」のイメージに大きな影響を与えた。その影響は、学術的な文脈だけにとどまらず、文学・新聞・写真・美術館での展示などを通じて、より多くの人々にも及んだ。

一九二九（昭和四）年、宮沢賢治（一八九六〜一九三三）の「インドラの網」と題された短編小説が発表された。幅広い層の読者に読まれたこの小説は、近代の仏教遺跡の探検が賢治に与えた影響をよく表している。この物語の冒頭において語り手は、自身がかつては考古学者であり、中央アジアの仏教遺跡を探検したことがあると述べる。ヒマラヤ登山の際、インドラの網を見て悟りを開いた彼は、この探検で三人の幼い天人と出会い、共に太陽を拝むようになったという[2]。この語り手は、仏教の古都ホータン（現在の新疆ウイグル自治区ホータン）の壁画に描かれた三天子を見た経験を回想し、その服装から三天子がガンダーラ出身だろうとの仮説を立てている。主人公はヒマラヤを探検する考古学者であり、ここに登場する三人の天人は、現在の新疆ウイグル自治区にあるミーラン遺跡の壁画に現存する翼のある神々をモチーフとしているのだ。

作品の執筆にあたり賢治は、英国の考古学者であるオーレル・スタイン[3]（一八六二～一九四三）の旅行記に収録された壁画の写真を見た可能性があり、大谷探検隊が実際に日本へ持ち帰った壁画の断片（現在は東京国立博物館蔵）を見たとも考えられる。金子民雄が指摘したように[4]、賢治の短編小説には、スタインに代表されるヨーロッパの中央アジア旅行記だけでなく、スヴェン・ヘディン（一八六五～一九五二）やポール・ペリオ（一八七八～一九四五）、あるいは大谷探検隊からの影響も見て取れる。大谷探検隊とは、一九〇二（明治三五）年から一九一四（大正三）年にかけて、浄土真宗本願寺派の門主であった大谷光瑞（一八七六～一九四八）が主導し、三つの探検事業を行った探検隊のことである。

秋枝美保が述べるように、賢治は大谷探検隊にも随行した学僧の島地大等（一八七五～一九二七）の夏期講習に参加している。この講習は、賢治の『法華経』への関心を高めただけではなく、インドや中央アジアの仏教遺跡への想像力に影響を与え、そのイメージは多くの賢治の作品の中で再現されたのだった[5]。二〇世紀初頭の日本文学における西域の想像は、ヨーロッパの旅行記からの影響だけではなく、日本人による中央アジアへの探検からも影響を受けたという点で、仏教が重要な役割を果たしたのだ。

2　大谷探検隊の旅行記の刊行と写真の公開

賢治が天子を描くにあたってモチーフとしたミーラン壁画は、大谷探検隊が日本に持ち帰った大量のテキストや絵画、さまざまな美術品とともに日本へもたらされた。大谷探検隊による三度の探検事業は、日本仏教の一派として西本願寺が考古学的な調査と仏法を探すという使命を調和させつつ、アジアにおける仏教伝播の歴史を探ろうとしたものだった。大谷探検隊は日本の学術界における中央アジア研究の発展に大きく寄与したが、それらの影響は、学術界に限られたものではなかった。明治初期のインド巡礼と同じように、『中外日報』などの新聞や雑誌によって大谷探検隊の様子が報じられ、旅先で手に入れた品々と撮影された写真が公開されたのである。[6]

一九一三（大正二）年、『大阪毎日新聞』の記者・関露香が編集した大谷光瑞の第三次インド遠征に関する旅行記が出版された。[7] 同書では、大谷探検隊参加者の写真や仏教遺跡、ヒンドゥー教の神像、当時のインドの日常生活などが掲載されている。同書に記されたテキストが地理的・民族的な情報と旅行記としての文学性を備えている一方、掲載された写真は、日本の読者の異国への想像力をかき立てる道具ともなった。

一九三七（昭和一二）年には、大谷探検隊に参加した上原芳太郎（一八七〇～一九四五）が参加者の旅行記を写真とともにまとめた最も完全なコレクションの一つを出版した。[8]『新西域記』と名付けられたこの著作の序文では、徳富蘇峰（一八六三～一九五七）によって近代的な探検と玄奘をモデルとしたインド巡礼との繋がりが強調されている。日中戦争が始まったのと同年に出版された同書では、戦争により中央アジアへの渡航が不可能になったことを踏まえ、大谷探検隊とその知見の価値が一層アピールされた。

　大谷探検隊が制作した初期の出版物には旅行写真のコレクションがあり、これらの写真の多くは、研究者による共同研究のほか、西本願寺や京都国立博物館での特別公開展示の際にも使用されている。探検隊の旅行記に掲載された写真は、探検への関心や西域、インドへの憧れを広める重要な媒体となったのだ。

3　聖火リレーとシルクロードへの憧れ

　スウェーデンの地理学者スヴェン・ヘディンは、一九〇八（明治四一）年に西本願寺で開催された大谷探検隊の収集した品々や探検隊の写真の展示会を訪れ、講演も行っている[9]。当時、ヘディンは中央アジアの探検家として著名な人物であり、賢治の短編小説のように、ヘディンの旅行記はヨーロッパだけでなく、日本のシルクロードへの憧れをかき立てる重要な役割を担っていた。したがって、ヘディンの同展示会への来訪は、中央アジアへの探検、そして西域とシルクロードに関する近代的イメージの構築に日本の仏教機関が重要な役割を果たしていたことを象徴する出来事でもあったのだ。

　ヘディンはさらに、一九三〇年代に日本に直接的に関わることになる。彼は、一九四〇（昭和一五）年の東京オリンピックの聖火リレーにおいて、シルクロードの名所を経由してギリシャと日本を結ぶルートを提案した。彼は、オリンピックという国際的なイベントにおいて東西を繋ぐ象徴としてシルクロードを用いることで、近代の人々の想像力をかき立てようとしたのである[10]。第二次世界大戦が開戦したことで、一九四〇年の東京オリンピックは取りやめとなったが、この聖火リレーのルートは後に、一九六四（昭和三九）年の東京オリンピックで採用されるに至っている。戦前から戦後にかけての日本の「西域」と「シルクロード」のイメージが、この時、繋ぎ合わされたのだ。

　このように大谷探検隊は、日本における近代的な西域イメージの構築にとって重要なだけではなく、シルクロードの国際的なイメージの形成にも貢献したのである。写真が掲載された書物の刊行や展示会などのメディア実践によって、西域のイメージが学者や宗教者だけでなく、より多くの人々に届けられたのである。インドと中央アジアへの旅は、旅行記を読むことでその想像を膨らませることができたが、日本の多くの人々は、写真や展示会を通じても、遠く異国の地に思いを馳せることが可能となったのである。

二　「想像」と「見る」のはざま

1　テレビを通したシルクロードとの出会い

　戦後の日本文化におけるシルクロードのイメージ形成にとって決定的に重要な人物が、日本画家・平山郁夫である。彼が描いた多くの作品は、シルクロードを舞台にした風景画、歴史的な事象、宗教的な情景を表現している。加えて彼は、アジア大陸を横断した旅を通して数多くの美術品や工芸品を蒐集し、これらは現在日本各地の博物館や美術館で展示されている。彼はまた、ユネスコ親善大使として、あるいは東京芸術大学学長としても、アジア大陸に跨がる仏教美術の研究や模写、保存を大いに奨励した人物である。[11]

平山がシルクロードを題材にした作品を制作しようと考えたきっかけは、テレビだったという。[12]一九六〇年代初頭、彼は一九六〇（昭和三五）年のローマオリンピックと一九六四年の東京オリンピックという二つの世界的なイベントに心を震わせていた。特に東京オリンピックは衛星放送で初めて世界に発信されたものであり、日本の視聴者に大きな衝撃を与えると共に、日本の経済成長と国際社会における存在感を示した。

先述したように、聖火リレーがシルクロードをたどるというアイデアは、一九四〇（昭和一五）年の東京オリンピックでヘディンが提案したものである。聖火は、ギリシャからシルクロードの名所を経て東京に運ばれたが、その前の大会がローマで開催されたということもあり、シルクロードがヨーロッパとアジアの古典文化を結ぶというイメージは、ここでより一層強化されたのだった。そして一九六四年の東京オリンピックの聖火リレールートは、戦前の日本の旅行記や戦後の文学に強く存在する「西域」の概念と、平山の芸術に代表される「シルクロード」の概念を直接的に結びつけるものとなっていく。

テレビは視聴者が日本にいながらにして遠い異国の地を視ることを可能にしたが、旅行文学や巡礼記に基づく想像力は、戦後日本のメディアにおけるシルクロードの表現にも影響を与えた。とりわけ、一九八〇年代の「ＮＨＫ特集　シルクロード」はそれを象徴するものである。平山の絵画のなかでもとくに代表的な風景画が、砂漠を横断するラクダのキャラバンをモチーフとしたものであるが、この風景画は、同番組をはじめ、大谷探検隊に関する出版物の表紙やイベントのポスター・フライヤー等で頻繁に使用されてきた。この砂漠のキャラバンに平山自身が経験した異国情緒溢れる旅の情景が象徴的に描き出されており、これは彼が築き上げてきたシルクロードのイメージを強調するものでもある。

2　平山郁夫の旅とシルクロードの美術想像

宗教的なテーマを描いた絵画として、平山の作品で最初に評価を得たのは、白い鳩を手にインドから帰国する巡礼僧の玄奘を描いた《仏教伝来》（一九五九年）だった。この作品には、旅・文化交流・宗教・平和など、後に平山が描くようになるシルクロードのイメージに通じるテーマがすでに多く含まれている。

広島県出身の平山は一九四五（昭和二〇）年、原爆投下によって被爆し、健康上の問題を抱えることになった。彼にとって仏教は、健康問題や、若い芸術家の不安定な経済状況からくる不安を克服するための手段であった。彼の実家は浄土真宗であったが、彼は仏教による苦悩からの救済を釈尊の体験から求めたのだった。《仏教伝来》に玄奘の巡礼が選ばれたのは、仏教がアジアに伝わった場面を再現することで、仏教のトランスカルチャー的な価値を表現するためだったと考えられる。この作品に描かれた玄奘は、シルクロードと仏教の救いのメッセージを伝える文化圏を繋ぐ存在であり、平和の象徴である白い鳩は、戦後日本の平和への願いのシンボルでもある。

平山が描いた砂漠を横断するキャラバンはシルクロードの旅を想起させる絵画だが、日本人が観光ビザを取得して海外旅行できるようになったのは、オリンピックと同時期の一九六〇年代初頭だったことを考えると特に意味深い。平山の芸術を通して、シルクロードは国境も文化も越えた象徴となった。平山が旅先で蒐集し、さまざまな博物館・美術館で展示された品々は、交易路としてのシルクロードの重要性を証明すると同時に、彼の芸術によって、シルクロードを旅したのは絹やガラスなどの贅沢品だけでなく、そこには仏教やその他の宗教などの思想も含まれたことが伝えられたのである。

　シルクロードは、平山の絵画や考古学のコレクションを鑑賞する観客にとって、自由貿易による経済的繁栄、国際的な文化交流、平和主義、宗教の重要な役割など、戦後日本の理想を投影したものでもあった。このイメージは、戦後に吉田茂（一八七八～一九六七）首相が掲げた〝文化国家としての日本の建設〟というスローガンとも共鳴している。二〇世紀初頭の日本における西域への熱狂を形作った写真や美術展の重要性はこれまで指摘した通りだが、絵画というメディアは、平山が多くの旅で実際に見た風景と個人的な経験、そしてシルクロード交易や帝国、仏教伝播の歴史を人々に想像させるものである。

　平山は、過去の出来事を再解釈した自身の経験を経て、芸術の力の可能性を見出していた。彼は、自らのアプローチを「歴史画」でありながらも、作家の想像力を加えたものと定義している[13]。風景や歴史的な事象が画家の想像力によってより身近なものになり、絵を見る人もまた、その光景をより身近に感じることができる。

　幻想的な夢を描くようなこの画法は、平山による実際の観察と体験の上に彼の想像を重ね合わせたものである。その結果、彼のシルクロードの風景画は時間の境界を超えることを可能にさせ、まるで夢の中にいるようなスタイルで描かれるのである。黄金色に輝く曇天の遺跡に古代史の情景が重ね合わさったような《古代ローマ遺跡　エフェソス・トルコ》（二〇〇七年）や《古代ローマの遺跡　フォロロマーノ》（二〇〇八年）がその代表例である。

こうした平山の歴史画の手法は、彼の作品やコレクションを所蔵する美術館においても見出すことができる。山梨県にある平山郁夫シルクロード美術館では、平山の絵画と共に彼がアジアを旅して集めた工芸品が展示されているが、そこで展示された絹、ガラス、コインといった蒐集品は、考古学的な意義を持つだけでなく、思想や宗教的なシンボルにもなり、平山の絵画は、それらを現代の人々が思い描くシルクロードのイメージのなかに組み込んでいくのだ[14]。

歴史画に対する平山の創造的なアプローチは、同じく玄奘の足跡を辿った小説家にも見られる。井上靖（一九〇七～一九九一）は、古代の中国を舞台にした歴史小説のなかで、戦後日本における「西域」への想像力を大いにかき立てた[15]。井上によると、平山が破壊前と破壊後の両方を描いたバーミヤン渓谷の石仏は、廃墟あるいは研究対象としてではなく、過去の足跡を示す明るい象徴であるという[16]。一方、尼僧で小説家の瀬戸内寂聴（一九二二～二〇二一）は、平山が描く幻想的なシルクロードの風景を見ることで、写真よりも鮮明に彼女自身の旅を思い出したと述べている[17]。異国情緒溢れる平山の作品は、個人的な感覚と物懐かしさを呼び起こすものであり、この点はドキュメンタリー番組「ＮＨＫ特集　シルクロード」においても見られる。

3　シルクロードを読み、視る「ＮＨＫ特集　シルクロード」

ＮＨＫで放送された「ＮＨＫ特集　シルクロード」は、戦後日本におけるシルクロードのイメージにおいて重要な役割を果たしてきた。この番組は、一九八〇（昭和五五）年から一九八一年にかけて放送された長安からパミール高原までをカバーする全一二話のファーストシーズンと、一九八三（昭和五八）年から翌年にかけて放送されたローマまでの旅の全一八話を追加したセカンドシーズンの二期で構成されている。この番組は、各国の言葉に翻訳されたことで多くの国で視聴され、中国と日本の人々の外交的かつ文化的な関係性を再構築したという点で象徴的なものでもある。文化大革命（一九六六～一九七六年）以降、中国が孤立していたことを考えると、ＮＨＫの取材班が初めて中国内地を訪れ、撮影したことは重要な意味を持っている。

一九七九（昭和五四）年から翌年にかけて、このシルクロードのドキュメンタリーを撮影したＮＨＫ撮影隊のリーダーの一人である中村清次によれば、当時の日本の視聴者がこの放送を通して「不思議な懐かしい」という気持ちをかき立てられた、と述べている。[18] シルクロードが異国情緒溢れる形で撮影、放送されたことで、日本人に仏教を通した不思議な懐かしさを感じさせたという。またそれはシルクロードの各地域と共有しているものであり、奈良の正倉院に保存されている宝物は、それを物質的にも具体的にも証明しているとされる。

もっとも中村は、このノスタルジーが井上靖や陳舜臣（一九二四～二〇一五）、司馬遼太郎（一九二三～一九九六）といった作家の歴史小説に支えられた、文学的な想像の産物でもあったとも指摘する。彼らは、戦後数十年間、日本人の観光客や学者が中国への渡航が困難な時代において、古代や中世の中国を舞台にした小説を数多く執筆していた。榎本泰子が指摘するように、これらの小説家は直接的にも間接的にもＮＨＫドキュメンタリーで表現されたシルクロードイメージの形成に重要な役割を果たしたのだ(19)。

その後、中国での調査や撮影が可能となると、小説家たちは彼らが文学作品のなかで想像していたことと現実とのギャップを埋めることに苦労したようである(20)。しかしながら、NHKの撮影隊は、小説家たちの文学によって作り上げられてきたイメージが、自分たちのドキュメンタリー作品にも大きく貢献していたことに気づいたのである。小説家たちの想像力豊かな眼と言葉が、カメラが写し出すシルクロードの風景に「不思議さ」を加えたのだ(21)。平山がシルクロードの風景を絵画で表現したことと同じように、テレビというメディアとドキュメンタリーというフォーマットの組み合わせは、よりリアルな景色を生み出すだけではなく、日本の視聴者が訪れたことのない場所への「不思議な懐かしい」ノスタルジーを呼び起こしたのである。

4　シルクロードを「信仰の道」として語る

「NHK特集　シルクロード」の取材に参加し、その後、シルクロードに関する書籍や写真集を出版した小説家たちもまた、宗教的なシルクロードのイメージ形成に際して重要な役割を担った。彼らの語りを通して、玄奘三蔵の巡礼という強力なシンボルが再発見され、シルクロードの旅は宗教的な意味を持つものとなっていったのだ。

例えば陳舜臣は、「NHK特集　シルクロード」のセカンドシーズンのエピソードを紹介した書籍シリーズに「信仰の道」と題する文章を寄せている(22)。ここで彼は、古代中国の仏教巡礼者である法顕、玄奘、義浄などの旅物語を引き合いに出し、人々がシルクロードを旅した目的は、貿易や絹のためだけではなかったことを強調している。そして、インドを出発し、西洋へ向かう道のりを放送したセカンドシーズンでは、富と帝国の象徴であるローマという目的地とは別に、古代インドにおける仏教の学問と修道生活の中心地として有名なナーランダを目的地として語る。仏教徒からすれば、シルクロードの旅は、お釈迦様の教え、つまり求法の旅だからだという[23]。

この番組では、シルクロードが宗教思想の流通を促進する交流地点であったことが強調される。ドキュメンタリーの語り手たちは、唐の首都である長安に焦点を当てた最初のエピソード以降、交易キャラバンの後に到着したネストリウス派キリスト教徒を含む複数の宗教コミュニティがこの都市に存在すると紹介する。第一話では、玄奘の墓があるとされる興教寺を紹介し、唐の名僧がインドから持ち帰ったという書物が現在も地元の僧侶によって保存されており、それが共産主義の中国でも貴重とされていると説明されている。

こうして、テレビのドキュメンタリーや美術展という近代メディアによって、シルクロードの文化的価値が強調され、それらによって広まったシルクロードのイメージにおいては、宗教、特に仏教が重要な役割を果たしたと語られていった。そのなかで平山とＮＨＫの撮影隊の旅も、玄奘を通して宗教的な目的や権威と結びつけられたのである。

次からは、奈良の薬師寺のような伝統的な仏教寺院が、同じシルクロードのイメージと複数のメディアを用いて、信者のコミュニティを形成したことを見ていくことにしたい。

三　観る、聴く、そして書く

1　仏教実践としての薬師寺におけるシルクロード

二〇〇〇（平成一二）年一二月三一日、紀元二千年紀の最後の日、ＮＨＫは薬師寺で行われた薬師寺玄奘三蔵院伽藍の壁画「大唐西域壁画」の完成を祝す落成式を中継した。放送では、この壁画を制作した平山郁夫が大筆で最後の一筆を加える様子が映し出された。一般的な美術展の開幕式とは異なり、仏像の開眼供養を模した儀式で、新しく造られた仏像の眼に印をつけたり塗ったりすることで霊力を宿らせるかのように壁画を仕上げるのである。色とりどりの布が平山の筆の柄の先に巻かれ、薬師寺の管主が反対側を持ち、それが玄奘三蔵院の入り口を越えて他の僧侶や外に座る観衆まで続く[24]。司会者、僧侶、観衆を繋ぐ色とりどりの布は、七五二（天平勝宝四）年に聖武天皇が東大寺大仏のために行った開眼供養を模したものである。

この式典は、二度の世界大戦に見舞われた二〇世紀の終幕を告げる象徴として、日本で仏教が栄え、シルクロードがユーラシア大陸を結んだ奈良・唐の時代という理想的な過去を思い起こさせるものでもあった。平山の絵画は、被爆者としての彼の体験から「平和への祈り」とのコンセプトで描かれることが多いが、ここでは国際協調や宗教の価値など、新世紀に向けた別の視点が示されたのである。そしてこの式典のテレビ中継を通して、平山の作品を特徴づける歴史画やシルクロードの風景画に対する先見性と想像力が、新しい時代を迎える日本の各家庭にも届けられたのだった。

平山が玄奘三蔵院に描いた「大唐西域壁画」は、薬師寺と戦後日本のシルクロードのイメージとの最大の接点といえるだろう。この壁画は、七つのシーンが一三枚、全長四九メートルにわたって描かれている。平山自身が見た中国から中央アジアを経てインドに至るシルクロードの名所の風景が、写実的ではなく平山らしい霞がかった画法で表現される[25]。平山はこの壁画を、玄奘が『般若経』を翻訳するのに要した時間になぞらえて、二〇年の歳月をかけて完成させたという[26]。

壁画のタイトルは玄奘の旅行記『大唐西域記』を想起させるもので、現代の旅行者が有名な中国の巡礼僧の足跡を辿り、シルクロードを旅する際に目にする風景が描かれている。数十年にわたる平山の旅の経験と研究をもとに描かれた想像力豊かな壁画と、天井に描かれた青い夜空によって、玄奘三蔵院は、観る者がその光景に共感し、自分が砂漠を走るキャラバンの一員として星空の下にいるかのような感覚を味わうことができる空間となっている。

同壁画は自然の風景や遺跡の絵が中心で、人物の描写は少ない。しかし、最後の場面であるナーランダの遺跡には、古代の僧院の跡に感嘆して立つ人物が小さく描かれている。その姿は僧衣を着ているように見え、古代の巡礼者や僧侶、あるいは旅の終わりにそこへ到着した玄奘と重ね合わせることもできる。この絵を描いたとき平山は、壁画制作を依頼した薬師寺の管主で法相宗管長の高田好胤(一九二四〜一九九八)のことも想像していたと語っている[27]。高田が壁画の画家として平山を選んだのは、《仏教伝来》が有名であったことと、平山が実際にシルクロードを旅して得た知見があったからであり、一九八〇年の壁画制作開始の儀式では平山が司会を務めた。しかし、高田は一九九八(平成一〇)年に遷化し、作品の完成を見届けることはできなかった。この壁画の最後の場面は、シルクロードの旅の最終目的地である古代インド仏教の知の中心地ナーランダへの誘いと、戦後の薬師寺の復興と繁栄に尽力した高田を讃える意味も込められている。

2　薬師寺の絵画・収蔵品・音楽

「大唐西域壁画」は、玄奘三蔵院伽藍を囲む建物の中に保存されており、そこには玄奘の遺品が収蔵されている。第二次世界大戦中に南京市から日本に持ち込まれたこれらの遺物は、さまざまな寺院で保管された後、一九八〇（昭和五五）年に最終的に薬師寺に収蔵された[28]。薬師寺が法相宗大本山であり、玄奘と縁のある寺であることがその理由である。薬師寺は、玄奘の思想や遺物だけでなく、保存・修復された多くの建造物によっても、シルクロードとの繋がりを強調している。平山郁夫シルクロード美術館と同様に、薬師寺の建造物と絵画の組み合わせは、シルクロードとの繋がりを示す歴史的証拠であると同時に観客の想像力を刺激するものでもあるのだ。

薬師寺とシルクロードとの繋がりを示唆する視覚メディアとしては他にも、二〇一七（平成二九）年に再建された「食堂《じきどう》」があり、ここにも、仏教を伝えるために中国と日本を行き来した僧侶や、奈良県にある日本の古都の風景を描いた壁画がある。いずれも平山と同様のスタイルで描かれており、シルクロード（ここでは砂漠ではなく海路で日本と中国を結ぶ）の旅と仏教の伝来、そして古代日本の繁栄との結びつきを観る者に強く訴える構成となっている。

薬師寺ではまた、音楽や演劇といった「音」を通してもシルクロードのイメージが表現されている。音楽は、シルクロードを通じて日本にもたらされたもう一つの文化であり、とりわけ薬師寺は、奈良時代に中国から雅楽や舞楽が伝来した中心地のひとつである。二〇〇三（平成一五）年に再建された大講堂で開かれる毎年四月の第三日曜日の「最勝会」など、薬師寺では、雅楽の古楽器を保存するとともに雅楽を取り入れた儀礼も行われている。この儀礼では、雅楽の演奏に加えて、香や平安時代のものを再現した僧衣や衣装などを用いて、観客が当時の雰囲気を味わうことができるような工夫もなされている。薬師寺のウェブサイトにも「復元された古代の法衣に身を包んだ僧侶による声明や論義、雅楽の音色に合わせた読経、衣冠束帯の装束を着た勅使役によるお香の奉納など、古代の雰囲気が漂う雅やかな法会です[29]」と記載されている。

　建造物や儀礼、音楽、衣服や香などは、薬師寺がシルクロードの仏教や文化伝播と実際に繋がってきたことを印象づけるものであり、なかでも音楽は、古代の音楽と現代の音楽が合わさることで、薬師寺とシルクロードを効果的に繋げている。例えば、一九八〇（昭和五五）年にＮＨＫのドキュメンタリー番組「シルクロード」のサウンドトラックを作曲した作曲家・電子音楽家の喜多郎は、二〇〇一（平成一三）年に薬師寺でライブを行い、このライブでの演奏が後にＣＤやＤＶＤとして発売された。キミ・コールドレイクが分析するように[30]、このライブでは伝統的な雅楽の要素と現代の電子音楽が混在しており、コンサートは僧侶の読経で始まる。喜多郎の音楽は、平山が描いた玄奘の旅とシルクロードの風景の再現からインスピレーションを得ており[31]、観客に「過去の雰囲気」を体験させるための装置となっているのだ。

3　演じられるシルクロードへの旅と写経

薬師寺の儀礼のなかにも、古代と近代の調和を見出すことができる。薬師寺では、飛鳥時代のアジアとの交流を通して日本に伝わった仮面を被った役者による舞踊である伎楽を模した演劇が一九九二（平成四）年から始まっている。現在は天理大学の伎楽部によって上演されており、しばしばプロの役者が玄奘を演じることもある[32]。

演劇では、仮面を被った役者たちによって玄奘の旅が表現され、玄奘の遺品を納めた塔が開かれた瞬間、玄奘の像が現れるという演出もある。原作は文学小説の『西遊記』ではなく、玄奘の書いた実際の旅行記録である『大唐西域記』であるとされ[33]、それがこの伎楽にリアルさを加えているのだ。一方、演技の最後には電子音楽が使用されており、これは伎楽の面や雅楽の楽器など、日本古来の要素に現代音楽を融合させた喜多郎のライブスタイルを思い起こさせる。

劇の観衆の多くは、写経に取り組む信徒が中心で、寺の支持者がほとんどである。写経は仏教の中心的な功徳の行為だが、高田好胤は一九六七（昭和四二）年の管主就任以来、薬師寺での写経の復活に力を入れてきた。薬師寺の信徒は、亡くなった親族や友人の供養のために写経を行い、それを寺に納める。檀家の墓を持たない薬師寺にとって、写経に伴う寄付金は必要不可欠な収入源だったのである。高田は写経による寄付によって、奈良時代に建てられ、一九六〇年代には劣悪な状態にあった寺院の古い建物を修復するだけでなく、食堂などの再建にも資金を捻出することができたのだった。

写経の一部とそれに伴う寄付金は、インドのブッダガヤや中国・長安の仏教寺院の巡礼や支援にも活用されており、アジアにおけるトランスナショナルな仏教コミュニティの維持にも役立てられている。薬師寺は、インドの経典を書写・翻訳し、東アジアに仏教の新知識をもたらした玄奘との関連性を広くアピールしており、玄奘三蔵院に安置されている玄奘の像は、片手に南アジア風の貝葉の経典を持ち、もう片方の手には筆を握っている。写経という行事は、薬師寺における戦後日本のシルクロードのイメージを翻訳し、広める媒体であり、玄奘は、シルクロードを旅し、経典を伝えた仏教巡礼者の象徴といえるだろう。

　薬師寺は、美術・音楽・パフォーマンス・写経の行事など複数のメディアを用いることでシルクロードイメージを作り上げてきた。それだけでなく、信者コミュニティとの関係性を強化し、海外の仏教共同体との接触を通じても国際的なアイデンティティを育んでいる。このことは、シルクロードによってもたらされた文化としての仏教が、単に世俗化し、博物館や美術館に展示され、歴史小説の文学作品やテレビのドキュメンタリーによる過去の反復と再生産ではないことを如実に表している。シルクロードのイメージは、現代の仏教寺院がコミュニティを再構築し、死者の追悼や写経による経済的収入を精神的なものに変換し、平和のための国際的な宗教・文化接触の確立という価値を広めるためにも用いられてきたのである。

おわりに

シルクロードというイメージは、旅行記から文学、美術、そしてテレビドキュメンタリーや仏教寺院での儀礼に至るまで、さまざまなメディアを介したアイデアや想像力の複雑な循環によって成り立ってきた。異国を旅した旅行記が創作物にインスピレーションを与えることもあれば、その逆も然りである。テレビのドキュメンタリーや博物館・美術館での展示は、異国の風景をより身近に感じさせるが、それらはしばしば、芸術や文学の想像力を通して組み立てられている。

「NHK特集　シルクロード」に関連するシルクロードのイメージは、一九七〇年代と八〇年代の日本の観光ブームとも結びついており[34]、一九七〇年から八〇年代の豊かな社会における大衆の消費文化としてではなく、テレビのドキュメンタリー番組や雑誌が、人々に探求の旅をさせるきっかけにもなったと考えられる。薬師寺のライブでの古代の音楽と現代の音楽を組み合わせた演出は、シルクロードのドキュメンタリー番組に対する「不思議な懐かしい感覚」が呼び起こされたとの視聴者の反応とも重なるものである。

宗教研究においては、仏像や聖典、儀礼が注目されがちだが、博物館・美術館での展示やテレビのドキュメンタリー番組、電子音楽といったより新しい形態のメディアも、仏教のイメージ形成に大きな役割を果たしてきた。二〇世紀の日本におけるシルクロードのイメージやアイデアは、「近代仏教文化」と呼べるだろう。それは単に、小説・展示・テレビ番組や音楽ライブによるシルクロードの世俗化というよりも、メディアの組み合わせによる新しい仏教発信と受容、そして仏教コミュニティのための文化という側面がある。平山郁夫や薬師寺における実践は、まさにそれを表しているのだ。

註

（1） Richard M. Jaffe, *Seeking Sākyamuni: South Asia in the Formation of Modern Japanese Buddhism* (Chicago: The University of Chicago Press, 2019). 奥山直司「明治印度留学生――その南アジア体験をめぐって」（『印度學佛教學研究』第六四巻第二号、二〇一六年）、一〇四二・一〇三五頁。Stephan Kigensan Licha, "The Small Vehicle: The Construction of Hinayana and Japan's Modern Buddhism," *Monumenta Nipponica* 76, no. 2 (2021): 329-61.

（2） 宮沢賢治『考本・宮沢賢治全集』（筑摩書房、一九七三年）、二七三・二七八頁。

（3） Aurel Stein, *Ruins of Desert Cathay* (London: Macmillan and Co., 1912), 457.

（4） 金子民雄『宮沢賢治と西域幻想』（白水社、一九八八年）。

（5） 秋枝美保「宮沢賢治「西域」作品と島地大等の印度仏蹟探検」（『人間文化学部紀要』第一六号、二〇一六年）、二一・四三頁。

（6） 龍谷大学龍谷ミュージアム・和田秀寿編『二楽荘と大谷探検隊――シルクロード研究の原点と隊員たちの思い』（神戸新聞社、二〇一四年）、三八・四六頁。

（7） 関露香編『本派本願寺法主大谷光瑞伯印度探検』（博文館、一九一三年）。

（8） 上原芳太郎編『新西域記』大谷家藏版（有光社、一九三七年）。

（9） 和田編前掲註（6）『二楽荘と大谷探検隊』、四四頁。

（10） Sandra S. Collins, *The 1940 Tokyo games: the missing Olympics. Japan, the Asian Olympics and the Olympic movement* (London: Routledge, 2007).

（11） 荒井経『日本画と材料――近代に創られた伝統』（武蔵野美術大学出版局、二〇一五年）。

（12） 平山郁夫『平山郁夫全集』第三巻（講談社、一九九〇年）、一〇三・一〇七頁。

（13） 平山郁夫『平山郁夫――悠久の流れの中に』（日本図書センター、一九九七年）、一五一頁。

（14） Paride Stortini, "Materializing Buddhist Memories: Objects and Images of the Silk Road in Hirayama Ikuo and Yakushiji temple," *Japanese Religions* 43, 1-2 (2018), pp. 121-144.

(15) 榎本泰子『「敦煌」と日本人――シルクロードにたどる戦後の日中関係』（中央公論新社、二〇二一年）。
(16) 井上靖「平山郁夫」（『藝術新潮』三一九号、一九七六年）、六八・七八頁。
(17) 平山郁夫『平山郁夫　薬師寺玄奘三蔵院大壁画』（講談社、二〇〇一年）、一二二頁。
(18) 中村清次『シルクロード――流沙に消えた西域三十六か国』（新潮社、二〇二一年）、三四・三六頁。
(19) 榎本前掲註(15)『「敦煌」と日本人』、一〇二・一一〇頁。
(20) 同前、第二章。
(21) 同前、一〇二・一〇七頁。
(22) 陳舜臣ほか「パミールを越えて――パキスタン・インド」（日本放送出版協会『NHK特集　シルクロード――ローマへの道』第七巻、一九八八年）、九・四五頁。
(23) 同前、四三頁。
(24) 平山前掲註(17)『平山郁夫　薬師寺玄奘三蔵院大壁画』、一一六頁。
(25) https://yakushiji.or.jp/guide/garan_genjyo.html（二〇二三年四月二六日閲覧）。
(26) 平山前掲註(17)『平山郁夫　薬師寺玄奘三蔵院大壁画』、六頁。
(27) 同前、八五・一〇〇頁。
(28) 坂井田夕起子『誰も知らない「西遊記」――玄奘三蔵の遺骨をめぐる東アジア戦後史』（龍溪書舎、二〇一三年）。
(29) 「法相宗大本山薬師寺　最勝会」https://yakushiji.or.jp/event/saisyoue.html.（二〇二三年四月二六日閲覧）。当時の様子と音楽については以下の論文を参照。Andrea Giolai, "Encounters with the Past. Fractals and Atmospheres at Kasuga Wakamiya Onmatsuri," *Journal of Religion in Japan* 9 (2020), pp. 213-247.
(30) Kimi Coaldrake, "Sounding the Journey: The Silk Road Journey by Genjō Sanzō (602-664 CE) in *Daylight, Moonlight Kitaro Live in Yakushiji*," *Asian Studies Review* 39, 3 (2015), pp. 395-412.
(31) 同前。
(32) 「伎楽info」http://gigaku.info/content/yakushiji/（二〇二三年四月二六日閲覧）。

(33) 同前。

(34) 陳ほか前掲註(22)「パミールを越えて」、七六・八一頁。

Ⅲ 聴く

扉画像：1926年7月19日、名古屋放送局スタジオでの高嶋米峰（『高島米峰氏大演説集』〈大日本雄弁会、1927年〉より）

第一一章　三遊亭円朝と仏教

——日蓮宗と慈善事業——

小二田誠二

はじめに

エ、一席此度日蓮大士の御一代記を演習致す様にと云ふ磯村行者からの御依頼でございます、私は此日蓮宗といふものを一体知らぬのです、初まりは正直に申上げるが此日蓮宗といふものは嫌ひでございます、何故かと云ふと一体ソノ幼年の折から禅寺に居つたもので兄が小石川区戸崎町の是照院といふ臨済の寺で兄が住職致して居りましたから是へ参つて是からこの寄席へ通つて居つたので、自然に弱年から脳髄へ禅宗の難有いことが浸み渡つて居るからどうも他宗の事を難有いと少しも心得ませぬ、夫故に一体法華は嫌ひでございました、正直な御話が……所が此頃信心の起ると云ふものは何かと云ふと此鬼子母神堂の磯村といふ行者が出家でも無く其行ひの正しいのと、世界で人が難病だと云ふて夜寐る目も寝ずに修行をいたして夜通しの加持祈禱を致されるといふ、其行の正しいのには実に感服致して、ヱ、どうも他宗の和尚様方がこの行ひであつたらば大層結構なことであろうが信者の出来ないといふのは全く他宗の和尚様方の行の悪いのだ、和尚様方の行を悪いと言つては罪になるといふことが仏法にあるさうだけれ共是は和尚様方が行ひを正うして看せなければどうも信心が起らぬ、

これは、岩波書店版『円朝全集』[1]所収、「日蓮大士道徳話」（以下、「道徳話」と略記）の冒頭である。たまたま注釈と解題を私が担当することになり、一読して、落語の枕として穏やかとは言いがたい語り出しにまず戸惑った。本作は、『日宗新報』[2]という日蓮宗の機関誌に一八九六（明治二九）年一〇月から一二月にかけて、一回の重複を含め計八回にわたって連載されたが未完のまま終了しており、それまで単行本や全集に収録された形跡の無い「新発見資料」であった。実のところ、本作が晩年の円朝にとってどれほどの意義があったのか、あるいは、古典化した多くの作品に比べて普遍性を持ち得るのか、甚だ心許ない。全集に先だって発見を伝えた『朝日新聞』二〇一〇（平成二二）年一〇月二一日の夕刊で、発見者である倉田喜弘は、「日蓮の話は魅力的な人物伝ではないと思う」と述べ、延広真治は円朝と日蓮宗との関係に着目して、「晩年の円朝理解のカギになる作品だ」と話している。記事は禅寺に葬られていることに触れ、「さて、人間は死後、改宗することができるのだろうか」と、皮肉交じりに結んでいるが、晩年、円朝が改宗を宣言したのは事実で、墓所についても議論があったらしい。

藤浦富太郎「身延詣」によれば、円朝は妻、幸が「法華宗の祈禱所」に通いだしたのをきっかけとして、麻布霞町の鬼子母神堂の堂守、磯村松太郎と出会い、「世間に流布されている日蓮上人真実伝や、日蓮大士実録とは全然別の観点から、御利益話と法難、超自然的な霊力を発揮する信者向きの祖師伝になるのを避けて、飽く迄も法華宗の行者学僧日蓮を表現する全く新解釈の日蓮伝を纏めて見たいと決意するに至」り、資料を読破し、出生から日蓮と名乗るまでを一区切りとして書き始め、題名を「火中の蓮」と付けた、という。[3]後に『明治の宵』に再録されたときにこの部分は「どちらかと言えば臨済禅を会得した立場として、生身の人間日蓮像を纏めてみたいと決心した」と書き換えられ、末尾近くには「ここまで書き上げたが、その後行きづまったのか、そのままになってしまった。だから、高座では一度も演らなかったが、鬼子母神堂において、集まる信者の前で、序章のみを演ったことがあった」と加筆されている。[4]

なお、この「火中の蓮」は、一代記の題名のように見えるが、全集に収録されている「火中の蓮華」は「鰍沢」を軸とした法華利生譚で、一代記とは別の作品である。『日宗新報』そのものが調査対象とならないまま、倉田による発見まで日の目を見ることがなかったため、円朝の取り組んだ日蓮伝は姿を変えて「火中の蓮華」になったものと認識されてきたということらしい。

『日宗新報』や当時の新聞、藤浦の回想にも、放蕩息子として知られた円朝の長男、朝太郎が磯村の教化を受けて一時的に改心したことと併せて、改宗、一代記口演を伝えている。[5]これらの記述を文字通りに受けとめるなら、本作は円朝の家庭事情を背景に生まれた作品ということになるが、それだけに留まる問題なのかどうか。本章は、晩年の異色作である「道徳話」成立の背景を、やや遠回りになるのを承知の上で、近世以降の仏教や話芸、そしてメディアを取り巻く状況と照らし合わせながら、円朝個人の問題から、可能な限り仏教と落語に於ける近代という問題を考察し、「晩年の円朝理解」の一助になることを目指す試みである。

一　仏教説話の近世・近代

話芸の源流の一つが説教にあったことは、関山和夫の古典的な研究によって道筋が示されている。寺院に生まれ、仏教者でありつつ研究者の道をたどった関山の研究は、慣れ親しんだ節談説教から説き起こしつつ、源流を探り、近世話芸の展開、そして近現代の話芸界、布教界に及ぶ。それらの著書には、博捜された資料を整理しつつ実体験を交えた論証の合間に、執筆当時の状況に対する憂い、嘆きが読み取れる。一方で、関山に刺激された僧侶たちによって結成された節談説教研究会の活動が今も盛んに続いていることを考えれば、研究のための研究に終わらなかった功績はとても大きい。

本章に関わる内容としては、説教、乃至話芸そのものの形式や口演技術の変化と同時に、現在も上演される落とし噺・人情噺・怪談噺、それぞれに仏教説話の痕跡を探る仕事も重要である。なかでも、円朝については、一貫して宗教者として認識し、説教との関わりを含めて繰り返し述べた上で、「やはり彼が到達したところは江戸落語の完成であって、近代落語の創造は出来なかったと私は見ている。日本話芸史における「説教と話芸」という強い絆も、円朝の死とともに切れていったのである」とする[6]。

関山の円朝評価は後に再び考えるとして、近世の仏教説話、唱導に話を戻そう。これに関しては、堤邦彦の一連の研究が重要である。『近世仏教説話の研究』「はじめに」において、「徳川期は僧尼の唱導活動が庶民層の生活圏に限りなく近づいた時代であった」とし、檀家制度のもと、「多くの老若男女が山門をくぐって僧侶の説法に耳を傾け、仏教的な人生観、現世認識、処世訓を日常的に受けとめ」たし、寺院の側も「さまざまな講会、縁日、開帳をとり行ない、神仏の霊験を声高に語り」、「出版文化の影響下に、略縁起、勧化本、社寺参詣図、高僧絵伝等の版行（量産化）」が進み「交通網の整備とあいまって、諸国の聖地霊場は、地域社会の檀信徒のみならず、遠国からの参詣人で大いににぎわい」、そこで交わされた情報は「都市の芝居、劇作に多くの素材を提供することとなった」。そうした状況を確認した上で、「近世文学史の地下水脈とも言うべき仏教説話の流れ」を寺院や僧侶の管理下にある表現から民間伝承・怪異小説・芸能・絵画に至るまで、実例を挙げながら縦横に検証している(7)。関山の掘り起こした説教を中心とした仏教説話の水脈は、堤によって「外面的にはとうてい教理・経典とは無縁の貌をした俗謡、芝居、戯作小説、落語、講釈、浮世絵、口碑伝説などの広汎な民衆文化の中に溶解し、潜在するもの(8)」としての広がりを見せることになった。

　私もかつて悪霊祓いのパフォーマンスそのものや口頭での説教に対する、印刷された仏教説話としての『死霊解脱物語聞書』について論じたことがある(9)。印刷物として不特定多数の読者を獲得することは有益だったが、従来の話術では理解されづらくもあり、表現の革新が必要だった。儒仏論争などもあり、論理的で説得力のある文体と挿絵が工夫された。一方、小説界は中国文学の影響を受けながら、幕末には馬琴に代表されるような様々な「法則」が駆使されるようになり、それは芝居や実録などの構造にも影響を与えた。落とし噺中心の落語では、そうした稗史小説の構成意識の変化はさほど影響を与えるものでは無かったかもしれないが、「牡丹灯籠」や「累ヶ淵」のような重層的で複雑な連続ものを生み出した円朝の場合は小説との相互関係も重要である(10)。

　関連で少し加えておくと、円朝全集の第一巻、巻頭は「怪談牡丹灯籠」である。それは当然、だろうか。本作は一八八四（明治一七）年に刊行されたが、初演は一八六一（文久元）年とも伝えられているし「累ね草紙」や「菊模様皿山奇談」は更に前に演じられたらしい。「菊模様」は草双紙として一八七〇（明治三）年に刊行されているなかで、「牡丹灯籠」が巻頭に来るのは速記本第一作だからだろう。近世から噺本はあったし、話芸と交流のある滑稽本や合巻も存在した。しかし、本作は、初めて落語の「声」を収録した記念すべき作だったわけだ。この論集で、本章は「聴く」というパートに収録されるが、私は円朝の声を聴いていないし、円朝の作品論の多くは「読む」行為で成り立っている。横山泰子が新聞連載時の挿絵に注目しながら怪談噺の魅力、新聞というメディアの可能性について論じ[11]、大橋崇行が小説と落語、あるいは速記本というメディアや文体の問題にも深く斬り込んでいるように[12]、落語の表現にも受容にも大きな変化があったのである。

二　文教政策と慈善事業

さて、円朝を考えるとき、背景として押さえておく必要がある最も重要な問題は、明治維新という大きな政治の変化である。「大政」が入れ替わっても一九世紀の大衆芸能文化は地続きのように見えるのも事実であるが、芸能者の地位の変化もあって、文教政策は、江戸時代の改革よりもはるかに直接的な影響を与えている。芸能の話題に触れる前に、まず宗教政策を簡単に確認しておこう。

この件に関しても膨大な研究があるが、円朝たち芸能民たちが「教導」と呼ばれる職を得たことを中心にみてみると、大教院・教部省の動きに注目する必要があることが判る。ここでは『近代仏教スタディーズ』[13]を足がかりとしつつ、おもに小川原正道、谷川穣の研究を参考にする[14]。

仏教界の明治維新は一八六八（明治元）年の神仏分離令とそれを受けた廃仏毀釈の衝撃で始まる。寺院の経済基盤を揺るがす法令とともに、神道国教化政策の中で教部省が設置、教導職が設けられ、僧侶たちも神道に協力することが求められた。大教院は長く続かなかったが、この経験を経て仏教界では布教活動の見直しが起こったらしい。大教院時代、民衆教化の空間は社寺を出て説教場の開設を促し、早くから講釈師たちの参加もあった。寺院を出た仏教者たち、例えば佐田介石は様々な場所で「演説」を行い、各地で佐田の演説に共鳴した人たちは結社を組織していく。日蓮宗における街頭演説が、日蓮辻説法の伝説化とあわせて展開していく様はユリア・ブレニナが詳しく論じている[15]。自由民権運動に代表されるように、宗教だけでなく政治的活動も、大道、あるいは大規模な劇場等での演説、討論というスタイルを獲得していった。

宗教界のメディア戦略は、今触れた演説や結社の活動だけでなく、明治に入って新しい展開があった。近世までも略縁起や参詣図、高僧伝などの刊行物があったが、これに加えて、新しいメディアとしての定期刊行物、雑誌や新聞への参入が相次いでいる。このことに関しては、上記演説や結社の動向と併せ、大谷栄一によって詳しく検証されている[16]。各宗派がそれぞれに機関紙誌を刊行し、言論・布教・交流の場を築く。この時期、演説そのものの書籍化も含め、数々の出版物が流通し、仏教系の書肆も続々登場した。『近代仏教スタディーズ』「はじめに」で、新仏教運動を例に吉永進一が指摘するように、活動拠点を持たず、雑誌等の新しいメディアが寺院に代わる社会空間を構成しつつあった。「道徳話」を掲載した『日宗新報』も、こうした流れの中で生まれた複数の日蓮宗系雑誌を統合して生まれ、やがて『日蓮主義』に引き継がれていく。

ところで、大谷の紹介している禿氏祐祥「明治仏教と出版事業」を収める『現代仏教』第一〇五号は他にも興味深い記事が多い。なかでも、浅野研真は、明治期の社会事業を、より正確には「慈善救済事業」と呼ばれるべきものであろう、とした上で、明治維新から日清戦争まで、そこから日露戦争まで、さらに大正改元までの三期に分けて分析している。このうち第一期では、キリスト教界におくれを取っていたものの、追々仏教界にも救貧、救療、育児、貧児教育等に関わる団体が生まれつつあったことを指摘している[17]。また、明治大正期の日蓮宗の社会事業に関しては、清水海隆が整理を試みている[18]。

こうした寺院の社会事業の中でも、一八七九（明治一二）年に育児院を始めた福田会《ふくでんかい》は円朝も参加した事業として注目される。現代まで続く福田会は、一八七六（明治九）年、今川貞山・杉浦譲・伊達自得の三名の発議により創立された、仏教者たちを中心とする宗派を超えた慈善団体で、円朝は創設当時から参加した。一八七九（明治一二）年、内務卿伊藤博文宛に提出された「福田会育児院設置願[19]」には「随喜居士会友」として名を連ねており、近代日蓮宗の基礎を築き、福田会初代会長も務めた新居日薩遷化五十年記念出版である『新居日薩』にも、「福田行誡、石泉信如、其他諸宗の高僧、山岡鉄太郎、島田蕃根、渋沢栄一、福地源一郎、三遊亭円朝、其他十数氏が創立発起者として非常に働いた」とある[20]。

『新居日薩』では、旧幕臣で、中村敬宇、信夫恕軒の弟子であった平井参（魯堂）の文章中に、「円朝は福田会の事業に骨も折り、また福田会の慈善芝居が円朝の肝煎りで出来て、立派な収入があったのである」という証言も見える[21]。この、福田会の慈善「芝居」が、いつ、どこで行われたものか、円朝自身がどういう関わり方をしたのか明らかではないが、「三遊亭円朝年譜」（以下、「年譜」と略記）には、一八八〇（明治一三）年二月一〜五日の条に「福田会育児院寄付演芸会で口演、茅場町の薬師境内〈読売・一月二七日〉。」とある。「茅場町の薬師」とは、眼病に霊験ありと言われ、円朝の「英国孝子伝」「心眼」にも登場する天台宗智泉院のことで、福田会の事務所が置かれており、この演芸会では佐田介石も演説を行っている。この時のことかは判然としないが、「当時佐田介石がランプ亡国論の演説を茅場町薬師境内に開くや。三遊亭円朝亦前座たり。聴衆は無料にて伯円。円朝の講談落語を聴くを喜び。この前座済めば四散する多かりしと。しかるに演説会なるもの漸く流行し。後には伯円等の援助を要せざるに至り。伯円は逆に演説家堀龍太を前座に用ゐ。自らもテーブル椅子を用ゐ。コップの水をすゝりつ講談をなすとし」という証言[22]は、上に記した演説の流行と芸能との交錯の一齣である。

　このように、当時、芸能界が慈善興行を行った形跡は様々な証言があり[23]、「年譜」にも明治二〇年代を中心に義援・慈善・寄付を目的とした口演の記述が多く見られる。明治中期に流行した種々の慈善事業の実態については、興行的な失敗や収益を目的とした悪質な例など、批判的な言説も散見されるが[24]、政策との関わりもありつつ、宗教界も芸能界も積極的に関わっており、勿論、円朝も例外ではなかった。現代でも多く存在する芸能空間・社会活動の場としての寺院の存在は、案外重要かもしれない。円朝と仏教、と言うとき、兄や山岡鉄舟との繫がりを指摘して、話材や芸風を論じる研究は数多く存在するが、福田行誡や佐田介石等とともに、仏教界を含む社会事業に参加していたことは改めて注意が必要である。

三　芸能政策と落語の近代

さて、明治初めの宗教界の動向と円朝の関わりを概観したところで、今度は芸能界をめぐる政策を確認してみよう。この問題に関しては、倉田喜弘の研究が詳しい[25]。先に触れた「年譜」も倉田の執筆になるもので、芸能政策に関する記述を丁寧に拾っているので状況を飲み込みやすい。また、柏木新『明治維新と噺家たち』は、まさにこの時代の落語界の動向を中心に扱う研究として注目される[26]。さらに、歴史学・民衆史の立場から円朝作を論じた須田努は、明治政府による寄席規制の法令を列挙しながら分析していて有益である[27]。

これらを参照すると、明治維新を挟んだ落語は、話材も表現方法も、聴衆の嗜好以前に細かな政策に巻き込まれながら変質していった様子が知れる。声の文化としての落語に早くから言及していた川田順造は、「三条の教憲」をうけた素話への転向を「円朝の社会感覚の鋭さ、「時代」への対応の素早さ」と評価し、背景に「政治権力者との密着」を挙げる。「時の権力者に阿諛迎合」したのではなく、「聴き手の魂を震撼させるほどに見事にハナすことの、言い知れぬ歓びだけの中に」生き、「他の作品からの筋立て上の影響や、意図的・無意図的借用は、たいした関心事ではなかった」とし、「円朝という二つの時代を生きた感受性の鋭い噺家が、国家の体制の推移に余りに敏感に適合したために、ことばの上でもみずから進んで江戸＝東京ではなく、江戸／東京を選んだのではなかったか、と思わずにいられない」と述べる[28]。

この時期、話芸者だけでなく、戯作者たちも演劇人たちも、そして絵師も、それぞれの場所で「開化」の波に飲み込まれていた。幕末、既に粋狂連等に参加して異業種人脈を形成していた円朝は、明治に入って貴顕との交流も増え、名士になった。業界の地位向上に貢献した一方で、否応なく、こうした変質の先頭に立たされていたのである。こうしてたどってくると、先に触れた関山の「近代落語の創造は出来なかった」という評価は、「江戸落語」「近代落語」の定義とともに再考の余地があるように思われる。

ところで、近年「怪談牡丹灯籠」や「真景累ヶ淵」等、宗教と関連付けて論じられがちな怪談噺を読み直す注目すべき論文が生まれている。前述の須田努は、政策を整理し、寄席の状況を検討した上で、「牡丹灯籠」について、勧善懲悪や忠義の文脈を読み解きながら「円朝は、近代になり変わったのでも、まして文明開化と妥協していったのでもない」とし、「円朝は寄席という大衆文化の空間に座り続け、慾の否定、忠義・義理・誠実という生き方を人びとに語っていたのである。そこに文明開化という状況（構造）が立ち現れ、明治政府の国民教導という〝呼びかけ〟によって円朝の主体は喚起され、自己実現を企図する中で覚醒し、幕末に創作した「怪談牡丹灯籠」に手を入れ、そこにもともとあった規範・教諭色の傾向を一層強めていったのではないだろうか」と言う[29]。一方、峯村康広は、同様の背景を追いながら、「『牡丹灯籠』は明治五年を境にして、より勧善懲悪に傾斜した物語に軌道修正された」と「言えるかも知れない」として、その理由の一つとして、激化した自由民権運動と重ね合わせて「この時期、円朝は演芸メディアの側から自由民権運動の〈抑止力〉として一枚嚙もうとしていたのではなかったか」と指摘する。[30] また、斎藤喬は、同じ作品を全く異なるアプローチで読み解き、「しかし噺家円朝が仏教思想に慣れ親しんでいたということと、円朝口演が仏教教化を目的とした説教であるということを、一つにして論じてしまうのは乱暴である」と断じた上で、「牡丹灯籠」を丁寧に読み解きながら「恐怖」という感情体験を論じ[31]、更に大橋崇行は「人情」という問題から小説との関係を論じている。[32] これらの論考から見えてくるのは、怪異を語る文脈に於いても仏教表象の変容というだけでは収まりきれない背景の存在である。

四　宗教宣伝と利生譚

冒頭で述べたように、「道徳話」は法華行者磯村松太郎の依頼によって、一八九六（明治二九）年一〇月、麻布鬼子母神堂で口演され、『日宗新報』に掲載された。それは、明確な意図があったかどうかはともかく、既に殆ど引退状態にあった巨人、三遊亭円朝の宣伝効果は大きかったに違いない。実際『日宗新報』では、作品本文以外にも、改宗以来何度も円朝の情報を掲載し、口演の告知もしている。

さて、その『日宗新報』によれば、連載中の同年一一月、「改宗後祖御伝記を熱心に調べつつ」あった円朝は「静岡県服町の愛共亭より改正日蓮記の演述を依頼され[33]」、また「火中の蓮華」連載が始まる直前の翌年一一月八日には霞町鬼子母神御会式で「御利益ばなし」、一二日鈴ヶ森鬼子母神で「道徳ばなし」を口演している。それらの具体的な内容は不明だが、「改宗以来宗祖伝記の取調に余念なかりし」とあるように、「道徳話」初演後も日蓮の調査は続けていたらしい[34]。静岡では駅前の大東館を宿として一週間滞在し、出演のない二七日午後、西草深の徳川慶喜邸でも口演し、夕食と二五円を得ている[35]。これに対する一二月九日付礼状には[36]、「早〳〵御礼可申上候処　帰京之後直に房州へ参り昨夜帰宅致候程にて」とあり、あるいは日蓮誕生場面の取材のために房州旅行をしたのかもしれない。

もう一つ当時の状況を補足しておくと、磯村の依頼を受けて高祖伝記に取り組んでいた最中の六月一五日、明治三陸地震が起き、全国的な義援事業が巻き起こった[37]。『日宗新報』六〇五号によれば、霞町の鬼子母神でも一八日に追弔会、施餓鬼会が開催され、一三円を集めた。円朝も、高祖の御伝（加藤文雅講演か）を聞くために来会し、六〇銭を寄付している。「道徳話」の口演も、こうした慈善活動の一環として捉えておく必要もあるだろう。

「道徳話」の翌年に作られた「火中の蓮華」について、今岡謙太郎は「後記」で、『日蓮大士真実伝』との関係、法華宗称揚の雰囲気等に言及して「『日蓮大士道徳話』の一種の続編として構想された可能性も考えられる」とした上で、円朝自身を登場させる趣向に触れ、「それがそのまま日蓮宗への傾倒振りを表しているかは定めがたいが、晩年の円朝の、創作への姿勢を感じさせる作品といえる」と指摘する。特に冒頭は本人の体験談そのもののように読めてしまう仕立てだが、実際には「鰍沢」「鰍沢二席目」、あるいは「法華長屋」まで取り込んで二世代にわたる因縁譚に仕組んだもので、旧作を取り込みながら当代の風俗文化を持ち込むとともに「一種の名所案内的な側面」も持ち、「全体としては散漫な面が見える」という今岡の評価は否定しようがない。本作は、多くの素材を消化しきれていない面はあるものの、全体としては現代的な法華利生譚として構想されたと考えられる。それは、磯村を通じて法華信仰を深めた円朝が、身近な話題から説話に転じ、利益で締める説教話芸の構成方法を採用したとも言えるだろう。結果、三題噺「鰍沢」が「御材木（御題目）で助かつた」というオチを用意したのとは全く異なる話になった。

　磯村に感化された円朝は、新たに日蓮物を創作するにあたり、はじめ、小川泰堂の『日蓮大士真実伝』を粉本とし、桜痴の戯曲『日蓮記』も意識しながら、昂揚感を持って新しい日蓮伝を構想したものの、原作のある一代記よりも様々な材料を取り込んで構成できる利生譚に方針を変えた、いわば円朝における法華信仰の表出として、この二作は一体のものだったのではなかろうか。

むすび——日蓮主義前夜の円朝

　ところで、磯村松太郎は、円朝と出会うより五年ほど前、大阪で田中智学と出会っている。一八九一（明治二四）年、智学は重野安繹《やすつぐ》との論争を経て祖道復古議会を結成、各地で講演活動を行った。このうち、大阪で最初の講演会が行われた道頓堀角座での一齣である。[38]

　宣伝も行き届いたものと見えて時間前から続々来集する人波が、忽ちに広い劇場を埋めて吾輩の登壇を待ッてゐる、すると登壇間際に控へ所に立派な服装をした、美髯をたくはへた偉丈夫が一人現れてお目にかゝりたいといふ、名刺を見ると磯村松太郎と記してある、それから紹介する人のいふところを聞くと、此の磯村といふ人は俗人であるけれども、一種の修法家であッて、相当の団体を有して居る人である、本より宗門篤信のひとであるといふことであッたから、会ッて来意をきくと、その磯村氏のいふには、

『はじめてお目にかゝりますが、今日私が推参したのは、市中の評判をきいてみると、先生の御所論に権門邪宗の者共が蹶起し襲撃するといふ趣きで、その方の連中が大分入り込んで演説を妨害する気配が見へます、或は多少の暴徒なども交ッてゐるやも知れんといふ情報を得たのでこれは捨てておけないと自分が考へ時間前から上りましたが、実は私は柔道の心得があるので、今日は腕力を以て先生を保護申上げるつもりで参りました。』

といふ口上であッた、いかさま風采をみると柔道幾段とでもいひさうな立派な体格の持主で、髯は関羽の如く、此の人が壇上に立ッて気勢を示したら、大抵の者は辟易するだらうと思ふ位な風貌の人であッた、然し自分は未ださういふ暴徒の襲撃といふやうなものを、これまで経験したことがなかッた、勿論東京に於いても講演中に反対の声を放ッたり質問をしかけたりした者はあッたが、その都度言論を以てこれを征服して来たから、今暴徒の来襲を慮ッて護衛のために磯村氏が特に来会されたといふことを聞いて、大阪といふ所の人情風俗がいさゝか東京と異ッて居ることを少しく感じた、そこで御好意の段かたじけないと謝して、二三の談話を交してゐると、……


智学の置かれた状況、そして磯村の人となりを示す、スリリング、かつ微笑ましいこの回想で、既に磯村が「相当の団体を有して」いる行者だったことも判る。これらの記述は、藤浦の回想に見える磯村像とも通じ、磯村歿後に『日宗新報』に掲載された略伝[39]とも符合する証言として重要である。そ

の後の智学と磯村の交流については今のところ他に証言が見当たらないが、大阪に縁故の少なかった智学は「故人になッた磯村松太郎氏もいろいろ世話をやいてくれた」と回想しており[40]、関係は続いていたらしく、松太郎の嗣子で、作家としても宗門のために活動した磯村野風は、『日蓮主義』等にも寄稿している。

一八九九（明治三二）年、いわゆる第一次宗教法案は否決されたが、危機感を持った磯村は翌年五月、私家版『国家要書』を刊行し、国家と宗教、信仰と布教を論じ、巻末には国会に対する請願書を添えるなど、政治活動を活発化する。そして一九〇一（明治三四）年九月、智学は『宗門之維新』を世に問い、いよいよ日蓮主義の時代が訪れようとしていた。円朝の死去は、それら二冊の刊行の間、一九〇〇（明治三三）年八月であった。

円朝とは関係の無い後日談だが、田中智学は『宗門之維新』を「朝野の名士、主もなる操觚者、七百余名を選むで寄贈」、その中に高山樗牛がいた。樗牛は突然鎌倉要山の師子王文庫を訪ね、柳田樵谷の描く「三保の富士の景」の襖絵がある客間、「三保の間」で対面。読後の感動を述べ、鎌倉に移住して教えを請いたいと申し出る。智学も快諾、「この日、『高祖遺文録』と『日蓮大士真実伝』と『法華経宗義鈔』とを借りて帰つたのが、研究のはじめであつた」と、山川智応は三保最勝閣で、龍華寺のある有度山を望みながら回想している[41]。元々全く異なる意味で三保・清見潟に所縁のあった二人がここで合流し、わずか一年ほどの交流の後、樗牛は自らの希望で、三保と富士を望む日蓮宗観富山龍華寺に葬られることになる。

円朝は、一八九六（明治二九）年正月、井上馨に従って興津から身延詣をした折、自分は日蓮宗ではないと言った。[42]その年の内に磯村行者と出会い、「改宗」を宣言して「道徳話」を話し、翌年「火中の蓮華」を発表する。それは偶然だろうか。磯村松太郎という過激な行者[43]、田中智学という稀代の活動家の出現も、高山樗牛の日蓮への傾倒も、さらに言えば、少し遡るが『日蓮大士真実伝』の著者小川泰堂も、あるいは新居日薩、福田行誡、佐田介石等々の高僧たちも、時代の必然としてそこにいたし、その渦の中で桜痴は『日蓮記』を為し、円朝は「道徳話」「火中の蓮華」を生むことになったのではなかったか。

円朝晩年の日蓮物二作に個人的な事情が大きく作用しているのは確かで、それによって実際に深い信心に至ったのかもしれない。しかし、「道徳話」が磯村のいる鬼子母神堂で口演され、『日宗新報』という宗派の機関誌に掲載されたことの背景は、この時代の仏教界、芸能界の動きと無縁ではないだろう。その一端を示し得たなら幸いである。

註

（1）円朝作品及び注・解説は、次の倉田喜弘・清水康行・十川信介・延広真治編『円朝全集』（岩波書店、二〇一二〜二〇一六年）を使用する。なお、ふりがなは省いた。
第一一巻「日蓮大士道徳話」小二田誠二注解・後記、二〇一四年
第一二巻「火中の蓮華」今岡謙太郎注解・後記、二〇一五年
別巻二　「書簡」磯部敦後記、「三遊亭円朝年譜」倉田喜弘、二〇一六年

（2）『日宗新報』は、立正大学図書館所蔵資料を使用した。以下注記しない。

（3）藤浦富太郎『続　随録三遊亭円朝』（円朝顕彰会長藤浦氏を囲む会、一九七六年）、二六頁。

（4）藤浦富太郎『明治の宵』（光風社書店、一九七八年）、三九頁。

(5)『朝日新聞』（一八九六年九月二七日）、『日宗新報』第六二一号（一八九六年十月八日付）等。
(6)関山和夫『説教の歴史――仏教と話芸』（岩波新書、一九七八年）、一二八頁。なお、関山は『説教の歴史的研究』（法藏館、一九七三年）、『落語風俗帳』（白水社、一九八五年）、『庶民芸能と仏教』（大蔵出版、二〇〇一年）等で、繰り返し円朝と仏教について論じている。
(7)堤邦彦『近世仏教説話の研究――唱導と文芸』（翰林書房、一九九六年）。
(8)堤邦彦『絵伝と縁起の近世僧坊文芸――聖なる俗伝』（森話社、二〇一七年）、一〇頁。
(9)小二田誠二「解説　板本仏教説話のリアリティ――『死霊解脱物語聞書』再考」（『死霊解脱物語聞書――江戸怪談を読む』白澤社、二〇一二年）。
(10)小二田誠二「平井権八伝説と実録・読本」（『日本文学』第四三巻第二号、一九九四年）等。
(11)横山泰子「挿絵が語る怪談噺――『真景累ヶ淵』と『怪談乳房榎』の場合」（一柳廣孝監修、飯倉義之編著『怪異を魅せる（怪異の時空2）』青弓社、二〇一六年）。
(12)大橋崇行『落語と小説の近代――文学で「人情」を描く』（青弓社、二〇二三年）。
(13)大谷栄一・吉永進一・近藤俊太郎編『増補改訂　近代仏教スタディーズ――仏教からみたもうひとつの近代』（法藏館、二〇二三年）。
(14)小川原正道『大教院の研究――明治初期宗教行政の展開と挫折』（慶應義塾大学出版会、二〇〇四年）、谷川穣『明治前期の教育・教化・仏教』（思文閣出版、二〇〇八年）。
(15)ブレニナ・ユリア「近世末期・近代における日蓮像の構築の一側面――辻説法に着目して」（『同朋大学仏教文化研究所紀要』第四一号、二〇二二年）。
(16)大谷栄一『近代仏教という視座――戦争・アジア・社会主義』（ぺりかん社、二〇一二年）、『近代仏教というメディア――出版と社会活動』（ぺりかん社、二〇二〇年）。
(17)浅野研真「明治時代の仏教社会事業」（『現代仏教』第一〇巻第一〇五号、大雄閣、一九三三年）。
(18)清水海隆「近代日蓮宗の社会教化事業」（『人間の福祉　立正大学社会福祉学部紀要』九号、二〇〇一年）。
(19)竜門社編『渋沢栄一伝記資料　第二四巻』〈実業界指導並ニ社会公共事業尽力時代　第二一〉渋沢栄一伝記

資料刊行会、一九五九年)、二四四頁。

(20)『新居日薩』(日蓮宗宗務院、一九三七年)所収「略伝」、七一一頁。

(21)『新居日薩』(日蓮宗宗務院、一九三七年)所収「逸事集」、八〇四頁。

(22)『日本社会事彙　上巻　訂正増補　再版』(経済雑誌社、一九〇一年)「カウダム(講談)」の項。五二二頁。

(23)木村錦花「歌舞伎座物語」(『歌舞伎』第六年六号、一九三〇年)、同『近世劇壇史　第1(歌舞伎座篇)』(中央公論社、一九三六年)等。

(24)田口卯吉「慈善論」(『鼎軒田口卯吉全集』第三巻『続経済策』第八章、鼎軒田口卯吉全集刊行会編、一九二八年、初出は一八八七年)、石井洗二「「慈善事業」概念に関する考察」(『社会福祉学』第五五巻第三号、二〇一四年)等。

(25)倉田喜弘『芸能の文明開化——明治国家と芸能近代化』(平凡社選書、一九九九年)、同『芝居小屋と寄席の近代——「遊芸」から「文化」へ』(岩波書店、二〇〇六年)。

(26)柏木新『明治維新と噺家たち——江戸から東京への変転の中で』(本の泉社、二〇二一年)。

(27)須田努『三遊亭円朝と民衆世界』(有志舎、二〇一七年)。

(28)川田順造『人類学者の落語論』(青土社、二〇二〇年)、七六・八七頁。

(29)須田前掲註(27)『三遊亭円朝と民衆世界』、一五一頁。

(30)峯村康広「〈悪〉の破壊力——三遊亭円朝「怪談牡丹灯籠」論」(日本文学協会近代部会編『読まれなかった〈明治〉——新しい文学史へ』双文社出版、二〇一四年)、四五頁。

(31)斎藤喬「円朝口演『怪談牡丹燈籠』」「『怪談牡丹燈籠』を読む」(横山泰子・門脇大・今井秀和・斎藤喬・広坂朋信『牡丹灯籠(江戸怪談を読む)』白澤社、二〇一八年)。

(32)大橋前掲註(12)『落語と小説の近代』。

(33)『日宗新報』第六一六号(一八九六年一一月二八日付)。

(34)『日宗新報』第六五一号(一八九七年一一月一八日付)。

(35)高松寿夫「三遊亭円朝と徳川慶喜」(『円朝全集』月報七、岩波書店、二〇一四年)。

(36) 書簡59、小栗尚三宛『円朝全集』別巻二（岩波書店、二〇一六年）。

(37) 『宮城県海嘯誌』（宮城県、一九〇三年）、内閣府政策統括官（防災担当）『災害教訓の継承に関する専門調査会報告書　平成一七年三月　一八九六　明治三陸地震津波』（「津波ディジタルライブラリィ」二〇〇五年〈https://www.bousai.go.jp/kyoiku/kyokun/kyoukunnokeishou/rep/1896_meiji_sanriku_jishintsunami/index.html〉）等。

(38) 田中智学『わが経しあと』（師子王全集第二輯〔第七〕師子王文庫、一九三七年）、四四頁。

(39) 布施燿玄「賢雄院日親上人行状」（『日宗新報』第九二五号〈一九〇四年六月一日付〉）。

(40) 前掲註(36)『円朝全集』別巻二、二六頁。

(41) 山川智応「高山樗牛の日蓮上人崇拝に就いて」（姉崎嘲風・山川智応編『高山樗牛と日蓮上人』博文館、一九一三年）、三五八頁。

(42) 「火中の蓮華」（『円朝全集』第一二巻）、八頁。

(43) 磯村松太郎の行者としての「過激」な行状は、本題からそれるのでここでは触れないが、「道徳話」後記も参照のこと。

付記

円朝にも仏教にも疎い私が本章を担当するのは、旧清水市出身の宗教学者吉永進一の企画を他ならぬ龍華寺で開催するについて、現地の調整役を担当した縁による。一方、ニュースになった程の新発見作「道徳話」注釈に私が割り振られた事情は知らされていないが、日蓮と同じ現鴨川市出身者としての縁を感じていた。また、本作の「発見者」である倉田喜弘には『円朝全集』編集部を通じて様々の御教示をいただいた。そして吉永も倉田も、二〇二二（令和四）年に亡くなられた。本章をお目に掛ける機会は喪われてしまったが、改めてお二人の学恩に感謝し、拙いながらも手向けとすることをお赦しいただきたい。

第一二章　明治期の講談と仏教

金山泰志

はじめに

本章は、近代日本における人々の仏教のイメージが、どのように受容・共有され普及してきたのかを、明治期の主要娯楽メディア「講談」から明らかにしようとするものである。

執筆者はこれまで、近代日本人の中国に対する感情（感情レベルの中国観）を、近代日本のメディア（少年少女雑誌・講談・演劇・地方新聞・映画・大衆雑誌・ラジオなど）から明らかにしてきた[1]。近代日本の諸メディアが人々のイメージ形成や感情形成に果たした役割を明らかにしようとする研究姿勢は、本書の課題と通底する。

また、日本人の中国観研究（対外認識・思想史研究）は、日中関係史において重要な研究領野の一つであるが、その日中関係を捉える上で、「仏教」は特に注目する必要がある。例えば、一五〇〇年にわたる両国の歴史を客観的に記述しようと試みた労作、エズラ・F・ヴォーゲルの『日中関係史[2]』では、仏教の繫がりが日中関係の信頼の基礎となっていたことが指摘されている。執筆者は以前、既成の教団外で発行された仏教雑誌を収集・整理しその対外観の検討を行ったことがあるが、アジア太平洋戦争時における仏教界では、日本と中国を主軸にした「東亜新秩序」や「大東亜共栄圏」の理論的根拠として「仏教」に注目が集まっていた[3]。そこで大きな課題として浮かび上がってくるのが、「当時の人々の仏教イメージはどのようなものであったのか」という点である。また、そのイメージはどのように受容・形成されていたのか。

以上の点を踏まえ、本章ではその仏教イメージを、当時の娯楽メディアに着目することで明らかにしたい。人々のイメージ形成には、国や政府による上からの教育の影響も大きいと考えられるが、一般の人々が自発的に享受していた娯楽の影響は特に重要である。検討時期は、近代日本において各種メディアの隆盛が始まる「明治期」とする。

明治期の民衆娯楽には、芝居（歌舞伎や演劇など）や寄席（落語・講談・浄瑠璃〈義太夫〉・浪花節など）といった視聴する娯楽や、新聞の娯楽記事や娯楽雑誌といった読む娯楽など、多岐にわたるが、本章ではその中から寄席演目の一つである「講談」を取り上げる。講談とは、「軍書・物語の記録・歴史小説等を音調よく講釈する話術」のことで、下層社会の人々の最も安価な娯楽として人気を博していた[4]。本章の課題を考える上でも、社会の大多数を占める下層社会の人々に着目する必要があるため、それらの人々を聴衆としていた講談を検討することは適当であると考えられる（本書のテーマの一つである「聴く」の要素に着目することにもなる）。

一　仏教と講談に関する先行研究と本章の検討手法

1　仏教と講談

仏教と講談に関する先行研究としては、関山和夫の『説教の歴史――仏教と話芸』（岩波書店、一九七八年）、同「語り芸・話芸――絵解き・浪花節・講談・落語」（『大法輪』第六九巻第五号、二〇〇二年五月）がある。[5] 関山は、仏教各宗派が布教のために発達させた説教話芸（経典講釈）が、講談の源流であると指摘する。そもそも「講談」や「講釈」といった呼称は、日本仏教界では中世の頃から「説教（唱導）」の異称として多用されたものだという（一般に「講談」と呼ぶようになったのは明治期から）。講談は、江戸初期の太平記読みによる軍書講釈に始まり、中後期から経典講釈とも密接に関わりながら発展した。その江戸時代には、多数の講談師が活躍していたが、江戸後期から幕末にかけて登場する、鏑井北海（小金井蘆州）、一龍斎貞山、神田伯龍、神田伯山、松林伯円などの人物は、本章の検討時期である明治期でも活躍している。文化・文政の頃になると、講談は一気に話芸の形を整え、芸能になりきってしまうが、それでも仏教との関わりは色濃く保たれたという。

関山は前掲『説教の歴史』において、「祐天の伝記に中将姫や聖徳太子・親鸞・日蓮などの一代記、石山軍記、一休のこと、小栗判官、西行の一代記、三国七高僧伝など説教の題材が明治・大正期の講釈師によって口演されて講談本となったことが吉沢英明氏の『講談関係文献目録』に見えている」[6]と、明治期以降の仏教関係講談について重要な指摘をしている。その一方で、明治以降の叙述は主に「説教」に終始しており、明治期の仏教関係講談についての具体的な内容については、実証的検討が行われていない。

明治期の講談については、倉田喜弘『芝居小屋と寄席の近代――「遊芸」から「文化」へ』（岩波書店、二〇〇六年）や、同『明治大正の民衆娯楽』（岩波書店、一九八〇年）などの先行研究があり、また講談を史料に研究を行っている青木然の研究も参考になる。[7]

特に青木が指摘する「民衆娯楽に始原的に存在していた宗教性」は、本章の課題を考える上でも重要である。すなわち、物語を成立させる要素として、因果応報思想などの宗教的色彩の強い発想があったという点である。因果応報思想は、ある人の幸不幸を過去や前世の因業から説明する仏教的発想である。勧善懲悪の筋立てにおいても、単に悪人を悪として断罪せず、悪に向かわせた因業を説く点に特徴があるのだという。

また、前掲倉田書でも指摘されているが、明治に入ると、自由民権運動について語った民権講談や日清戦争以後の戦争講談のように、際物的講談が大流行する。[8] このような明治期の流行と仏教との関係はどうであったのか。さらに、一八八〇年代半ばに起きた宗教演説ブームについても注目する必要がある。その特徴は、キリスト教への排撃が民衆を熱狂させた点にある。例えば、一八八四（明治一七）年一二月二一日の『静岡大務新聞』では、二休居士という人物が行ったキリスト教を攻撃する仏教演説に、三、四〇〇〇人もの聴衆が集まったことが報じられている。一八八〇年代半ばは、コレラの流行や松方デフレによって、社会が荒廃した時期であり、神仏に信仰が集まるのは必然であった。さらにこの時期は、仏教各宗派の高僧たちの遠忌が相次ぎ、芝居では宗教劇が盛んに上演されたという。[9] では、寄席の講談でこの宗教演説ブームはどのように取り込まれていたのか。

2 検討に使用する史料

以上、先行研究を整理する中で、いくつかの論点を提示してきた。本章では、その検討に際し、史料集『明治の演芸』（倉田喜弘編、国立劇場調査養成部芸能調査室、一九八〇～八七年）と、講談速記本を使用する。

『明治の演芸』は、一八六八（明治元）年から一九一二（明治四五）年までの新聞記事を、「法令篇」「寄席篇」「見世物・雑芸篇」に分けて取りまとめており、「寄席篇」を詳細に見ていくことで、誰が何時どこでどのような演目の講談を行ったのかを把握していくことが可能である。また、その演目が人気（大入り）だったか否かの情報が記されている場合もあるため、仏教関係演目の聴衆の反応という点も明らかにすることができる。また、本史料集に掲載された新聞は、『東京朝日新聞』『読売新聞』『時事新報』などの有名新聞だけでなく、『日出新聞』（京都）、『奥羽日日新聞』（仙台）、『信濃毎日新聞』（長野）、『鎮西日報』（長崎）、『福岡日日新聞』（熊本）、『扶桑新聞』（名古屋）など、各地方都市の新聞にまで及んでおり、明治期の講談の検討に適した史料集である。[10]

一方、史料集『明治の演芸』から、仏教関係講談の演目名や反響などは読み取れても、その講談の詳細な内容まではわからない。その内容を知る手掛かりとなるのが、落語や講談の口演を速記で筆録して刊行された速記本である（一八八〇年代後半頃から刊行）。これらの速記本を史料に検討することで、仏教関係講談の具体的な内容や、どのような意図で語られた演目なのかを明らかにすることができる。その講談を聞き、聴衆がどのような仏教イメージを抱いたのか、あるいはどの程度の仏教に関する知識を得ることができたのか。以上の点を念頭に置きながら、以下、明治期の講談における仏教関係演目を具体的に見ていく。なお、引用文中の〔 〕は執筆者の注記である。

二　明治期の講談と仏教

1　「日蓮記」

まずは、前述の先行研究において、仏教講談としてあげられていた演目について見ていきたい。これらの演目について、当時の新聞記事を見ても確かに講演されていたことが確認できる。例えば、一八八一〔明治一四〕年六月九日付の『朝日新聞』を見ると、「御霊裏の東京講談場に当時出演中になる柴田南玉氏は、さすが東京にて屈指の講談師丈ありて〔中略〕夜は「戸田信八郎の履歴」に「日蓮記」等を講じ昨今大入りの人気なりと」と、記載されている。柴田南玉〔薫〕という講談師が、「日蓮記」を講演し「大入りの人気」であったことが読み取れる。「大入り」の演目、すなわち人気のある講談ほど、より多くの聴衆に影響を与えたことが考えられるのである。また、当時の仙台の地方新聞である『奥羽日日新聞』一八九二〔明治二五〕年九月一〇日付の記事にも、「目下、虎屋横丁・笑福亭に開講中〔九月一日より出演〕なる柴田南玉の「日蓮記」は頗る好評を博し、同宗信徒は我先にと詰掛る故、中々の上景気なりと」と、見える。東京だけでなく、各地で「日蓮記」が講演されていたことがわかり、また聴衆の中に日蓮宗信徒が多かったことも読み取れる。『時事新報』一八九九

（明治三二）年一月四日付の記事は、「講談の起源」や「読物の数」「得意の読物」など、当時の講談師の内幕を紹介した特集記事であるが、「目下の講談師中、平生最も得意とする読物」を紹介したところでは、柴田薫（南玉）の「得意の読物」が「日蓮記」であると紹介されている。以上の点を踏まえると、柴田南玉の「日蓮記」の影響力は当時において高かったことが指摘できる。

その柴田南玉の「日蓮記」の内容については、柴田薫講演、今村次郎速記の『日蓮記』（聚栄堂、一八九八年）という講談速記本から確認することができる。演目の概要については、速記本の序文で概括的に把握が可能である。ここでは、竹蔭居士という人物が書いた「日蓮記」の序文を見てみよう。

> 日蓮上人が日蓮宗一派を世に弘められし時の苦心といふハ言葉にも筆紙にも中々に尽し得べき事にてはなく只に愚民を和らげ仏の貴ときを知らしむるといふに留まらずして其の功徳を顕はすには或は困難を払ひ或は病を癒し或は悪魔を除ぞけ其の間種々の嫌疑を蒙り又ハ宗敵の為に妨たげられ実に痛ましき事の多かりしを能く百難を凌ぎ八宗九宗の宗敵を破つて終に一天四海皆帰妙法の旗を翻がへすに至りたり其の日蓮祖師の実伝を巧みに講ずる者は講談師社会に柴田薫其人ならずして他にあらずといつて不可なし[11]

ここでも、「日蓮祖師の実伝」を講演できる人物が「柴田薫（南玉）」以外にいないと述べられていることがわかる。続けて、本文の実際の口演内容を見てみると、その「第一席」の冒頭で「抑も日蓮記といふ講談は、チト通常の講談とは違いまして、宗教臭い事を申上ますので、中には余り好ましくない、人情物か或は敵討評定のやうな物の方か宜いといふお方もございませうが」という前置きから始まっている。柴田が講談中に指摘しているように、当時の講談演目において、仏教講談は他の演目を圧倒するほどの人気を博していたとはいえない。ここで指摘されているような「人情物」や「敵討物」、あるいは新聞紙面で度々社会問題として指摘されている「猥褻極る説話」や「強盗侠客の顚末」を説いた話の方が[12]、聴衆の人気を博していた。仏教に関する講談の影響力を考える上でおさえておくべき事実であろう。

話を柴田南玉の「日蓮記」に戻すが、前述の前置きに対して自分は日本各地の寺々を遊歴し、「宗旨の本義」を尋ねてきたことを強調し、また「成たけ聴衆の御体屈《(ママ)》のないやう」工夫をこらしていると述べる。また、日蓮が「東海漁村の匹夫の家に生れて、南無妙派の大導師高祖日蓮大菩薩となられし」点から、苦労して立身出世した人物として、豊臣秀吉や徳川家康を引き合いに出し、「太閤記や徳川史を演ずるに差したる別はありませぬ」と指摘する。

柴田南玉の「日蓮記」の講談速記本は、大正期（一九一八年）にも昭和期（一九三六年）にも刊行されている（どちらも大川屋書店から）。大正期の方では、序文にあたる「梗概」のところで、「〔日蓮の〕その一生は実に稀に見る経歴、本書は具に其一生に亘り布教の有様を講演した者、普通講談に比して反つて面白い譚りである」[13]と述べられている。日蓮の生涯は、まさに「劇的」であり、他の仏教講談と比べ飽きさせない要素が演目としての人気に繋がっていたことも考えられよう[14]。

「日蓮記」を語っていたのは柴田南玉だけではない。『大阪毎日新聞』一八九八（明治三一）年六月一六日付の記事では「京都新京極の講談席喜魯館はかねて新築中の処、此程落成したれば、講談師は氏原魯山を始め同社中にて、一昨十四日より開場せしが、読物は「日蓮記」（中略）等なり」と、「氏原魯山」なる講談師によって「日蓮記」が読まれていることが確認できる。その他にも、例えば講談師の死去を報じる記事では、その人物が生前に得意であった読物について紹介されることが多く、『東京朝日新聞』一九〇八（明治四一）年五月四日付の「小金井芦洲」という講談師の死去を惜しむ記事では、「得意の読物多き中に、「川中島合戦」「賤ヶ獄七本槍」及び「日蓮記」等は最も評判にて、二十一歳の時、前記の読物にて三ヶ月間客止を続けし事あり。又、旧臘、深川高橋の永花亭にて「日蓮記」を講演したる時は、毎夜僧侶の聴衆にて客止をなしたるは珍しき事也」と紹介されている。ここでも、特に日蓮宗僧侶に人気を博した「日蓮記」の様子が新聞記事から浮き彫りとなる。

2 「祐天の伝」「一休禅師」

先行研究で既にその名があがっている演目として、次に「祐天」を取り上げる。祐天に関しては、「講談界の学者」として紹介されている「放牛舎桃林」について特集された新聞記事に、「十八番とも云ふべき読物は、「仙石騒動」「祐天」「東台俠客伝」「延命院」「中山実記」「大久保今輔」「伊賀仇討」など[15]」と見える。

放牛舎桃林の十八番である「祐天」については、その講談速記本『祐天の伝』が刊行されているため、その内容を確認することができる。「陸奥国岩城平の僻村より出でゝ遂に芝三縁山増上寺三十六世の住職となりしハ偶然に非ざるなり」などと、「祐天和尚（浄土宗）」の伝記が遺漏なく語られ、「祐天和尚の如きハ一人出家して天下幾万の人をして天に生ぜしめしものなり」と紹介されている。[16]

「祐天の伝」もまた、放牛舎桃林だけでなく、「真龍斎貞水」という講談師によって語られている。その内容については、彼の講演を速記した講談本から確認ができる。当該速記本は、前の放牛舎桃林講演の速記本とは「序文」が大きく異なる。重要な論点を含むため、長くなるが引用する。

> 酒を般若湯と号けてガブ〳〵飲み、蛸は伏鐘と云ひ仏法に縁あり、何んぞ弾かることあらんと遠慮なく是を喰ひ肉食妻帯を許すといふ親鸞の言葉を何よりの味方として日蓮にまれ浄土にまれ天台真言何宗でも、女房は持つし子はあるし墓場に襁褓を乾すに至つては言語同断仏道の末世、只々吾々俗の身は嘆息する外はなし、抑々本編祐天は身荘客より出でヽ仏門に入り性質愚鈍に為て経文を記憶すること能はづ、然れども只不撓の一事腹底にあつて、苦心経営遂に能く大業をなす、不動明王に祈誓を掛けて鈍血を吐くの件りは或は後世の作者が筆に成りしやも知るべからずと雖も、兎まれ其苦心常人の及ぶ処にあらづ〔中略〕然らば祐天必づや愚鈍にあらづ一個の英雄なり〔中略〕惜むらくは此英雄をして仏門に入らしめしを、世の堕落の僧本書を一読せば宜しく恥死せよ俗人は是を読て不撓不屈の心を己れの業に注げ、精神一到何事か不成、嗚呼祐天は此語を能く味ふものなり(17)

祐天に対しては「英雄」として評価されている一方、同時代の仏教（僧侶）に関しては、「言語同断仏道の末世、只々吾々俗の身は嘆息する外はなし」「世の堕落の僧」と、祐天と比較しながら、ネガティブな感情で語られていることがわかる。仏教世界の偉人（有名人）に対しては、その功績などが顕彰されている一方で、同時代の仏教や僧侶に対しては、ネガティブな視線が向けられている点は、当時の人々の仏教認識として捉えておく必要がある。

次にあげる「一休禅師」は、当時から現在に至るまで、仏教世界の有名人の一人として、一般の知名度が高い人物である。明治期の新聞記事を見ても、「愈よ明五日夜より、予て噂さありし大阪新講談松月堂各務呑龍一座出勤し、〔中略〕呑龍が「教育新話娘節用」及び「一休禅師悟道論」を読むとの事」、「〔錦城斎貞玉(18)の死去に際する記事で〕同人得意の読物は軍団物よりも世話物の方にて〔中略〕「頼朝小僧」「一休禅師」及び侠客物等にして〔後略〕」などと(19)、「一休禅師」に関する講談演目が見受けられる。

新聞記事では、松月堂呑龍が「一休禅師悟道論」を読んだとあるが、松月堂（上方講談）の一門の「松月堂呑玉」の「一休禅師」であれば、講談速記本を確認することができる。速記本の中身を読むと、「大徳寺華叟の御弟子と成ッて、此の御寺にて御修行でございます」などと、一休自身の逸話や履歴が詳細に語られているが、一休の人物だけでなく、禅宗や禅家についても、「禅宗は他宗旨と異り、教外別伝、不立文字、以心伝心、と申して、詞を以て為し、文字を藉りて述べざるを宗旨とし、悟ると云ふのが臺でございますから」「禅家の悟りと云ふものは感心なもので、悟道徹底と云ふ事を申しますが、自分に座して居る間に色々な事を考へます」「総て世の中の仏法の信者中、日蓮宗の人は妙法蓮華経でなければ極楽往生が出来ぬとか、或は真宗の人は南無阿弥陀仏でなければならぬ、真言宗の人は何、禅宗は何と、皆夫々我宗旨より知らずして他宗を討ちます」などと、詳しく解説がなされている(20)。一休禅師の講談を聞けば、一休の人となりだけでなく、ある程度の仏教（ここでは特に禅宗）についての知識を獲得することができるのである。講談師の役割（教導職としての側面）として、読み書きのできない聴衆層に知識を教授できるという点も、当時から指摘されていた。[21]

その他、一休禅師に関する講談速記本には、瓢々亭玉山講演、秋元浅次郎速記『一休禅師：頓智奇談』（弘文館、一八九六年）がある。一休の人物像については、「一休ハ絶世の名僧知識で其滑稽洒落にして頓智に富み深く禅道の極意を窮めまして此の苦しき世を楽しく渡り其楽天の道をもて多くの人を導き済度せられましたるハ最と〳〵めでたきことでありますす」と顕彰されている。[22]注目すべきは、本書の序文である。

禅僧の禅僧臭きハ称するに足らず、而して滔々たる世の禅宗僧徒ハ、皆此の禅臭を脱せざるものなりかし、去るに茲に一休禅師ハ、既に脱俗して禅に入り、禅に入りて而して後ち又更に脱禅す

こちらでも、祐天の速記本（真龍斎貞水講演のもの）と同様に、一休禅師と比較されることで、「世の禅宗僧徒」が「禅僧臭きハ称するに足らず」とネガティブに捉えられている様子が確認できる。

3　「黒田水精」に関する講談

同時代の仏教関係者を題材にした講談としては黒田水精に関する演目がある。尾張国海西郡八輪村の大谷派西導寺の住職である黒田はその妻と、徒弟である伊藤鉄三郎を殺害し、財産を横領しようとした。[23]死体をバラバラにしたという残忍な行為が、人を諭す身分であり死体に宗教的意味を見出すべ

き職業である僧侶により行われたということで、新聞各紙でセンセーショナルに報じられ、同時代の事件を読物にしていた新講談の恰好の題材ともなった。

当地の新聞『新愛知』一八九七（明治三〇）年七月一日付の記事では、「時事講談師松平真正が、本日夜より巾下外田町の橋又座にて開演の読物は、「西導寺大悪僧黒田水精の謀殺事件」と見える。黒田水精に関する演目は、当時の有名講談師松林伯知も講演していたようで、松林伯知講演、酒井昇造速記『探偵実話　黒田水精』（銀花堂、一八九七年）という講談速記本が刊行されている。次にあげるのはその序文である。

> 人の性元善なれど情の為に憾じて悪意を発す実に凡夫の浅ましさなれど僧侶としてこの如くなるは生ながらの魔物なり去バ愛知県下海東郡（海西郡か）西導寺の黒田水精の如は身本願寺の末派にして龍田御坊と尊奉せらるゝ身を持ながら無惨にも利欲の為に餓鬼畜生に劣る行為をなし親族の者二名を殺し就中一名を地中に埋め一身を六箇に裁て能く警察官の眼を晦ませしも敏腕なる探偵の非常手段に罹り鬼坊主とまで謡れし程の物も遂に法庭に自白するに到りし

黒田に対しては、「魔物」「餓鬼畜生に劣る」「鬼坊主」と辛らつな言葉で徹底的に叩かれている。本文中の語りにある「如何に世は僥《（ママ）》季とは申ながら、人を諭し人を教る僧侶の身分で斯る大罪を犯すとは、実に言語は絶た次第でござります」からも明らかなように、下手人が僧侶の身分であったことが、この事件の衝撃を一層際立たせている。

この黒田の事例のみをもって、当時の人々の対仏教感情が悪くなったと結論づけることはできないが、前述の「祐天の伝」や「一休禅師」の講談速記本の序文ににじみ出ていたようなネガティブな仏教イメージも、当時において見過ごせない眼差しの一つである。

4　宗教演説ブームと仏教

同時代の仏教が、どのように講談で語られていたのかという点を考える上で、一八八〇年代の「宗教演説ブーム」も看過することはできない。このブームの最大の特徴は、キリスト教の排撃であるが、同時に仏教に関して盛んに演説が行われていた。

それは各種新聞記事からも明らかである。例えば、『此花新聞』一八八四（明治一七）年一二月二〇日付の「寄席の僥倖」や、『静岡大務新聞』一八八四年一二月二一日付の「落語講談と宗教演説」という記事では、「仏教演説」が至る所で「流行」していることが報じられている[24]。

では、講談演目としてはどうであったのか。具体例があがっているものは多くないが、『時事新報』一八八四年一一月四日付の「俄狂言中止」という記事では、「近来世上は何となく宗教上の事に注目する人気となり、演説或は講談等にも往々仏教と外教の軋轢を説くを以て、俄狂言師等もこの人気を取り大当りを得んものと思ひ付きしにや」と見え、「講談」でも「仏教と外教〔キリスト教〕」の軋轢について語られていたことが読み取れる。その他、『名古屋絵入新聞』一八八五（明治一八）年二月一三日付の記事では「大垣の桃李園琴口といふ講釈師の連中が来たり、「破邪顕正外教退治」の講談を開莚したり」と見える。この情報だけでは、仏教について語られていたのかまでは判然としないが、宗教という大きな括りで仏教にも話が及んだことは十分に考えられよう。

　宗教演説ブームの後も、同時代の仏教に関する講談が行われていた様子は各種新聞記事に散見される。例えば、『日出新聞』一八九八（明治三一）年五月二九日付の記事では、「此程より新京極笑福亭に出席したる松林若円は、今度、自作の「大谷光瑩伯伝記」を講演しつつ、北越地方を稼ぎ廻る由にて、来る六月五日午後より新京極受楽亭に催ふす演芸会に於て右講談を為すよし」と見え、浄土真宗の「大谷光瑩」について、当時の有名講談師松林若円によって講談で語られている様子がうかがえる。その他、『扶桑新聞』一八九九（明治三二）年一〇月一一日付の記事では、「新守座・弁天座等に於て興行したる耶蘇退治仏教征伐の新講談小島幣吉一座は、本日より向三日間、伝馬橋畔大富座に於て開演する由」と見える。

　日露戦争後の『東京日日新聞』一九〇六（明治三九）年六月一七日付の記事では、日蓮宗の有志が、中央会堂建設のために日宗会なるものを組織し、六月二三日・二四日の両日に市村座においてその創立式を挙行したことが報じられている。その式の後に余興があり、様々な演目が行われていたことが紹介されているが、その番組の中に「上村中将と日蓮宗（松林〈猫遊軒〉伯知）」という演目が見える。上村中将は、日露戦争時の階級が中将であった上村彦之丞であろう。上村中将は、鎌倉にある日蓮宗の寺院「霊光寺」の建立に尽力した人物であるため、その事跡に関する講談が行われたものと考えられる。

5 「三十三所観音霊験記」

その他、前述の先行研究でその名があがっていなかった講談演目としては、「三十三所観音霊験記」がある。これは、現在でも馴染みのある西国三十三所巡礼を取り扱った演目である。新聞では、『浪花新聞』一八七六（明治九）年二月二〇日付の記事で、「今橋一町目の平野屋五兵衛さんの宅が軍談の席と化って、十一日から呑龔先生がおハコの「三十三所の観音霊験記」と「中山問答」を読む」などと見える。講談師「呑龔」講演の速記本は見られないが、神田伯龍講演の速記本（『三十三所観音霊験記』中川玉成堂、一九〇二年、『悪七兵衛景清：卅三所観音霊験記』中川玉成堂、一九〇四年）は刊行されている。講談師の名跡である神田伯龍も、明治期に「三十三所観音霊験記」を講演しており、その内容も詳細に知ることができる。

神田伯龍が語るところによると、「吾々講談師輩の中余程熱心に信仰いたす者が一両人あり」、彼らから聞いてきた講談であるという。その内容は、「三十三所の縁起或はその年号月日、或は土地の地位等を十分取調べまして、これを一つの講談といたして成るだけお解り易い様に、伺ふこと、いたしまする次第」だと説明されている。この「解り易い」という点も、講談においては特に重要な要素である。聴衆には、解り易く面白いことが何よりも望まれる。そして、当時において「分かり易く教え諭す」ことの例えとしてよく引用されるのが、僧侶の説法であった。新聞記事を見ただけでも、「お開帳のとき坊主が言立をする様に、一ト目見て婦女子にも其扮打のよく分る様にする」「譬喩の卑近にして児女にも解し易きはお寺さんの御法談の如く」などのように例えられている[25]。

話の中には、講談以外の娯楽に触れられた箇所も見える。例えば、真言宗の壺阪寺（壺阪山南法華寺）のところでは、「彼の名高い盲人澤一の霊験を蒙つたるお談」が詳しく紹介されているが、「近頃劇場音曲社会にて三十三所を演じますると、その霊験の中第一の眼目といたしますは、壺阪の段といふことになつてございます」と紹介されている。[26] 娯楽メディアを通した仏教の認知度も、各メディア間の補完と相乗効果という現代のメディアミックス的側面があったことが考えられる。

神田伯龍の講談を収めた前掲『悪七兵衛景清：卅三所観音霊験記』は、「西国三十三所観音霊験記のうち、第四編」であり、特に清水寺の逸話が「本編の眼目」として取り上げられている。[27] 清水寺には、平家に仕えて戦った悪七兵衛景清が源頼朝を暗殺しようとして失敗した際、「源家の栄えるを見るも汚らはしい」と、自分の両目を刳り抜き奉納したという伝説があり、その話の主人公として悪七兵衛景清が同書の表題となっている。勿論、景清だけでなく、「音羽山清水寺と称へまする俗に云ふ清水のことでございます、この清水寺の檀主といふのは、右大将坂上田村麿にございまして、その開山は沙門延鎮と申すお方でございます」などと、清水寺についても関連情報が詳しく紹介されている。[28] 坂上田村麻呂も景清も、観音の「利生」を受けた人物としてその逸話が講談で紹介されているのである。[29]

おわりに

以上、本章では、明治期の娯楽メディアである「講談」で、どのような仏教関係演目があるのかを明らかにし、その演目の内容についても概観した。そして、その検討を通し、聴衆が講談からどのような仏教イメージを抱いたのか、その実証的把握を試みた。

先行研究では、既に仏教関係講談について触れられてはいるものの、その具体的な内容や、聴衆の反応までは検討が行われていなかった。本章では、明治期の各種新聞（中央＋地方都市レベル）の娯楽欄を見ることで、「日蓮記」や「祐天の伝」「一休禅師」などの仏教関係講談が、いつどこで行われていたのか、そしてその聴衆の反応（人気ぶり）などを明らかにした。また、各種新聞の娯楽欄を詳細に見ていくことで、先行研究が見落としていた「三十三所観音霊験記」のような講談演目が見られたことも指摘することができた。それらの講談演目の具体的な内容については、当時刊行されていた講談速記本を史料とすることで詳しく知ることができ、日蓮や祐天、一休といった仏教世界の有名人物が、講談の語りの中で顕彰されていた。読み書きのできない聴衆層にとっては、このような講談を聴くことで、仏教に関する知識を獲得し、仏教イメージを形成していったことも考えられる。

上記の演目から垣間見えていたのが、同時代の仏教及び仏教関係者へのネガティブな眼差しである。当然、明治初頭の廃仏毀釈が与えた仏教イメージへの影響も踏まえる必要があるが、講談でも同時代の仏教の「堕落」ぶりが「語り」の節々から見え隠れしていた。

また、明治半ばには、民権講談や戦争講談など、現代物を素材とする講談が流行することとなり、その影響から同時代の仏教関係者を題材にした講談も存在していた。実在の住職である「黒田水精」の残忍な犯罪がセンセーショナルに語られていたのは、その一例であった。同じく、一八八四（明治一七）年頃に宗教演説ブームの中で語られた仏教演説講談も、キリスト教の排撃とともに、仏教もまた排撃されていた可能性がある。少なくとも、同時代（明治期）の仏教に対して、以上のようなネガティブなイメージが付きまとっていたことは、一面では事実であったと考えられる。

今後の大きな課題の一つともなるが、仏教講談に限らず、その他の講談演目で仏教がどのように語られていたのか、という点の検討も重要となるだろう。例えば、ふとした時に語られる仏教の逸話であったり、分かり易く譬えようとする際に引用される仏教用語などである。当時の人々の仏教イメージを捉えようとする場合、本章が対象とする明治期であれば、日清・日露戦争の際に流行した「戦争講談」など、当時のトレンドに着目し、そこでの扱われ方を検討することも重要となるだろう。

註

（1）金山泰志『明治期日本における民衆の中国観』（芙蓉書房、二〇一四年）、同「大正期の映画受容に見る日本の中国観」（『ヒストリア』第二五一号、二〇一五年八月）など。

（2）エズラ・F・ヴォーゲル（益尾知佐子訳）『日中関係史――１５００年の交流から読むアジアの未来』（日本経済新聞出版社、二〇一九年）。

（3）金山泰志「野依秀市の仏教雑誌『真宗の世界』とその対外観」（『同朋大学佛教文化研究所紀要』第四〇号、二〇二一年三月）。

（4）開国百年記念文化事業会『明治文化史』（第一〇巻・趣味娯楽編、洋々社、一九五五年）、三三四・三六三・三七二頁。年間総入場者数も、芝居を行う劇場よりも寄席の方が圧倒的に多い（倉田喜弘『芝居小屋と寄席の近代――「遊芸」から「文化」へ』岩波書店、二〇〇六年、一四五～一四六頁）。寄席の木戸銭は、日清戦争前で四～五銭。

（5）その他、旭堂小南陵『続々・明治期大阪の演芸速記本研究　大阪芸術大学博士論文　京坂（阪）における講談の歴史的検証とその周辺』（たる出版、二〇一一年）など。

（6）関山和夫『説教の歴史――仏教と話芸』（岩波書店、一九七八年）、一四四頁。同「語り芸・話芸――絵解き・浪花節・講談・落語」（『大法輪』第六九巻第五号、二〇〇二年五月）では、「同書（『講談関係文献目録――明治・大正編』）の中から口演年代順に仏教講談を拾ってみると『西行法師御一代記』『三国七高僧伝』『聖徳太子御一代記』『親鸞聖人御一代記』『中将姫』『文覚実伝』『祐天上人御一代記』『釈迦御一代記』『蓮如上人御一代記』『怪談累物語（祐天上人）』『沢庵禅師』『一休禅師』『石山軍記』『小栗判官』『日蓮記』『高僧三蔵法師』など枚挙にいとまがない」（一一四頁）と、具体的な演目名まであげられている。

（7）青木然「日本民衆の西洋文明受容と朝鮮・中国認識――娯楽に託された自己像から読み解く」（『史学雑誌』第一二三編第一一号、二〇一四年一一月）。

（8）倉田前掲註（4）『芝居小屋と寄席の近代』の「政治講談」、安田宗生『国家と大衆芸能――軍事講談師美當一調の軌跡』（三弥井書店、二〇〇八年）など。

（9）青木前掲註（7）「日本民衆の西洋文明受容と朝鮮・中国認識」、二一～二二頁。倉田前掲註（4）『芝居小屋と寄席の近代』、一二～一四頁。廃仏毀釈の打撃を経たこの時期、仏教各宗派が教団復興を企てていたという事情がある。

（10）以下、本章で使用する新聞記事は『明治の演芸』からの引用である。

（11）柴田薫講演、今村次郎速記『日蓮記』（聚栄堂、一八九八年）、序。

（12）『朝野新聞』一八八六年四月二日付「寄席の改良」、『万朝報』一九〇二年三月二四日付「不都合なる講談」。

（13）柴田薫講演『日蓮記』（大川屋書店、一九一八年）。

（14）星野武男『劇に現れたる日蓮聖人』（天業民報社、一九二一年）では、演劇でも人気の人物であると指摘されている。「日蓮聖人は我が国の宗教史の上に於ても第一人者であるが、また演劇史の上に於ても、第一人者である。その点では、弘法大師も法然上人も協はないし、大石良雄も九郎判官も及ばない。何にしろ、芝居に於ける日蓮聖人の人気といふものは素晴らしいものだ」（一頁）。

（15）『改進新聞』一八九四年五月九日付。ここであがっている「延命院」も仏教関係講談である。江戸時代の延命院事件を扱った演目であり、放牛舎桃林講演、今村次郎速記『谷中延命院春雨譚』（三輪逸次郎、一八九八年）の講談速記本がある。その序文には、「当講談ハ初めを聞かば日蓮宗派の汚濁を世に示すが如くなれども、終りに至れば却つて同宗の徳を示すに足れり」と語られている。

(16) 放牛舎桃林講演、今村次郎速記『祐天の伝：成田利生記』（三友舎、一八九一年）、序文及び一頁。

(17) 真龍斎貞水講演、加藤由太郎速記『祐天の伝：成田山利生記』（上田屋、一八九九年）、はしがき。

(18) 錦城斎貞玉の速記本として、錦城斎貞玉講演、加藤由太郎速記『釈迦御一代記　第3の巻』（文事堂、一八九七年）があり、先行研究であげられていた「釈迦一代記」が当該講談師によって講演されていたことも確認できる。

(19) 『扶桑新聞』一八九七年六月四日付「呑龍一座の新講談」、『時事新報』一九〇一年五月八日付「錦城斎貞玉死す」。

(20) 松月堂呑玉講演、丸山平次郎速記『一休禅師・前』（駸々堂、一八九六年）、九～一一・一四頁。

(21) 『絵入朝野新聞』一八八六年三月一七日付「講釈師と落語家」では、「抑も我邦の講釈師は、英雄豪傑の伝記や治乱興亡の顛末などを俗談平和に説き分け、眼に一丁字を弁へぬ輩にまで能く歴史の一班を知らしむる者なり」と見える。

(22) 瓢々亭玉山講演、秋元浅次郎速記『一休禅師：頓智奇談』（弘文館、一八九六年）、二〇九頁。

(23) 関之『徳川・明治・大正・昭和著名裁判録』（巌松堂、一九四八年）。一八九九年四月一二日死刑。

(24) 『此花新聞』では「四区各所の寄席は、是まで興行も一と月の半は休業するが多きに、近来耶蘇退治とか仏教演説とかの流行する為に、是等の席は不時に貸料を得て思はぬ儲けあるに、何れも悦んで居るといふ」。『静岡大務新聞』では、「当国に於て近来の如く宗教演説の盛なることは、近来実に稀に見る所にして、県下到る処に耶蘇教演説、仏教演説の掲示を見るに至りたる」。

(25) 『読売新聞』一八八一年七月一九日付「南若の新工夫大絵入講談」、『大阪朝日新聞』一九〇二年八月九日付「美当一座の改良講談」。

(26) 神田伯龍講演、丸山平次郎速記『三十三所観音霊験記』（中川玉成堂、一九〇二年）、二〇八・二二四頁。

(27) 神田伯龍講演、丸山平次郎速記『悪七兵衛景清：卅三所観音霊験記』（中川玉成堂、一九〇四年）、一～二頁。

(28) 同前、一一・七一頁。
(29) 同前。「この寺の檀主たる田村麿は、此の観音の利生に依つて、数多の戦争に唯の一度として敗を取つたことのないといふのは、これ全く大悲を尊信したまひました故であるとのことにございます」(三二一頁)。

第一三章　近代における日蓮伝と浪花節

——雲右衛門と日蓮記——

ブレニナ・ユリア

はじめに

「日蓮伝」とは文字通り、仏教の一宗派を開いた祖師《そし》・日蓮（一二二二～一二八二）の生涯の事跡をまとめた伝記のことである。一代記とも呼ばれる。

宗派仏教の性格を強く持つ日本の仏教においては、各宗派の宗祖伝が豊富に揃っており、例えば、弘法大師（空海）や伝教大師（最澄）・法然・親鸞・道元・日蓮などの伝記に加え、宗祖でない聖徳太子や一休、さらには仏教の開祖である釈迦の伝記が各時代のニーズに応じて編まれている。

なかでも日本の仏教者のうち、近代の小説や戯曲・歌舞伎・演劇・映画など、文芸や演芸のジャンルを問わず、日蓮伝を題材としたものは量的に多い。こうした日蓮伝については、近代の文学者や思想家などの日蓮像を取り上げる研究[1]がなされている一方で、近年は近代歌舞伎におけるその劇化と上演が注目されつつある[2]。

しかし、特定の著名な思想家や知識人の言説、あるいは文学者などの作品分析を中心とする研究が依然として主流であるため、民衆娯楽である浪花節《なにわぶし》（浪曲《ろうきょく》）については、管見の限り分析がなされていない。だが、浪花節においても日蓮がよく登場しており、大正～昭和初期の浪花節レコードの演目として仏教系／宗祖伝を題材とするものでは、日蓮伝が最多である。つまり、近代において多くの一般の人々に親しまれていた日蓮伝として、浪花節はもっと注目されてもよい。

浪花節は、説教節《せっきょうぶし》や歌祭文《うたざいもん》などの影響を受けて江戸末期に成立し、大発展を遂げる明治時代に本格的に形成されたとされる。(3) 音律にのせて歌うフシ（節）の部分と、人物の会話や状況説明などを語り演じるタンカ（啖呵）の部分からなり、フシとタンカを相互に繰り返しながら物語が進行する。

もともと低俗な「門付け芸」として蔑まれた浪花節を大舞台で演じる芸に押し上げたのが、桃中軒《とうちゅうけん》雲右衛門《くもえもん》（一八七三～一九一六）である。それまで寄席でしか演じられなかった浪花節は、彼によって劇場芸にひきあげられ、紳士淑女も聴き入る芸に仕立てあげられた。

浪花節史の研究で「中興の祖」と評される雲右衛門は、武士道鼓吹をスローガンにして語る「義士銘々伝」（忠臣蔵）や、紋付・羽織・袴に総髪という、いかにも国士風のいでたち、演台の前で立って口演する当時としては斬新なスタイルなどで知られるが、実は晩年、病床に伏した彼は、日蓮記の完成への意気込みを語っている。(4) これまでの研究では、雲右衛門の日蓮記への執着が指摘されつつも、なぜ彼が日蓮記を作ろうと考えたのか、日蓮宗とはどのような関わりを持っていたのかは不明とされてきた。(5) またその日蓮記の内容についての考察は、管見では皆無である。

そこで本章では、雲右衛門の日蓮記を取り上げ、従来の研究で注目されてこなかった史料を手がかりに、浪花節にみる近代の日蓮伝の特徴について考察したい。

とはいえ、日蓮伝と芸能の深い結びつきは近代以前にすでに顕著にみられる。本題に入る前に、まずは前近代における語り芸や演芸との日蓮伝の関わりを概観しておこう。

一　前近代――日蓮伝と絵解き・高座説教・歌舞伎・講談

宗祖伝を語る芸能の早いものとしては、まずは絵《え》解《と》きが注目されるべきだろう。

宗祖伝の絵解きは、一三〇〇年代後半のころから活発になり、とりわけ浄土系と関係の深い「四聖人」（法然・親鸞・蓮如・聖徳太子）の掛幅絵伝が多く作られていったといわれる。とくに、宗祖伝の絵解きは、もともと『親鸞伝絵』（初稿本は一二九五年制作）という宗派公認の伝記の成立が早く[6]、室町時代に急速に勢力を伸ばした浄土真宗において、信徒獲得のために自宗のＰＲ活動の一環として活発に行われ始めたという[7]。

中世以降になると、各宗において宗祖伝の絵解きが盛んに行われるようになる。しかしながら、絵解きするための日蓮の掛幅絵伝は、中世のものは発見されていない。近世においても、量の多い日蓮伝記の出版に比べて掛幅絵伝の数はわずかである[8]。

こうした日蓮の掛幅絵伝と絵解きの少なさについては、次の要因が考えられる。

①中近世には、法華宗（近代以前の日蓮宗の一般的な呼称）に対する迫害や宗派内の対立が理由で、一元的に宗派を管理・統制できる勢力が成立しなかったこと。②そもそも日蓮没後の初期から法華宗においては、祖師日蓮のイメージの拠り所となり、信仰の中心にあったのが、画像よりも木像であっ

たこと。それに関連して、③鎌倉時代に絵伝が成立する他の宗祖とは違い、初めての日蓮絵伝である日澄（一四四一～一五一〇）の『日蓮聖人註画讃《ちゅうがさん》』は、その没後二〇〇年以上経過して成立したこと。(9)そして、④近世の法華宗においては口述布教（説教）に加え、あるいはそれ以上に、祈禱による布教に重点が置かれていたことが挙げられる。(10)

江戸時代に法華宗の聴衆に広く好まれていたのは、芸能性の強い独特の語り方（繰《く》り弁《べん》）を取り入れた僧侶の説教である。誕生から入滅までのおよそ七〇～八〇話(11)からなる日蓮伝を、説教師たちはまるでプロの芸人のように語っていたという。

例えば、日蓮主義の提唱者として知られる田中智学（一八六一～一九三九）は、江戸時代に信徒の法華《ほっけ》気質《かたぎ》を養ったのは、「檀林の講義でもなければ諸本山の名僧知識の働きでもなく、皆半芸人といはれた説教師の力」(12)であり、彼らは日蓮一代記を語り、「祖師の偉徳流風を宣揚してゐた」という。(13)日蓮主義のもうひとりの提唱者である本多日生《にっしょう》（一八六七～一九三一）もまた、次のように述べている。

> 明治以前に法華宗が命脈を繋いで来たのは何であるか、別段日蓮聖人の教義ナンといふものは教へはしない、ただ御伝記を、説教者といふ講釈師みたやうな者があつて、高座を叩いて龍の口の光り物が飛んで来るといふやうな所を面白く語つて聴かせてそれでやつて来たものである。（中略）殆んど伝記の感化である。(14)

このように、江戸時代以降、日蓮信仰の醸成に祖師日蓮の伝記が深く関わっており、とりわけ多くの一般信徒が各地の寺院で聴いた説教には大きな力があったという。こうした説教のことを日蓮宗では高座《こうざ》説教《せつきょう》と呼ぶ(15)（図1）。これは、明治初期まで盛んだった説教のスタイルである(16)。

僧侶が聴衆より一段高く設けた席で、焼香や唱題、説前回向・中回向・説後回向などの儀式を挟みながら行う日蓮宗の高座説教は、その段の高さや儀式を伴う点において、他宗とは大きく異なる。また、日蓮やその弟子などの伝記を美文化し、リズム化して語る繰り弁は、高座説教の大きな特徴であり、江戸時代に隆盛した説教スタイルといわれる。浄土真宗の「節談説教《ふしだんせつきょう》」と相通じるものがある(17)。時には役者の真似までする説教師もおり、近世中後期以降、滑稽話や軍談を盛り込む僧侶を批判する言説が増加する(18)。

図1　「仏法説教の図」
「日蓮宗説教の事」（『宗教競進会』菊亭静編、文宝堂、1885年）、15頁。国立国会図書館デジタルコレクションより

加えて、江戸時代に流行的に行われるようになった開帳と高座説教との密接な関係に触れておく必要がある。高座説教と繰り弁を飛躍的に発展させたのが、開帳だといわれる(19)。一五〇〇回以上実施された江戸の開帳のなかで、他宗の寺社に比べて日蓮宗は最も多く、しかもそこで開帳された神仏は祖師像（主に日蓮を刻

んだ木像）がほとんどである[20]。すなわち、祖師自身に対する信仰が極めて強く、祈禱とともに開帳の成功を握っていたのは、日蓮の人生ドラマを語る高座説教であった。

また、一八〇〇年代に入ってからは、「日蓮記《にちれんき》物《もの》」と呼ばれる歌舞伎の上演が急増する。日蓮伝の劇化と盛んな上演は、他の宗祖にはみられない特異な現象であり[21]、高座説教と同様に開帳の流行に伴って起こったとされる[22]。同時期の在家信徒による日蓮伝刊行の活発化も、人々の祖師への関心の高さを物語る。

最後に浪花節と関係の深い民衆娯楽、講談に触れておこう。講談は近世まで講釈といわれ、演目の一系統として高僧や名僧伝があり、各宗祖のものがほとんどそろっている。だが、これは信徒を対象とした説教用に作られたものだったようで、寄席の一般聴衆にはあまり喜ばれなかったという[23]。ただし、例外は日蓮の一代記と、一休の回国記であった。これは本章で注目する浪花節の演目の傾向と一致する。

このように日蓮宗では、浄土真宗のように早い段階で宗派公認の伝記が成立しておらず、伝記刊行や上演などの自由な創作に対する規制もなかった（真宗では「親鸞記」という名の浄瑠璃正本の出版や、浄瑠璃の上演を規制することがあった）[24]。だからこそ、近世においては日蓮信仰の高まりに伴って起こった在家信徒による伝記本の盛んな刊行だけでなく、歌舞伎や講談などによる伝記の芸能化が容易にできたのである。

二　雲右衛門と日蓮記

1　「浪花節界の日蓮を以て任じて」「日蓮主義を鼓吹する」

桃中軒雲右衛門（図2）は、一八七三（明治六）年、現在の群馬県高崎市に生まれた。本名は山本幸蔵という。父親は吉川繁吉の芸名を持つ祭文語りで母親・ツルは三味線奏者。雲右衛門はその次男で、幼少期から吉川小繁の名で旅回りをしており、一八九〇年代に二代目吉川繁吉を襲名した。その後、三河屋梅車一座に入り、師匠・梅車の妻で三味線の名手だったお浜と恋仲になり、出奔。その旅路の途中、沼津で、当地の弁当屋「桃中軒」と、懇意にしていた相撲取りの天津雲右衛門から、桃中軒雲右衛門に改名したという。

図2　桃中軒雲右衛門
兵藤裕己『〈声〉の国民国家——浪花節が創る日本近代』（講談社学術文庫、2009年）、170頁より

一九〇二（明治三五）年、雲右衛門は中国革命の後援者で大陸浪人の宮崎滔天（一八七一～一九二二）の知遇を得て、「桃中軒牛右衛門」として弟子とする。そして、一九〇三（明治三六）年以降、滔天の勧めで九州博多を中心に活動していく。その際、政治結社の玄洋社と黒龍会系の壮士（大陸浪人）や新聞人らが彼の興行を強力にバックアップしたことはよく知られている。(25) とりわけ、玄洋社の中心人物、頭山満《とうやまみつる》（一八五五～一九四四）の

庇護を受けたことは大きい。

ちょうど日露戦争前後の時期で、九州は大陸の最前線の基地として異様な活気を呈していた。武士道鼓吹をスローガンにして義士伝を語る雲右衛門は、戦勝に湧いていた聴衆に熱狂的に受け入れられたのである。

九州で一躍有名になった雲右衛門は、一九〇七（明治四〇）年に神戸・京都・大阪での興行を経て上京。東京の本郷座での大成功の後、さらに全国各地の舞台で口演し、晩年はレコードの吹き込みも手がける。

一九一三（大正二）年には肺結核で妻のお浜が、一九一六（大正五）年には同じ病気で雲右衛門が死去。二人とも葬儀は本多日生が住職をつとめた品川の天妙国寺（現在の妙国寺）で営まれた（墓も同寺）。

さて、雲右衛門といえばもっぱら義士伝で有名だが、彼は自分について次のように述べている。

> 自分は浪花節界の日蓮を以て任じて居ります、今後自分の活動は三寸の舌の爛れるまで日蓮主義を鼓吹するを以て其の天職と信じて居る、人は自分を芸人扱にするけれども、そんな事はどうでもよい、自分は袈裟こそ着て居らねど、どこまでも日蓮主義鼓吹の宗教家だと自重して居る、今日他の方面の事を語つてゐるが、それは異日日蓮主義を紹介する為めの階梯に過ぎぬ、今は正しく其の準備時代である、それで目下現に九州地方に在つて日蓮上人を語つて居るが充分九州で練り上げた上は、九州から出て日蓮主義の旗を押し立てて東京を始め其の他各地に於いて大に日蓮

主義を鼓吹する積もりでやつて居る、其れに就いて上人の伝記に関する書物は大抵手元に集めて一通り読んで居る、外国語で書いたものは語学の力がないから読めないが、日本語で書いたものはどんな詰まらない伝記でも取寄せて読んで居ります(26)。

これは、『芸人の宗教』（山岸去水編、前川文栄堂、一九一〇年）という書籍に収録された雲右衛門の言葉である。このインタビューが実施された時期は不明だが、一九〇八（明治四一）年一二月に民友社から発行された村上浪六（一八六五～一九四四）の小説『日蓮』に触れている(27)ことから、少なくともそれ以後だと思われる。

「浪花節界の日蓮」や「日蓮主義鼓吹の宗教家」という雲右衛門の言葉には、自己演出の表現が含まれているかもしれない。しかし、逆に彼の日蓮のイメージをうかがうことができる史料としてはこのインタビューの記録が参考になる。以下、それにもとづいて、雲右衛門自身が語った日蓮との接点についてみていこう。

雲右衛門によると、もともと両親が日蓮宗の信徒で檀那寺も日蓮宗である(28)。彼は子どもの時から日蓮は「偉い人」「豪傑僧」「忍耐力の強い人」だと思っていた。だが、歳を取るにつれて、その考え方が変わり、とくに熱心な日蓮信奉者(29)である代議士、鈴木天眼（一八六七～一九二六）と懇意になってからは、日蓮はただの「英雄」ではないことに気づき、ますます崇拝するようになったという(30)。

鈴木天眼の本名は力で、彼は明治期のジャーナリストである。一九〇二（明治三五）年に長崎で『東洋日の出新聞』を創刊し、一九〇八（明治四一）年には長崎より選出されて衆議院議員となった人物である。鈴木は宮崎滔天と旧知の間柄だったので[31]、雲右衛門に鈴木を会わせたのは滔天だと思われる。鈴木は長崎県内の雲右衛門の興行を積極的に支援している[32]。

注目すべきは、インタビューで帰依している人物について聞かれた際、雲右衛門は顕本法華宗の本多日生やその弟の国友日斌《くにともにちびん》（本名・文治郎、一八八二～一九二八）、野口義禅（日主、一八六六～一九三二）という僧侶の名前を挙げ、慈善興行から芸道や家庭のことまで、彼らの指導を受けていると答えていることだ[33]。とりわけ懇意にしているのは国友だという[34]。日蓮宗の機関誌『日宗新報』によれば、一九〇九（明治四二）年四月九、一〇日の両日、福岡県博多市で巡業中だった雲右衛門は、本多・野口・国友の「三師を招聘し、同地の公会堂にて」「自ら主催者となり、日蓮教義大演説会を開」くほど、熱心に彼らを支持していた[35]。本多・野口・国友、そして鈴木天眼も天晴会《てんせいかい》の有力な会員であり、野口は玄洋社の頭山満とも交遊した人物である。本多や国友などとの出会いの具体的な経緯については不明な点が多いが、雲右衛門は、生家の伝統的な宗旨（日蓮宗）を受け継いだというよりは、玄洋社や天晴会などに関係する日蓮信奉者との交流を通して日蓮の人格を仰ぎ、広く人々に知らしめる「日蓮主義鼓吹[36]」に目覚めたと思われる。

雲右衛門はとりわけ日蓮の「情的方面」を強調し、「不屈不撓金剛の如き堅い意志を有つて居られると同時に其の一面には／上人は情の厚い人であつた」と述べ、ことに「鳥は啼けども涙ながさず日蓮は泣かねども涙ひまなし」という日蓮遺文[37]は、「何時想ひ出しても難有涙に咽ばずに居られません」と語る[38]。このような情の厚い人としての日蓮のイメージと、その情の厚さを示す日蓮自身の言葉（遺文）の強調は、天晴会などに属する日蓮主義系人物によくみられる[39]。

なお天晴会は、本多日生が中心となり、会員各自の修養のために「日蓮上人の人格及主義を鑽仰」する目的で、一九〇九（明治四二）年に設立された研究会である。(40)僧侶等の日蓮仏教関係者と知識人を主体としていたが、会員には学者や政治家・軍人・国家官僚・弁護士・検事・教育者・医師・ジャーナリスト・実業家・美術家・小説家（村上浪六、幸田露伴）などがおり、幅広い日蓮主義の社会的ネットワークを形成していた。

では、雲右衛門はなぜ日蓮に惹かれたのであろうか。再び彼の言葉をみてみよう。

「若し自分に日蓮上人の信仰が無かつたならば今日の地位を得られなかつたであらうと思ふ」と述べた後、これまで自分について報道された新聞記事と、(41)日蓮の法難を並べて、彼は次のように振り返る。

> 芸人には迫害が頗る多い／少し頭を挙げかけると、ねたみ、そねみ、陥擠、壓迫の迫害が四方八方から遣つて来る、自分等も少々社会に頭を出しかけやうとした時に、新聞の迫害は随分劇しく、罵詈讒謗を浴びせかけられた殆んど其の当時は筆の刃の下をくぐつて居た様なものであつた、それを想ふに就けても、日蓮上人の御法難を思ひ出さずに居られない、不肖な自分を上人に比するは甚だ非倫な次第ではあるが、自分が新聞と云ふ筆の刃に苦しめられたのは丁度上人が数度法難に遭はれたやうなもので、辛うじて其の間をくぐり抜けることの出来たのは、全く上人を信ずる力の現はれである、此の点から見ても自分は上人を崇拝せずには居られない。(42)

命の危険を伴った日蓮の法難にははるかに及ばないが、雲右衛門にとっては新聞メディアでこき下ろされたり、毀誉褒貶混じりの評価を書かれたりすることは大きな苦痛だったようだ。日蓮への特別な思い入れの背景には、迫害という共通経験があったのである[43]。

2 「日蓮記伊東流罪」

新聞報道を見る限り、雲右衛門が初めて日蓮記を口演したのは、日露戦争の最中、一九〇四（明治三七）年一二月である。同年一一月、博多の寄席・雄鷹座での初演の予定を、久留米興行中にすでに『九州日報』と『福岡日日新聞』が報じているが、これは異例の扱いだとされる[44]。雲右衛門はかねてより心に期するものがあり、「龍の口佐土が島などの灸所は勿論上人の七難は最も委しく取調べ居れりとなり時節柄最も好演題ならん」と、熱心に日蓮記の調査に取り組んでいる様子と、時節柄にふさわしい演題であることを『九州日報』が伝えている[45]。

さて、『福岡日日新聞』の記事によれば、一九〇四（明治三七）年一二月、毎夜、雄鷹座で一席もしくは二席の日蓮記を口演し人気を博したという[46]。会場には日蓮宗僧侶も「大分見受けられた」[47]。ちょうど、同年一一月八日に日蓮の銅像（図3）の除幕式が博多の東公園で開催され、翌日からは三〇日間、その銅像の前で日蓮宗による戦勝国禱会が修されていた。つまり、日蓮銅像の完成と日露戦争の時期に、蒙古侵略を危惧した日蓮への関心が高まりをみせるなか、雲右衛門は日蓮伝を浪花節にして語っていたのである。ただし、具体的にどのような内容であったかは不明である。

その後、雲右衛門の日蓮記口演が報じられるのは、大正期に入ってからだ[48]。一九一三（大正二）年六月一日、妻の死去からおよそ二カ月後、浅草北清島町統一閣にて、天晴会の催しとして、彼は「日蓮記伊東流罪」を口演した。統一閣は、本多日生が開堂した布教道場で、天晴会などの会場としてよく使われた場所である。

では、当日、雲右衛門が語った日蓮記はどのような内容だったのだろうか。観客のひとりだった仏教史学者で新仏教運動家の境野黄洋（本名・哲、一八七一～一九三三）が、当日の会場の様子や口演の具体的な内容について詳しい感想記を記している。[49] 以下、それにもとづいてみていこう。なお、境野（当時、東洋大学講師）は、結成当初から天晴会会員のひとりである。

境野によると、当日は「聴衆は満堂立錐の地なく」、会場には柴田一能、佐藤鉄太郎、筧克彦など、多くの天晴会会員の姿があったという。

図3　博多東公園の日蓮銅像
戦前の絵葉書（筆者蔵）

雲右衛門の日蓮記に対する境野の評価は概ね好意的で、とりわけ声と節はよかったという。ただし、話の内容はどの場面を中心にしているかはっきりせず、もっと工夫がいるとする。

境野のまとめによると、次の三つの場面の描写で物語が進行したようだ。

伊東流罪となり鎌倉から小船で護送される日蓮を弟子の日朗が追いかけて

別れを惜しむ場面は序文[50]、荒波が打ち寄せる「俎岩《まないたいわ》」（満潮には海中に没する岩礁）で降ろされ置き去りにされた日蓮を通りかかった船守の弥三郎が救う場面は本文、そして、弥三郎が自身の家で日蓮をかくまったところに役人らが踏み込み、日蓮は彼らを「数珠で張り仆し、海上遥に逃げるといふ修羅場」の場面は締め、という内容構成だった。

それぞれの場面で境野が不満に感じた点があるが、とりわけ最後の修羅場は「実にまづい」という。なぜなら、「此の修羅場は、泥棒が役人を切り払つて逃げる様な騒ぎで、騒々しいこと限りない、殊に上人が数珠で人をなぐり仆すなどは、強い凡人のすることで、高い上人のすることでも、なし得ることでもない」からである。続けて、雲右衛門が「唯逃げるのを弱いとでも思つたのであらう。（中略）話の中心をここで括らうといふのは面白くない了見である」と、日蓮の「人格感化」を理想とする境野としては、納得のいくストーリー展開ではなかったようである。

雲右衛門が最後の修羅場に持ってきたこの数珠のくだりは確かに特徴的な場面ではある。先述した近世の伝記『日蓮聖人註画讃』や、明治以降、最も流布し参照された小川泰堂（一八一四～一八七八）による『日蓮大士真実伝』（一八六七年）にはこの場面はみえない。むしろその典拠として可能性が高いのは講談だ。

日蓮記一本で全国を巡回口演した講談師としては、二代目柴田南玉（一八四五～一九一五、別名・柴田薫など）が著名であるが、彼の講談を速記した書籍（図4）では次の場面が目をひく。「上人数珠を持て前後左右を打振ひ其の身の軽き事飛鳥の如く捕方役人眼暗んで暫し猶予なして居ります内に上人透さず海岸に踊り出て弥三郎の船へヒラリ打乗り玉へば（後略）[51]」と、日蓮は役人を数珠で巧みにかわし、船へ逃げる、とする描写がある。

その直前の場面はさらに興味深い。弥三郎の家で日蓮の隠れていた納戸の戸を、役人（弥兵衛）が開けると、「高祖は御数珠をサラサラ押揉んで金胎両部の顕密大元明王降魔の印を結び弥兵衛が戸を開ける途端」「南無妙法蓮華経と御数珠を執てピタリ打ち玉へば眼暗んでアッと叫ぶが否や脳骨微塵ぬ砕けて弥兵衛は其所に倒れたり[52]」と、降魔の印を結んだり、数珠で役人を眩惑させたりして、あげくの果てに脳骨まで砕けるという、まさに修羅場で、もはやアクション映画並みの展開。秘術や法力を持つ密教僧のような日蓮の描写が目立つ。

図4　数珠を持って佇む日蓮
柴田薫講演、今村次郎速記『日蓮記』（大川屋書店、1898年）の表紙（筆者蔵）

明治の浪花節語りは、しばしば講談本（講談速記本）からネタを仕入れていたといわれているが[53]、「どんな詰まらない伝記でも取寄せて読んで居る」という雲右衛門は、日蓮記の講談速記本を読んだとしても不思議ではない[54]。

日蓮伝を題材とする講談では、命の危機である法難を奇跡によって回避する日蓮の物語が劇的に演出され、その神秘的な力が強調されるが、数珠を巧みに操る描写は、講談から浪花節へと取り入れられた可能性が高い。実際、雲右衛門の浪花節には日蓮の逞しさや情の厚さを尊く語る「日蓮主義鼓吹」と、日蓮の不思議な力を面白おかしく勇ましく語る講談の世界が混じり合っている。

フシは薩摩琵琶や筑前琵琶などから取って歌うが、タンカの言葉は「芝居もすれば、東京の小さんのやうな落語振りもする」[55]といわれた雲右衛門は、凄惨な場面でさえ滑稽や駄洒落を入れることがあった[56]。日蓮記においても独自の語りを入れていたのだろう。日蓮記を語る際の雲右衛門らしさは、まさに境野が「実にまづい」とした、日蓮が「役人等を数珠で張り仆し、海上遥に逃げる」場面だ。「能く笑はせ、よく泣かせ、よく怒らせること[57]」が自由自在だった雲右衛門ならではの日蓮記なのである。

おわりに――雲右衛門以後

浪花節の隆盛時期は、SPレコードの生産期――おおよそ一九〇〇年代から一九六〇年代初頭――とほぼ重なる[58]。当時の芸能としては、いちはやくレコード化され、一九一〇（明治四三）年には吉田奈良丸（一八七九～一九六七）、一九一二（同四五）年には雲右衛門のレコードが発売される。大正以降、レコードという新しいメディアと、つづくラジオ放送の開始によって浪花節は全国に浸透していく。

浪花節レコードの多様な演目のレパートリーは、『演芸レコード発売目録』（倉田喜弘著、国立劇場芸能調査室編、国立劇場、一九九〇年）に確認できる。義士伝や、乃木希典を主人公とする「乃木物」などの人気演目に比べれば、決して量的に多いわけではないが、仏教系／宗祖伝を題材としたものは

一定数、収録されている。それをまとめたのが表1である。(59)

一休や親鸞を演目とするものが発売されてはいるが、日蓮記には及ばず、日蓮伝を題材とするレコードは最多であることがわかる。とりわけ昭和に入ってから次々と日蓮記の浪花節が発表されている。同時期のラジオで放送された浪花節演目としても、日蓮伝は他の仏教者のものよりは多い(60)。ちなみに表1にみえる演者のうち、桃中軒如雲（一八九二～一九七四）、東家楽燕（一八八七～一九五〇）、酒井雲（一八九八～一九七三）は、雲右衛門の弟子である。

では、浪花節の演目として日蓮伝が好まれた理由はなんだろうか。

それぞれの作品分析は今後の課題だが、演目名を一見してすぐ気づくのは、ほとんどは伊豆法難（伊東流罪とも）や龍口法難、佐渡流罪など、権力者からの迫害に遭う日蓮の苦労を語るものばかりということである。とくに光り物が刑場を射るように照らし、奇跡的に死を免れる日蓮特有の法難伝承として最も有名な龍口法難は、日蓮伝の最大の見せ場であるだけに、浪花節においても人気演目のひとつとなっている。

だが、とりわけ興味深いのは、雲右衛門も語った「由比ヶ浜の別れ」だ。浪花節といえば、義理人情である。情の濃さがその大きな特徴だ。鎌倉から伊東に船で護送されることになった日蓮を、弟子の日朗が追いかけて役人に怪我させられ、別れを惜しみ、日蓮に励まされる場面は、弟子の孝情や師の厚情を表現するのに打ってつけの題材と言える。浪花節の演目としていかにも好まれそうな、涙を誘う「情話」である。つまり、度重なる迫害に屈しない日蓮の精神力や、日蓮に対する弟子や信徒の厚情を描く日蓮伝は、義理人情を得意とする浪花節にとっては格好の題材だったのである。

表1　発売目録にみる仏教系／宗祖伝の浪花節レコード

発売年月	演　目	演　者	レコード会社
1914年5月	日蓮記	京山小圓	日本蓄音器商会
1926年9月	日蓮と日朗	桃中軒如雲	日東蓄音器
1927年11月	日蓮記	東家楽燕	日本蓄音器商会
1927年11月	日蓮上人　俎岩の大難	寿々木米若	日東蓄音器
1930年1月	日蓮上人　龍口法難	東家楽声	日本ポリドール
1930年11月	或る日の一休	酒井雲	日東蓄音器
1930年12月	日蓮　伊東流罪	酒井雲	日東蓄音器
1931年2月	日蓮上人　佐渡御難	東家楽声	日本ポリドール
1931年7月	日蓮上人　由比ヶ浜の場	寿々木米若	日本ビクター
1932年1月	日蓮記　身延の隠栖	酒井雲	イリス商会パーロホン部
1932年5月	日蓮上人　土牢の御難	玉川勝太郎	太陽蓄音器
1932年10月	身延の日蓮	酒井雲	日本コロムビア
1932年11月	日蓮上人　佐渡御難	東家楽声	イリス商会パーロホン部
1933年12月	日蓮記　龍口御法難	東家楽声	太陽蓄音器
1934年6月	佐渡の日蓮	東家楽遊	日本ビクター
1935年2月	日蓮記	酒井雲	日本コロムビア
1935年4月	日蓮聖人　龍口法難	天光軒満月	日本ポリドール
1935年11月	日蓮上人　由比ヶ浜の場	寿々木米若	日本ビクター
1936年4月	日蓮上人　龍口法難	東家楽声	日本ポリドール
1936年4月	日蓮上人　佐渡御難	東家楽声	日本ポリドール
1936年10月	日蓮記　龍口御法難	玉川勝太郎	日本ポリドール
1937年8月	一休頓智問答　お経入	東光軒宝玉	帝国蓄音器
1937年9月	日蓮上人　龍口法難	天光軒満月	日本ポリドール
1937年9月	親鸞上人	寿々木米若	帝国蓄音器
1937年10月	日蓮記	東家楽遊	リーガルレコード
1938年1月	佐渡の日蓮　受難三部曲の中	酒井雲	日本コロムビア
1938年5月	佐渡の日蓮	京山小圓	講談社キングレコード部
1934～39年	一休悟道録	東光軒宝玉	太平レコード

『演芸レコード発売目録』（倉田喜弘著、国立劇場芸能調査室編、国立劇場、1990年）をもとに作成

註

（1）石川教張『文学作品に表われた日蓮聖人』（国書刊行会、一九八〇年）、大谷栄一「日蓮はどのように語られたか？――近代日蓮像の構築過程の文化分析」（幡鎌一弘編『語られた教祖――近世・近現代の信仰史』法藏館、二〇一二年）、星野健一「福地桜痴『日蓮記』考」（『法華仏教研究』二九号、二〇二〇年）など。

（2）大澤絢子「演じられた教祖――福地桜痴『日蓮記』に見る日蓮歌舞伎の近代」（『近代仏教』第二九号、二〇二二年）。

（3）真鍋昌賢「序章　うごめく歴史への想像力――浪花節史をつかまえるために」（真鍋昌賢編著『浪花節の生成と展開――語り芸の動態史にむけて』せりか書房、二〇二〇年）、七頁。

（4）『都新聞』一九一六年一一月八日付（芝清之編『新聞に見る浪花節変遷史　大正篇』浪曲編集部、一九九七年、一三八頁）。

（5）安田宗生編『美當一調・桃中軒雲右衛門関係新聞資料』（龍田民俗学会、二〇〇四年）、二八頁。

（6）大澤絢子『親鸞「六つの顔」はなぜ生まれたのか』（筑摩書房、二〇一九年）。

（7）法然伝の絵解きも浄土宗ではなく、浄土真宗において始められたとされる。他方、四聖人について掛幅絵伝が多く伝存し、宗派の宣伝活動に盛んに用いられたのは、弘法大師伝の絵解きである。高野山の建墓納骨の勧誘と宣伝のために、真言宗は真宗の方法を模倣し取り入れたとされる。渡邊昭五「宗僧掛幅絵伝絵解き史の緒論」（『大妻国文』第三〇号、一九九九年）。

（8）管見では次の一例のみが報告されている。久野俊彦「片瀬龍口寺の開帳における「日蓮聖人龍の口御難の絵相」の絵解き」（『絵解き研究』第二号、一九八四年）。

（9）中尾堯「日蓮宗における画像の創出」（川添昭二ほか監修『図説　日蓮聖人と法華の至宝　第五巻　絵画』同朋舎新社、二〇一五年）、七八～八一頁。

（10）影山堯雄『日蓮宗布教の研究』（平楽寺書店、一九七五年）、四一七～四一八頁。影山は近世日蓮宗における説法者と祈禱験者の出現率を比較し、前者より後者の方が近世を通じて増加していること、とりわけ幕末期には祈禱験者が急増していることに注目する。

(11) 名調子で語られる日蓮伝は江戸時代末期にはほぼ出来上がっていたとされるが、繰り弁という言葉自体が成語化した時期は不明。「繰り弁」（日蓮宗事典刊行委員会編『日蓮宗事典』日蓮宗宗務院、一九八一年）、八五五頁、影山前掲註(10)『日蓮宗布教の研究』、四二五～四二七頁など。

(12) 『田中智学自伝――わが経しあと』第一巻（全一〇巻、師子王文庫、一九七七年）、二二五頁。

(13) 田中智学「予が見たる明治の日蓮教団」（『現代仏教』十周年記念特輯号、一九三三年）、五四三頁。

(14) 本多日生「日蓮主義の特色（上篇）」（『統一』第四三四号、一九三一年）、一二頁。

(15) 「高座説教」（『日蓮宗事典』）、八五六頁、中條暁秀「日蓮宗高座説教の一考察」（小松邦彰先生古稀記念論文集刊行会編『日蓮教学の源流と展開』山喜房佛書林、二〇〇九年）など。

(16) 高座説教が明治末期から大正期にかけて下火になっていったことを受け、その説教形式を体得するための養成機関・日蓮宗布教院は京都本圀寺にて一九一〇（明治四三）年に開設された。戦中は中断したが、一九四七（昭和二二）年に復活して以来、多くの説教師を輩出している。現在も日蓮宗寺院で高座説教が行われることがある。守屋日裕上人遺稿集刊行委員会編『高座説教に生きて――伝統を守り続けた守屋日裕上人』（日蓮宗新聞社、一九九二年）など。

(17) 節談説教等の語り芸の系譜については関山和夫による一連の研究が詳しい。例えば、『説教と話芸』（青蛙房、一九六四年）、『説教の歴史――仏教と話芸』（岩波新書、一九七八年）など。なお、関山は話芸という言葉の創始者である。

(18) 引野亨輔「仏教書と民衆の近世」（『現代思想』臨時増刊号、二〇一八年一〇月）、二二六頁。

(19) 「繰り弁」（『日蓮宗事典』）、八五五頁。

(20) 日蓮宗の開帳については、北村行遠『近世開帳の研究』（名著出版、一九八九年）に詳しい。

(21) 冠賢一『近世日蓮宗出版史研究』（平楽寺書店、一九八三年）、一七五頁、大澤前掲註(2)「演じられた教祖」、三三頁。

(22) 田村眞依子「近世・近代における「日蓮記物」の一考察」（『日蓮教学研究所紀要』第三一号、二〇〇四年）。

(23) 「講談」（『日蓮宗事典』）、一〇四二頁。

(24) 冠前掲註(21)『近世日蓮宗出版史研究』、一八八頁註(19)、塩谷菊美『語られた親鸞』(法藏館、二〇一一年)、一七〇～一七七頁、大澤前掲註(2)「演じられた教祖」、二九～三〇頁。

(25) 兵藤裕己『〈声〉の国民国家――浪花節が創る日本近代』(講談社学術文庫、二〇〇九年、初出二〇〇〇年)、一一二頁。

(26) 「桃中軒雲右衛門(浪花節)」(山岸去水編『芸人の宗教』前川文栄堂、一九一〇年)、三一～三二頁。

(27) 雲右衛門は、村上の小説はよくできてはいるが、「文学的の方面から見て、物足らぬと思ふ所」があり、具体的な例として伊東流罪の俎岩の場面を挙げ、村上は「平凡に描いて居る」が、そこは「危機一髪の光景」と日蓮の「泰然自若の態度とを対照して描いたならば、更らに一段の興味があるだらう」「自分が浪花節に語るならば、恁うしたいと思ふ」と述べている。同前、三二～三三頁。

(28) 雲右衛門は「東京の花見寺日蓮宗(単称派)」だという。同前、二六頁。修性院(荒川区西日暮里)に合併された妙隆寺だと思われる。

(29) 「日蓮上人を信仰して茲に二十余年」と鈴木自身が述べている。鈴木天眼「日蓮主義より見たる加藤清正」(『日蓮鑽仰天晴会講演録』第一輯、日蓮鑽仰天晴会、一九一〇年)、三〇頁。

(30) 山岸編前掲註(26)『芸人の宗教』、二七頁。

(31) 倉田喜弘「雲右衛門リポート(二)」(『西日本文化』第九七号、一九七三年)、四頁。

(32) 安田編前掲註(5)『美當一調・桃中軒雲右衛門関係新聞資料』、二四頁。

(33) 山岸編前掲註(26)『芸人の宗教』、三七頁。

(34) 同前、三四頁。国友は、文学士の称号を得て東京帝国大学文科を卒業した後、丹波綾部の了円寺、豊橋の妙円寺、名古屋の常徳寺の住職として布教に尽力した人物。名古屋自慶会を設立し、日生の常徳寺における日蓮主義講演は聴衆満堂で、名古屋有数の会社の講演も盛んだったという。また、国友は日生と謀り、常徳寺を城山に移し常楽寺と改称。その跡地には教化会館を建てたが、戦災で消失し、さらにその教化会館の跡地には中部日本放送局が建てられている。河村孝照監修『明治大正昭和日蓮門下仏家人名辞典』(国書刊行会、一九七八年)、一七八～一七九頁。なお、「浪花節放送局」の異名をとったほど、名古屋中央放送局は浪花節の放送が一番多かった。能條三郎「ラジオ放送時代の『浪花節』」（芝清之編『浪花節——ラジオ・テレビ出演者及び演題一覧』浪曲編集部、一九八六年）、五頁。

(35)「雲右衛門と演説会」（『日宗新報』第一〇六四号、一九〇九年四月二一日付）、一八頁。

(36) 明治期における日蓮主義という語の多義的な使用については、ブレニナ・ユリア「「日蓮主義」という用語について——初期の用例にみる造語背景と用法の変遷」（『近代仏教』第二九号、二〇二二年）、二〇～二一頁参照。

(37) 正確には、「鳥と虫とはなけ（鳴）どもなみだをちず。日蓮はなかねどもなみだひまなし。此なみだ世間の事には非ず。但偏に法華経の故也。」（『諸法実相鈔』〈一二七三年〉、立正大学日蓮教学研究所編『昭和定本日蓮聖人遺文』第一巻〈全四巻〉、身延山久遠寺、一九八八年、七二七頁）。

(38) 山岸編前掲註(26)『芸人の宗教』、二九～三〇頁。

(39) 例えば、高島平三郎「情の日蓮上人」（前掲註(29)『日蓮鑽仰天晴会講演録』第一輯）など。

(40) 天晴会については、大谷栄一『日蓮主義とはなんだったのか——近代日本の思想水脈』（講談社、二〇一九年）、一九四～二〇〇頁を参照。

(41) とくに『大阪毎日新聞』が一九〇七年三月三一日から四月四日にかけて連載した「雲右衛門の仮面」は、過去の様々な行動を暴き、雲右衛門の人格の卑しさを猛攻撃している。

(42) 山岸編前掲註(26)『芸人の宗教』、二七～二九頁。

(43)『日宗新報』第一一四三号（一九一一年七月一日付）の記事でも、「予は元より日蓮聖人の信者也予にして若し聖人の信念無かりせば四圍の迫害の為めに既に自殺を遂げしならむ然るに幸にして今日あらしめたるはこれ偏に聖人の御加被力なりと堅く信ぜり尚ほ将来はこの信仰の許に活動いたしたく思ふ」、という同様の趣旨の雲右衛門の言葉が掲載されている（「桃中軒雲右衛門の帰信入団」、一一～一二頁）。当時、清国巡業中だった雲右衛門は、関戸圓次郎という大連市の官吏で、清水梁山が名古屋で創立した唯一仏教団の団友にカナヤホテルでたまたま会って快談した際に語ったという。同記事は、関戸が清水梁山の『日韓合邦と日蓮聖人』（一九一〇年）と『日蓮上人御遺文講義』第二巻（一九〇九年）を贈呈したことや、雲右衛門が、当時、近刊予定だった清水梁山の『日本の国体と日蓮聖人――一名王仏一乗論』（一九一一年）を申し込んだことも報じている。

(44) 安田編前掲註(5)『美當一調・桃中軒雲右衛門関係新聞資料』、二八頁。

(45)『九州日報』一九〇四年一一月一六日付（同前、三〇八頁）。

(46) 一九〇四年一一月一七日、同一二月三日および一〇日付（芝清之編『新聞に見る浪花節変遷史　明治篇』浪曲編集部、一九九七年、七三〜七四頁）。さらに一二月九日以降は、前座には「一休和尚」の一席と観客の好みに合わせて義士伝を二席ずつあわせて口演していたという。

(47)『九州日報』一九〇四年一二月八日付（安田編前掲註(5)『美當一調・桃中軒雲右衛門関係新聞資料』、三〇九頁）。

(48)『都新聞』一九一三年五月二六日付（芝編前掲註(4)『新聞に見る浪花節変遷史　大正篇』、六五頁）。

(49) 黄洋「雲右衛門の日蓮上人伝試演」（『新仏教』第一四巻第七号、一九一三年七月）、五九六〜五九七頁。以下の引用はこの記事から。

(50) 雲右衛門の死後刊行された『義烈百傑』（桃中軒雲右衛門述、田中珍次郎編・刊行、一九一八年）には「日蓮記由比ヶ浜日朗の別れ」が収録されており、これは境野が聴いた日蓮記の「序文」にあたる場面だったと思われる。

(51) 柴田薫講演、今村次郎速記『日蓮記』（聚栄堂　大川屋書店、一八九八年）、第二一席（頁表記なし）。なお、柴田薫の『日蓮記』については、本書所載の金山泰志による論文を参照のこと。

(52) 同前、第二〇席（頁表記なし）。

(53) 兵藤前掲註(25)『〈声〉の国民国家』、一二二頁。

(54) 兵藤裕己は、小学校もろくに出ていない雲右衛門でも、講談速記本ぐらいは読むことができたとし、現存する彼の口演速記本などをみるかぎり、それは文士の手を煩わせたように思えない、と主張する。同前、一七〜一八頁。

(55)『日出新聞』一九〇七年五月一一日付（安田編前掲註(5)『美當一調・桃中軒雲右衛門関係新聞資料』、三五二頁）。

(56)『日出新聞』一九〇七年六月二日付（同前、三五六頁）。雲右衛門の十八番である「義士銘々伝」について先行研究では、九州の新聞人らが台本を提供したが、彼はそれを自分なりに作り変えて語ったとする意見と、そもそも自分で完成させたとする意見に分かれている（同前、二六頁）。管見では、新聞報道を見る限り、雲右衛門は自分なりの語りをかなり入れていたと思われる。例えば、彼が得意とした義士伝の一節、赤垣源蔵と下男市助との訣別の場面では、市助が源蔵に「早く帰つてお出でなさい、温けェ物で一杯やりませう、湯豆腐か何か拵らへて待つてゐますから」というくだりがある（『赤垣源蔵徳利の別れ』〈明倫社、一九一一年〉、二五頁）。

これについては、「聞き苦しき感に堪へぬ此の瞬間は実に双方の感情が詩的に流露しつつあるので斯る唐突の情緒が発露すべきものとも思はれず」「講演者は或は意想外の言品を挿んで聴衆の涙痕を一時乾かさしめんとの意ならんかと思はるる節なきにもあらねど泣くべき所には飽までも泣かしむべし」と批判する観客の投稿が確認できる（『福岡日日新聞』一九〇六年二月七日付〈安田編前掲註（5）『美當一調・桃中軒雲右衛門関係新聞資料』〉、三一七頁）。

(57)『九州日報』一九〇七年二月二四日付（同前、三三二頁）。

(58) 真鍋前掲註（3）「序章　うごめく歴史への想像力」、七頁。

(59) 一九三四～三九年に発売されたシリーズ「一休悟道録」のレコードとして具体的に次の計一六演目が記載されている。「金閣寺の巻」「逆説法の巻　前編」「逆説法の巻　後編」「江川屋仏事の巻」「四十雀引導の巻」「魚棚善兵衛の巻」「餅雲がくれの巻」「麝木の茶碗の巻　前編」「麝木の茶碗の巻　後編」「百問答の巻」「金閣寺後編虎の巻」「毛皮問答の巻」「嫁取問答」「いろは引導の巻」「狸問答」「一休と遊女」。

(60) 明治と大正の新聞記事では、わずかではあるが釈迦伝の浪花節についての情報を見出すことができる。芝編前掲註（46）『新聞に見る浪花節変遷史　明治篇』、一九二～一九三頁、同編前掲註（4）『新聞に見る浪花節変遷史　大正篇』、二六頁。また、昭和に入ってからは日蓮とともに一休や蓮如・親鸞の伝記を演じる浪花節がラジオで放送されている。芝編前掲註（34）『浪花節――ラジオ・テレビ出演者及び演題一覧』参照。

第一四章　声と音の空海像

――近代高野山の金剛流ご詠歌とトーキー――

井川裕覚

はじめに――受け継がれるご詠歌の歴史

筆者が住職を務める大悲《だいひ》山立野寺《せんたつのじ》（奈良県奈良市、高野山真言宗）には、現在までに二種類のご詠歌が受け継がれている。一つは、江戸期以前から口承されてきた旧大和節・西国三十三所ご詠歌である。これは、檀信徒の葬儀ののち四十九日までの期間、近親者や地域の人々によって毎晩のように営まれる逮夜《たいや》参りで唱えられる。地域の慣習として、菩提寺の住職または年長者が導師を務め、参列者がともにご詠歌を唱える。四十九日が終わる頃には、ご詠歌に馴染みのなかった子どもまでもがそらんじるようになる。平易なメロディーで親しみやすく、誰もが弔いに関わりやすい点に旧大和節ご詠歌の特徴が見受けられる。

もう一つは、本章で論じる高野山金剛流ご詠歌である。一九九〇年代から二〇〇〇年代にかけて、立野寺金剛講では檀信徒を含む地域の女性十数人が積極的に活動を行っていた[1]。月に一度寺院に集まり、本堂でのお勤め・下座行《げざぎょう》（お堂・境内の清掃など）ののち課題曲の練習が行われた。さらに、金剛流ご詠歌の流儀に則った詠唱方法を修得し、本山で開かれる全国大会への参加が目指された。講員が檀信徒の葬儀に参列し、導師とともに故人を偲ぶ追弔《ついちょう》和讃を唱えることもあった(2)。修行の一環として、毎年二月には町内で寒行托鉢を実施し、また四国八十八ヶ所札所巡礼に出かけるなど、女性教化の重要な役割を担った。さらに立野寺金剛講は、地域社会のつながりを維持する「女人講」としての機能も備えていた(3)。

　ここでは、二つのご詠歌のうち高野山金剛流に焦点を当てる。ご詠歌とは、詠唱・鈴鉦《れいしょう》などの身体的所作を伴いながら、教団・宗祖の歴史や教学、仏教的な世界観を表象し、それらを一般社会へと発信する宗教文化のことである。音楽の形式としては、詩（歌詞）と節（旋律）の組み合わせから成る声楽に位置付けられる。ご詠歌は、狭義には三一文字の短歌形式の御詠歌を指し、広義には七五調形式の和讃を含む。なお本章では、西国三十三所巡礼を開山したとされる花山法皇《かざんほうおう》（九六八～一〇〇八）のような社会的地位の高い人物によって歌われた「御詠歌」ではなく、民衆に普及した宗教音楽に着目する視点から「ご詠歌」という表現を用いる。

　ご詠歌がいつどこで誕生したのか、その歴史は定かではない。ただし江戸の流行歌謡を集めた『淋《さび》敷座之慰《しきざのなぐさみ》』（一六七六年）に「西国巡礼歌」「坂東巡礼歌」の歌詞が掲載されていることから(4)、江戸時代初期には一般民衆に普及し始めていたことがわかる(5)。そして、全国各地に歌い継がれてきた土着の巡礼歌を収集し、流儀として近代的に再編成したのが、仏教教団などの主導によるご詠歌講であった。

　一九二一（大正一〇）年創立の大和流を嚆矢として、現在までに真言宗の金剛流（一九二五年）・密《みっ》厳《ごん》流（一九三一年）・豊山《ぶざん》流（一九四八年）、天台宗の叡山《えいざん》流（一九五〇年）、浄土宗の吉水流（一九四五年）、臨済宗の花園流（一九三六年）・独秀流《どくしゅう》（一九五六年）、曹洞宗の梅花流《ばいか》（一九五二年）などのご詠歌講が成立している。本章で注目する金剛流は、仏教教団のご詠歌講として最も早くに活動を開始したものである。

　金剛流の統一機関となる金剛講総本部は、高野山の布教拠点である大師教会に設置されている(6)。このことから、金剛流ご詠歌が高野山の主要な布教方法の一つに位置付けられたことがわかる。仏教歌謡研究では、主に短歌形式のご詠歌を対象に、その歌詞の内容分析が行われてきた(7)。これらの研究成果を踏まえ、大和流・金剛流・密厳流などのご詠歌流儀の成立過程および伝承方法に焦点を当てた新《しん》堀歓乃《ぼりかんの》は、西洋音楽を取り入れることで「仏教洋楽」を創出した浄土真宗に対して、真言宗各流の場合には近代以前の伝統文化を再編することで「仏教音楽」の近代化が図られたことを明らかにしている(8)。ただし、新堀の関心はあくまで宗教音楽の歴史にあり、本章で注目する、ご詠歌による仏教的表象についての考察は十分に深められてこなかった。

　そこで本章では、大正後期から昭和初期にかけて成立した高野山金剛流ご詠歌の形成過程を検討し、とくに真言密教的な意義付けに着目しながら、ご詠歌に見る仏教的表象および空海像の特徴を明らかにする。また、金剛流ご詠歌と近代音響メディアとの接点に注目することで、高野山や真言密教のもつ宗教文化が大衆化する過程についても検討する。

一　大和流ご詠歌から金剛流へ

仏教教団の主導によるご詠歌講の源流となったのが、山崎千久松《やまさきちくまつ》（一八八五～一九二六）によって創立された大和流である。千久松は在家の出身であったが、重い病をきっかけに巡礼を始め、信仰に目覚めていく。そして、全国各地で歌い継がれてきた巡礼歌を収集し、その歌詞や節の統一を試みる。千久松によって体系化されたご詠歌は、やがて大和流と称されるようになる。一九二一（大正一〇）年には、その伝承団体である大和講が現在の香川県善通寺市に設立される[9]。その過程で整備された、①レパートリーの整理および歌集の作成、②階級制度の設置、③奉詠大会の開催などの運営方法は、現在でもご詠歌各流の基礎となっている[10]。大和講は四国八十八ヶ所霊場との関係が深かったため、千久松と交流のあった当時の高野山管長・泉智等《いずみちとう》（一八四九～一九二八）が当初の総裁を務めた[11]。その背景には、高野山教団の後ろ盾を得ることで大和流を普及させたいねらいがあった。こうした動きに対して、高野山側は本部の山内移転を要請するが、大和講は民間の講としての存続を決定し、独自の道を歩むこととなる[12]。

大和流の影響を受けて、高野山真言宗各寺院でもご詠歌の伝承が積極的に行われるようになる。その広がりに目をつけた教団は、自発的に組織されたご詠歌講を正式に認可し、高野山の系譜へと分派を試みる。この動きは、泉の管長就任により、高野山教団の教化方針が寺院中心から在家中心へと移行したことと呼応するものであった[13]。しかし、高野山内部では、ご詠歌の流行を歓迎する一方で、

「詠歌礼讃が真に謂ふところの宗教現象であるか否やを疑へば疑ふ余地は充分あるので、今日その流行に伴ふ弊害や不純卑俗な形態を呈していることは地方に留住したものゝ実見するとろ《（マヽ）》である」との主張もなされていた(14)。それは、当時のご詠歌が、世間一般から「乞食《こつじき》巡礼が御報謝を求め呼びかけながら唄った巡礼歌(15)」というネガティヴなイメージを持たれていたことと関連している。高野山教団では、都市部で流行していた民謡や「ジャズ小唄」「浪花節」などの「俗謡」との差別化を図り、ご詠歌を正統な宗教音楽として位置付けることが課題とされた(16)。

こうした問題意識のもとで、一九二六（大正一五）年に、ご詠歌の統一を目的として高野山大師教会内に金剛講総本部が設立される。そして、ご詠歌に長けた末寺関係者を「詠監教師」に任命し、全国各地に派遣することで、金剛流ご詠歌の普及が試みられる。この動きは、後述する一九三四（昭和九）年の弘法大師御入定《ごにゅうじょう》一一〇〇年御遠忌《ごおんき》記念事業に向けた教団の布教戦略の一環として推し進められた(17)。

二　流祖・曽我部俊雄の宗教体験

金剛流という名称の基となった「金剛」とは、真言宗の宗祖・空海が唐の国で真言密教の教えを授かった際、師の恵果《けいか》（七四六～八〇五）から命名された「遍照金剛《へんじょうこんごう》」という灌頂号《かんじょうごう》に典拠をもつ(18)。これは、真言密教の世界観を示した金剛界曼荼羅（図１）に由来するものである。金剛界曼荼羅は、全体を九つの区画に分け、宇宙の理を象徴する大日如来の智慧の世界を描いたものである。その中心部

図1　金剛界曼荼羅

は「成身会《じょうじんね》」と呼ばれ、行者が真言密教の真理に目覚めていく過程を表している。

この金剛界曼荼羅成身会に依拠するご詠歌流儀の編成を試みたのが、のちに流祖と称された曽我部《そがべ》俊雄《しゅんのう》（一八七三〜一九五九）である。曽我部は、現在の徳島県阿波市に生まれ、一一歳で切幡寺（同市、高野山真言宗）に入寺する。東京帝国大学を卒業後、高山寺（現在の和歌山県田辺市、真言宗御室派）を経て、一九一九（大正八）年に天野山金剛寺（現在の大阪府河内長野市、高野山真言宗）の住職に就任する。そのほかにも、真言宗系新聞『六大新報』の主筆や宣真《せんしん》高等女学校（現在の宣真高等学校、大阪府池田市）の校長を務めるなど、積極的に文筆活動や女子教育に取り組んだ人物でもあった[19]。曽我部は、一九二九（昭和四）年に金剛講の詠監に就任すると、金剛流の音符・楽理・所作・指導原理の体系化を試みる。

金剛流ご詠歌の真言密教的な意義付けの契機となったのが、曽我部の宗教体験である。「金剛流御詠歌道」の中で、その体験が次のように述べられている。

昭和四年の初秋、詠歌道に精進の一念真紅に燃えんとする紅葉の色染むる頃でありました、或る朝　夢とも幻ともなく、フト金剛界成身会の曼荼羅の組織《くみたて》を拝んだのであります。其中に内供養《ないくよう》の四菩薩、即ち、金剛嬉戯菩薩《こんごうきけぼさつ》、金剛鬘菩薩《こんごうまんぼさつ》、金剛歌菩薩《こんごうかぼさつ》、金剛舞菩薩《こんごうぶぼさつ》、就中金剛歌菩薩の三昧《さんま》耶行《やぎょう》（仏の徳を表す象徴―筆者註）、箜篌《くうごう》（琴・箏のような弦楽器―筆者註）までが彷彿として示されたことを感じたのであります、（中略）常時の行法《ぎょうぼう》にも十二供養の観想を凝らし、真言を誦じ、印を結んで居ながら、此時始めて金剛歌菩薩を拝し得た法悦《よろこび》は、到底形容することの出来ないものでありました。（中略）其感激の冷めざる間に、一気呵《か》成《せい》に拙劣ながら金剛和讃を謹作したのであります。此時始めて遅蒔ながら私自身の意義ある一生が始まり、金剛歌菩薩の御手引に依つて、始めて曼荼羅行者として救は（ママ）れるに至つたのであります、同時に私の頂いた指導原理を、当流の基礎として同行に御勧めすることが出来ることになつたのであります[20]。

図2　金剛歌菩薩

曽我部は、金剛界曼荼羅を本尊に行法（手に印契《いんげい》を結び、口に真言を誦し、心に仏を念じることで、神仏と一体となることを目指す真言密教の供養法のこと）を行った際、成身会の内供養に位置する四菩薩のうち、とりわけ金剛歌菩薩を感得したという。真言密教における金剛歌菩薩とは、大日如来の智慧を司る無量寿如来（阿弥陀如来）の徳を讃嘆する仏のことである。その姿は、金剛箜篌を手に持つ天女として表されている（図2）。いわば金剛歌菩薩は、金剛界曼荼羅の中心に座する大日如来の功徳を、歌や音のもつ響きによって表現する存在といえる。

曽我部は金剛歌菩薩と一体となる観念のうちに、真言密教的な意義付けによる金剛流ご詠歌の指導原理を作成する。これによって、金剛流ご詠歌は、金剛界曼荼羅成身会および金剛歌菩薩を本尊として、その功徳を得るための宗教的実践に意義付けられていく。

三　金剛流ご詠歌道の宗教的実践

1　「教導の心得」に見る倫理観

金剛流ご詠歌は、いかなる指導原理のもとに宗教的実践を展開したのか。曽我部の編著による『高野山大師教会金剛講　御詠歌和讃詳解』には、次の「教導の心得」が記されている。

> 教導は読んで字の如く他人を教へ導くの意なり、之を以て単に詠歌をのみ教導すと思ふ者あらば大なる誤りなり、下は準小教導より上は詠匠に至るまで常に**三信条五綱目《さんしんじょうごこうもく》の旨**を体し、第一熱烈なる信仰、第二純潔なる品性、第三同行との和合、第四勤行歌讃の精修、第五教導の親切等の資格を具へ怠らず講中の誘導拡張に努め、**在家声明《ざいけしょうみょう》としての詠歌道**を向上の資糧となし、以て大師信者の面目を発揮せざるべからず（中略）詠歌の上手と謂はるゝを喜び、自ら**正調**を習つて人に

伝へ、老若男女に詠歌道に依る修養の貴きを知らしむるやう身を以て率いるは実に道俗を論ぜず詠歌教導の要務なりと知るべし[21]。

この心得からも、曽我部が単なるご詠歌の技術だけでなく、真言密教の宗教的実践の具現に重点を置いていたことがうかがえる。なかでも講員が守るべき仏教的な倫理観として掲げられたのが、「三信条五綱目の旨」である。これは、高野山真言宗の『仏前勤行次第』（主に檀信徒への布教・教化に用いられる経典）の冒頭で述べられる真言密教の基礎的な理念である。

「三信条[22]」
一、大師（空海―筆者註）の誓願に頼《よ》り、一世の信心を決定《けつじょう》すべし
一、四恩十善の教えを奉じ、人の人たる道を守るべし
一、因果《いんが》必然《ひつねん》の道理を信じ、自他のいのちを生かすべし

空海の誓願はさまざまにあるが、真言宗の信徒にとって最も重要な教えの一つに、八三二（天長九）年八月二二日に高野山で執り行われた法会、万灯万華会《まんどうまんげえ》の趣旨を讃えた願文――「虚空尽き、衆生尽き、涅槃尽きなば我が願いも尽きなん」がある。これは、この世が尽きない限り、また生きとし生けるものに平安が訪れるまで、私（空海）の願いが尽きることはないという意味である。つまり、現世および来世での救済は、空海がもたらした真言密教によって実現されるという考えのことである。

次に、大乗仏教における「四恩」とは、国王、父母、衆生、三宝（仏・法・僧）に対する恩のことをいう。なかでも重視されたのが、宗教的な次元の倫理観を構成する三宝の恩である。この教えは、仏教的な世界観の根幹にある縁起思想——生きとし生けるものの連関による生命観を根拠に、他者との関係性を重視することで、苦しみからの解脱（救済）を目指したものである。そうした前提において、父母・衆生・国王に生かされていることを自覚し、その恩に報いるという世俗社会での倫理観が醸成される[23]。

より具体的な生活規範を示した「十善戒」は、不殺生《ふせつしょう》——生命を尊重すること、不偸盗《ふちゅうとう》——他人の物を盗まないこと、不邪婬《ふじゃいん》——邪な性行為をしないこと、不妄語《ふもうご》——嘘をつかないこと、不綺語《ふきご》——綺麗事を述べないこと、不悪口《ふあっく》——他者の誹謗中傷を行わないこと、不両舌《ふりょうぜつ》——他者を欺く嘘をつかないこと、不慳貪《ふけんどん》——貪りの心をもたないこと、不瞋恚《ふしんに》——価値観の異なる者に対して憎み怒りの心をもたないこと、不邪見《ふじゃけん》——邪なものの見方や考えをもたないこと、という在家信徒が守るべき一〇の戒めを示している。

そして、「因果必然の道理」とは、生きとし生けるものが支え合って生きているという理のことである。その前提に立つことで、互いに支え合っていることに感謝し、他者の生命を尊ぶことを奨励する。

金剛講の講員は、宗祖・空海の教えを信仰するとともに、「四恩十善」の教えや「因果必然の道理」に基づく倫理的な生き方を実践することが求められるのだ。

「五綱目[24]」
一、凡聖不二《ぼんしょうふに》の理を悟りて仏性《ぶっしょう》を開顕《かいけん》すべし
一、即事《そくじ》而《に》真《しん》の教えを報じ、三密（身口《しんく》意《い》―筆者註）の修行をなすべし
一、報恩歓喜《ほうおんかんぎ》の念を以て、相互に供養すべし
一、人各々仏性あり、相互に礼拝すべし
一、大師の誓願を体して、社会浄化に努むべし

真言密教では、煩悩に満ちた凡夫《ぼんぶ》と仏が同一の存在である（凡聖不二）とみなし、一人ひとりが大日如来の徳（仏性）を備えているという信念をもつ。それゆえ、私たちの生きる世界には無駄な存在などひとつもなく、互いに生かされているという教え（即事而真）に立ち、仏の身体と口と心と一体となる三密行の実践が奨励される。また、人々はともに仏性をもつ存在であることを前提に、互いに尊重し合うことが教えられる。これらを通して、先に述べた空海の誓願に則り、公正な社会の実現に寄与し、現世に浄土を建立することが目指される。

金剛流ご詠歌道の目的の一つは、講員が三信条・五綱目という真言密教の倫理観を実践し、弘法大師信者としての素養を涵養することにある。これによって講員は、ご詠歌の技術習得にとどまらず、真言行者としてのご詠歌道を歩むことが求められる。

2　金剛流の「正調」に見る事相的意義

一九一二年に始まった大正期は、大逆事件後の「冬の時代」と称されながらも、国民運動によって桂太郎内閣を総辞職に追い込んだ大正改変とその後のデモクラシーへの転換、男子普通選挙法と一方の治安維持法の成立、一九一四（大正三）年に開戦した第一次世界大戦を契機に戦争へと巻き込まれていく転換期を迎えていた。

こうしたさまざまな可能性がせめぎ合う中で、日本文化も変容していく。民謡など伝統的な音楽文化における「正調」という概念も、その一つである。一般的に「正調」とは、地方で歌い継がれてきた「本来」の歌い方という意味で理解されている。しかし、大正期に見られた「正調」とは、地方に残る「本来」の日本文明を求めながら、そこに都会人にも通じる普遍性を付与しようという動きであった。(25)

大正後期に成立した金剛流ご詠歌においても、俗謡との差別化を目的に、宗教音楽としての「正調」を究め、「在家声明道」としての編成が試みられる。声明とは、伝統的に研鑽を積んだ僧侶によって唱えられてきた、神仏を讃える宗教音楽の一種である。金剛流ご詠歌の歌謡・奉詠法は、この声明をモデルに体系化されていく。

大和流では、旋律の流れを線で表しただけの「目安式」という楽譜が用いられた。(26) 金剛流では、これを改良し、声明の「十五折博士《じゅうごせつはかせ》」（図3）を取り入れることで、旋律の音高と音価を正確に表すことのできる「五音式」の楽譜を採用する。十五折博士とは、高野山で受け継がれてきた南山進流《なんざんしんりゅう》の声明家・覚意《かくい》（一二三七〜、正確な没年は不詳）によって考案された記譜法である。一オクターブ八音程から成る西洋音楽に対して、南山進流では一オクターブを「重《じゅう》」（初重・二重・三重の三段階）と称し、それを宮《きゅう》・商《しょう》・角《かく》・徴《ち》・羽《う》という五つの音声《おんじょう》に分ける。この五音式を採用することで、より正確なご詠歌の伝授が可能となった。その上に、たとえば「ツヤ――強く」「イロ――弱く」「オシ――音の強弱によるアクセント」「マワシ――音の高さの変化に際して曲線的に発する発声法」などの記号を付し、金剛流独自の歌謡法が表現されていく。(27)

金剛流ご詠歌道の奉詠法は、「詠題」と「祈願廻向文」によって構成される。(28)「詠題」とは、詠唱の冒頭部で「詠題譜」に記された節を付けて唱えられる題目のことである。その「となへたてまつる……ばんのごえいか（わさん）に」という表現には、近代に流行した俗謡と異なり、金剛流ご詠歌が神仏に奉詠される宗教歌であるという意味が込められている。

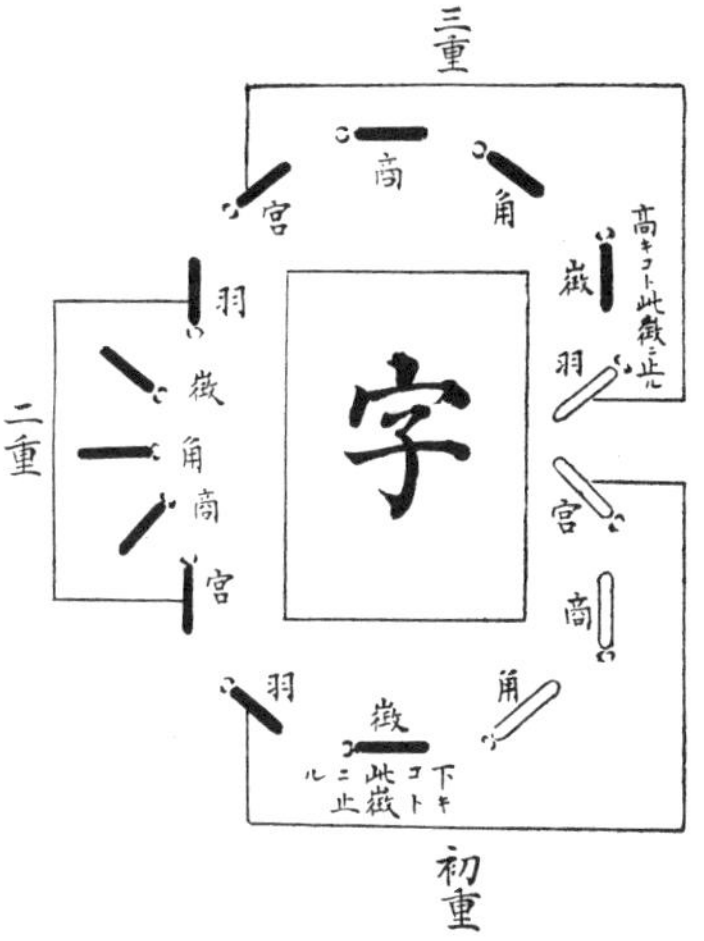

図3　十五折博士

また、ご詠歌の奉詠にあたって、任意で各種祈願・廻向（神仏を供養すること）などの趣意が述べられることもある。たとえば「仰ぎ奉る御本尊何々、当所鎮守法益豊饒威《とうしょちんじゅほうやくぶにょうい》光倍増《こうばいぞう》の御為《おんため》に」「今日参詣講員善男善女現当二世安楽の為に」「今日参詣善男善女各家先祖代々菩提の為に」「至心祈願当何歳の男

（女）当病平癒除災与楽《とうびょうへいゆじょさいよらく》の為に」などの「祈願廻向文」を付すことで、ご詠歌を通して講員自らが現世利益を祈り、先祖を供養することができる。

以上のように、金剛流ご詠歌における「正調」とは、地方に受け継がれてきたご詠歌を求めながら、それを宗教音楽として体系化することで普遍性を付与しようという動きであった。

3　ご詠歌法具に見る教相的意義

ご詠歌を詠唱する際には、鈴鉦《れいしょう》・鉤杖《しもく》などの密教法具が用いられる（図4）。法具を用いる意義が、金剛流ご詠歌の理念を歌った「金剛和讃」（抜粋）に、次の通り示されている。

さて詠唱の法具こそ　四摂《ししょう》の菩薩の表示とて　打込む鉤杖は金剛鉤《こんごうこう》
仏は衆生を召し給ひ　我等は仏を招くなり　控ふる紐は金剛索《こんごうさく》
その働きはさながらに　引入衆生の本誓に　契ふと知るぞ嬉しけれ
鈴に着たる組房《くみふさ》は　繋縛邪見《げばくじゃけん》の金剛鏁《こんごうさ》　打つ手も鉦も振る鈴も
大慈大悲のふところに　洩る事なく帰入せし　法悦歓喜の響にて
金剛鈴《こんごうれい》と知らるなり　かゝる有相の浄業《じょうごう》が　（中略）
やがては無相三密の　行ともなりて成仏の　深き根底《ねざし》となりぬべし(29)

ご詠歌に用いられる鉤杖・杖索《ひも》・組房・鈴鉦は、それぞれに四摂の菩薩――金剛鉤菩薩《こんごうこうぼさつ》・金剛索菩《こんごうさくぼ》

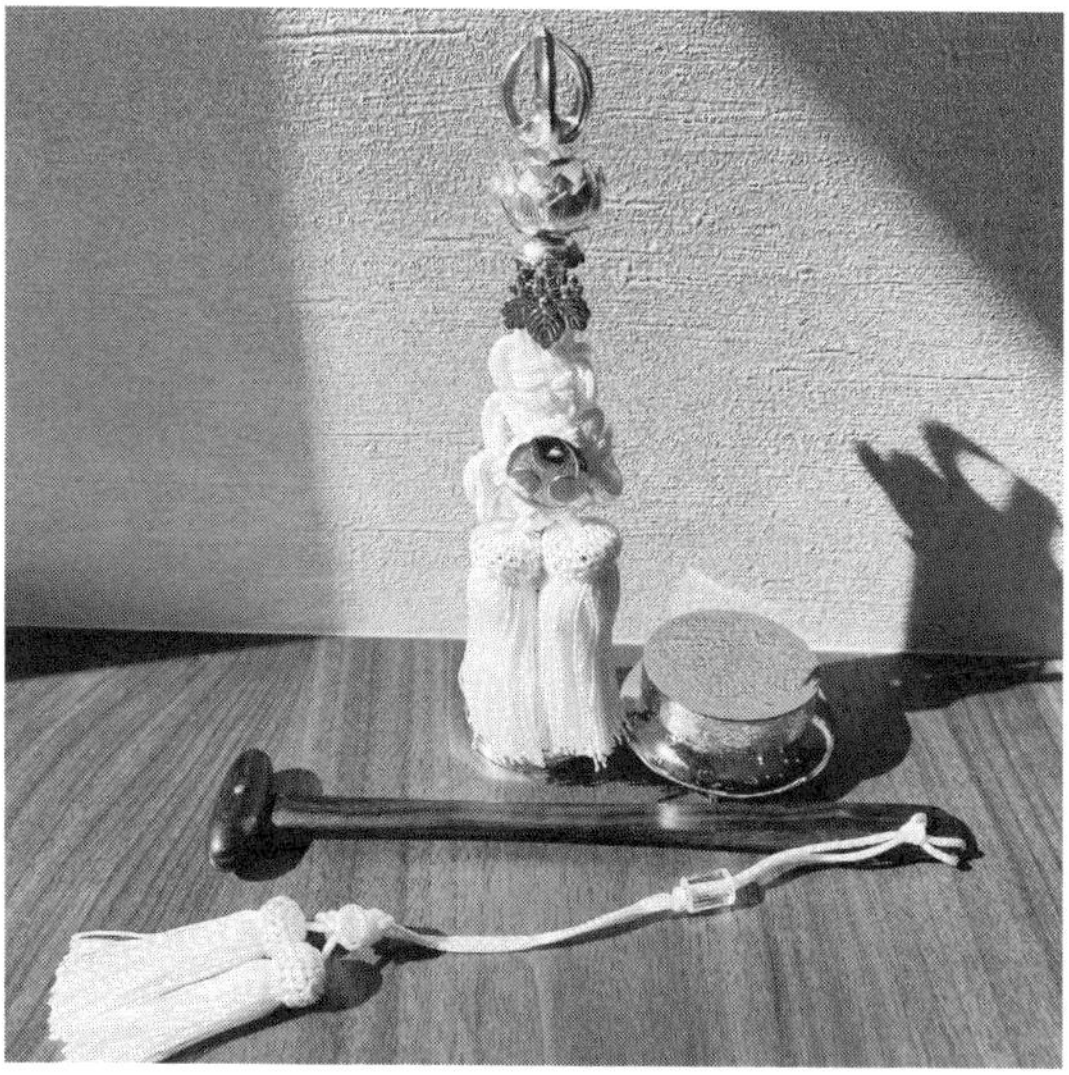

図4　密教法具

鉤杖	＝金剛鉤菩薩（「鉤召《こうちよう》」：仏を呼び寄せる意）
杖索（鉤杖の飾り）	＝金剛索菩薩（「引入《いんにゆう》」：衆生を招く意）
組房（鈴の飾り）	＝金剛鏁菩薩（「鏁縛《さばく》」：菩提心を起こす意）
鈴鉦	＝金剛鈴菩薩（「帰入《きにゆう》」：仏の教えに出会い、歓喜）

図5

薩《さつ》・金剛鑁菩薩《こんごうさぼさつ》・金剛鈴菩薩《こんごうれいぼさつ》の三昧耶行に対応している（図5）。その意義は、杖索を備えた鉤杖を打つことで仏と衆生を引き合わせ、組房が象徴する菩提心（悟りの智慧を求める心）を喚起し、仏法に出会う喜びを鈴鉦の響きによって讃えることにある。法具を用いることで、金剛流ご詠歌は仏の徳を体現する真言密教の行に準ずる実践へと発展する。

四　ご詠歌と近代音響メディアとの共鳴

宗教的意義をもつ「正調」として再編成された金剛流ご詠歌は、一九三四（昭和九）年の弘法大師御入定一一〇〇年御遠忌記念事業（以下、御遠忌）に向けて、檀信徒だけでなく、より広い対象に向けて伝搬されるようになる。

高野山真言宗では、一九二五（大正一四）年から御遠忌の準備が始められ、布教手段の刷新、鉄道・観光・宿泊所など高野山周辺のインフラ整備、歴史学に基づく弘法大師像の見直しなどが進められた[30]。金剛流ご詠歌の体系化は、この一大記念事業に向けた教団の信仰実践の一環でもあった。御遠忌の賑わいを後押ししたのは、各種の近代メディアが広報に用いられたことである。なかでも、ご詠歌と結びついたのがラジオ・映画などの音響メディアである。

すでに御遠忌開催前年までに、ご詠歌を用いた広報活動が展開されてきた。一九三三（昭和八）年三月二一日には、日本放送協会・大阪中央放送局のラジオで、金剛流ご詠歌の全国放送が行われた[31]。プログラムでは、曽我部俊雄の挨拶ののち、一九三一（昭和六）年に始まった満州事変による戦病死者の慰霊の意を込めて梵音《ぼんのん》が詠われた。つづいて金剛・弘法大師一番・妙厳・弘法大師二番、三陸地方震災殉死者の慰霊として無常和讃、あらゆる精霊の成仏を願う楊柳《ようりゅう》が披露され、放送の最後には光明真言・大日如来の真言・弘法大師の御宝号・回向などが唱えられた。

そして、五一日間にわたる御遠忌の初日、四月二日を迎えると、一日六〇〇〇〇人という予想を遥かに上回る約二万人（期間中計約三八万人）の参拝者が高野山を訪れ、盛大な記念事業が営まれた。ご詠歌の奉詠大会は、御遠忌期間中、四回にわたり大師教会本部で開催され、大阪・兵庫・奈良・九州・北海道・樺太・朝鮮などから約五〇〇名の講員が参加するほどの盛況ぶりであった(32)。また二〇日には、雅楽を取り入れたご詠歌演奏で知られた神奈川金剛講による特別奉詠も催された(33)。このご詠歌は、宮内省楽部の多忠朝《おおのただとも》の作曲・指導によって演奏されてきたもので、ラジオ放送やビクターレコードへの吹き込みも行われていた。

そして、高野山の御遠忌で新たに試みられたのが、映画を用いたご詠歌供養である。一九世紀末に見せ物興行の一つとして登場した日本の映画は、活動写真やキネマを経て、一九三〇年代の初頭以降、映像に音を備えたトーキー映画へと発展することで、大衆娯楽の一つとして定着していく(34)。御遠忌では、大阪朝日新聞社の協力を得ながら、トーキー映画とご詠歌を融合させることで「トーキー供養」が実施される(35)。

トーキー供養を行うにあたり、空海にゆかりのある高野山や四国八十八ヶ所霊場の風景、遍路巡礼者の空撮が行われた。その映像に、金剛流ご詠歌の旋律を吹き込むことで、「空中巡礼」「もの言ふ絵巻物」と称される独自のトーキー映画が制作される。ご詠歌の収録は、天野山金剛寺を舞台に詠教

（ご詠歌教師）・女性准教師・河内金剛講本部の講員ら十数名によって実施された。正装をまとった講員は、金剛寺の伽藍やお堂を背景に入定和讃・修行和讃・金剛和讃・梵音などのご詠歌を披露した。この映像は御遠忌開白の前日、四月一日に公開され、高野山奥之院・空海の御廟前でトーキー供養が行われたのち、全国各地での巡礼が計画された。

　このように御遠忌を契機として、金剛流ご詠歌とラジオ・映画などの音響メディアとが共鳴することで、講員や檀信徒だけでなく、より広い対象に向けてご詠歌が伝搬されるようになる。それは、金剛流ご詠歌道という宗教的実践が娯楽文化と融合し、一般大衆へと開かれた点で、高野山や真言密教のもつ宗教文化が大衆化する過程を示すものである[36]。

五　ご詠歌に表象される空海像

　最後に、金剛流ご詠歌の実践がいかなる仏教的世界観を表象したのか、空海像という視点から検討する。

　昭和初期の金剛講設立期から現在までに、金剛流ご詠歌としてまとめられた曲目は四〇曲を超える。ここでは、一九五一（昭和二六）年編纂の『高野山金剛流御詠歌経典』に掲載された曲目の一部について紹介する。

　全三九曲のうち最も目立ったのが、高野山や弘法大師信仰に関するご詠歌で、その数は二五曲に上る[37]。ほかにも密教思想・教学、仏教的な倫理観、行・回向・慰霊に関するご詠歌が収録されている。

先に述べたように、金剛講の創設は、一九三四（昭和九）年の一一〇〇年御遠忌に向けた布教戦略の一環でもあった。その際、積極的に取り組まれた事業の一つが、史実に基づく弘法大師研究の蓄積である。それ以前の空海像は、「弘法清水」や「食わず芋」の伝説、いろは歌の作者、書の達人など、一般民衆に下支えされる「大師信仰」の側面をもつ民俗的知として語り継がれる傾向にあった[38]。これに対して昭和初期には、明治期以降の史料研究を重視する歴史学の隆盛によって、客観的な史実に基づく空海研究が志向されるようになる。

空海像の再編成が進められたこととも関連して、金剛流でも高野山の歴史や大師信仰に関するご詠歌が多く作成された。その代表例として、「高祖弘法大師第一番」のご詠歌を紹介する。

　ありがたや　高野《たかの》の山の　岩かげに　大師はいまだ　おわしますなる

この歌は、比叡山延暦寺の座主《ざす》を務めた慈円《じえん》（一一五五〜一二二五）によって作られたものである。慈円は晩年、比叡山の鎮守《ちんじゅ》（土地を守護する神）・日吉権現の夢告《むこく》により、今なお生き続ける空海を拝したいという思いを抱き、高野山を訪れる。そして、空海が入定《にゅうじょう》（生きたまま仏の境地に入ること）する御廟《ごびょう》の前、灯籠堂にて三日三晩の修法を行う。最後の修法に臨むと、静寂の中にありし日と変わらぬ姿の空海が現れたという。「高祖弘法大師第一番」は、慈円の宗教体験を歌ったものであり、空海が高野山奥之院で衆生を救済し続けているという入定信仰を象徴するものである。

次に「高祖弘法大師第二番」では、醍醐天皇が夢で空海と出会った経験が歌われている。時は九二一（延喜二一）年、醍醐天皇の夢枕にボロボロの袈裟衣を纏った修行姿の聖者が現れる。醍醐天皇に向かって、聖者は次の和歌を二度くり返し詠んだという。

たかの山　むすぶいおりに　袖《そで》くちて　こけの下にぞ　ありあけの月

醍醐天皇は翌朝、この和歌について宮中の側近と詮議し、「たかの山」と述べていることから、夢に現れたのは空海に違いないと判断する。それは、空海が入定してから八六年目、宮中で諡号《しごう》（生前の行いを讃えて贈られる名）を贈るか否かの議論がなされている頃であった。この夢告を受けて醍醐天皇は、空海に対して「弘法」という大師号と、桧皮《ひわだ》色の袈裟衣の下賜を決定する。そして、高野山奥之院の御廟前で諡号下賜の報告がなされ、東寺の長者・観賢《かんげん》によって御衣替《おころもがえ》の儀が執り行われた。以来、高野山では空海が入定した旧暦の三月二一日に、この儀式が厳修されている。

「高祖弘法大師第二番」は、高野山に庵を結び、破れ朽ちた袈裟衣を身に纏い、衆生救済の誓願に励む空海の姿が、まるで皓々たる月が昼夜を問わず天に浮かんでいるかのようだ、と歌ったものである。

弘法大師第一・二番のご詠歌は、民衆の情感に訴えかけるような趣を携えながら、空海の入定信仰を強調したものである。そこに描かれているのは、客観的な史実に基づく空海研究とは異なり、むしろ「お大師さん」として民衆に親しまれてきた空海の姿である。これは、高野山真言宗による布教戦略の近代化において、民俗的知に基づく弘法大師信仰という「伝統」が依然として重要な意義を有していたことを物語っている。

おわりに

本章では、大正後期から昭和初期に成立した高野山金剛流を対象に、ご詠歌を通して仏教的な世界観がいかに表象されたのか、とくに真言密教的な意義付けおよび空海像の特徴、近代音響メディアとの融合に着目しながら検討してきた。

教団と距離を置く形で展開した大和流とは異なり、高野山金剛流ご詠歌は、近代社会への適応を目指す高野山真言宗教団の布教戦略の一環として体系化された。金剛流では、近世以前から歌い継がれてきた大和流ご詠歌を参考に、独自の指導原理・歌謡法を「正調」として体系化することで、伝統的な宗教文化の再編成が試みられた。流祖と称された曽我部俊雄は、自身の宗教体験に導かれながら、金剛流ご詠歌道の真言密教的意義付けを行った。身体的な所作を伴う詠唱法は、真言密教における三密行の実践と不可分であり、金剛界曼荼羅成身会に描かれた真言密教的な世界観を体現する宗教実践そのものとして位置付けられていく。また、金剛流ご詠歌は、教説・学知によって描かれる仏教的な世界観や真言密教の歴史、弘法大師信仰を、一般社会に向けて発信するメディアとして機能し、さらに他の音響メディアと融合することで大衆化が推し進められた。

こうした歴史は、日本近代仏教史研究において「前近代」的と捉えられてきた真言宗教団による近代化の特徴を示すものである[39]。それは、近代社会との接点で単なる西欧近代化を試みるのではなく、宗教伝統的な要素を重視しながら、その真言密教的な実践を在家信徒へと展開する媒体として、ご詠歌講を再編成しようとしたことである。また、歴史学に基づく空海研究の刷新が行われた一方で、ご詠歌を通して表象される空海像が、民俗的知によって受け継がれてきた「大師信仰」であったことは注目すべきである。近代高野山の金剛流ご詠歌の展開から浮かび上がったのは、「伝統」と「近代」の重層的な関係性において近代化を果たしていく仏教教団の姿である。

註

（1）立野寺金剛講の足跡を辿るにあたり、講員として活躍された檀徒Aさんに詳しくお話を伺った。調査にご協力いただいたことに感謝申し上げたい。

（2）追弔和讃の歌詞は次の通りである。曽我部俊雄著・高野山金剛講総本部発行『高野山金剛流御詠歌教典』（高野山出版社、一九五一年）、四八・四九頁。

一　人のこの世は　永くして　かはらぬ春と　思へども
二　はかなき夢と　なりにけり　あつき涙の　まごころを
三　みたまのまへに　さゝげつゝ　おもかげしのぶも　悲しけれ
四　然《し》かはあれども　み仏に　救われて行く　身にあれば
五　思ひわずらう　こともなく　とこしへかけて　やすからん
六　南無大師遍照尊　南無大師遍照尊

（3）丸谷仁美「女人講の組織とその変遷――千葉県香取郡大栄町一坪田の事例を中心に」（『常民文化』第二〇号、一九九七年）、四五頁。

（4）武石彰夫『仏教歌謡の研究』（桜楓社、一九六九年）。

（5）江戸期には巡礼者以外でもご詠歌を唱えるようになり、評釈書が多く編纂された。たとえば、『西国順礼歌諺註』（享保一一年）、『観音三十三所諺註』（同年）、『西国順礼歌奥義鈔』（宝暦五年）、『順礼歌要解西国三十三所』（宝暦一一年）、『西国順礼歌』（明和九年）、『西国順礼故新和歌』（同年）、『西国順礼歌円解』（寛政八年）、『西国順礼歌諺註図会』（嘉永元年）、『観音経御詠歌略註』（嘉永二年）、『西国三十三所御詠歌仮名抄』（安政五年）などが挙げられる（清水谷孝尚『巡礼と御詠歌――観音信仰へのひとつの道標』〈朱鷺書房、一九九二年〉を参照）。

（6）寺河俊海『真言宗布教史』（高野山真言宗布教研究所、一九七〇年）。

（7）代表的な例として、武石前掲註（4）『仏教歌謡の研究』。そのほか、下仲一功「「巡礼歌（御詠歌）」の性質をめぐって――地名を含む歌を続けるということ」（日本歌謡学会編『歌謡とは何か』日本歌謡研究大系上巻、和泉書院、二〇〇三年）、下西忠「四国八十八ヵ所御詠歌の考察（上）――成立の執念と作者について」（『高野山大学論叢』第四〇巻、二〇〇五年）、小川寿子「歌謡と順礼――西国三十三所をめぐって」（真鍋昌弘・上岡勇司・真下厚編『韻文文学の〈歌〉の世界』講座日本の伝承文学第二巻、三弥井書店、一九九五年）が挙げられる。

（8）新堀歓乃『近代仏教教団とご詠歌』（勉誠出版、二〇一三年）、一一四頁。

（9）大和講の設立については、上田次郎・遠藤本宣編『師の影を慕ひて――大和講沿革』（大和講総本部、一九三二年）を参照。

（10）新堀前掲註（8）『近代仏教教団とご詠歌』、三八～四六頁。

（11）目黒隆幸「真言宗布教史」（『密教文化』第三六・三七合併号、一九五六年）、七七頁。

（12）無記名「讃岐に於ける金剛講と詠歌大和流のもつれ」（『六大新報』第一〇五八号、一九二六年三月二一日）、二〇頁、無記名「御詠歌流行と其弊害」（『高野山時報』第四〇二号、一九二六年三月二五日）、二三・二四頁。

（13）高野山金剛流詠監室編『金剛講必携』（高野山金剛講総本部、一九六八年）、五～七頁。

（14）社説「詠歌礼讃」（『高野山時報』第四二六号、一九二六年一一月二五日）、一頁。

（15）小野田俊蔵「浄土宗の御詠歌」（『中外日報』二〇一八年五月一一日号）、引用文中のルビは筆者による。以下同。

（16）新堀前掲註（8）『近代仏教教団とご詠歌』、一二八・一二九頁。

（17）明治期以降、多くの仏教教団では五〇年に一度、宗祖の遺徳を称えることを目的に、教団を挙げて法会を中心とした大規模な遠忌記念事業が開催されている。

（18）高野山布教研究所編『高野山金剛流　詠歌和讃の解説』（高野山出版社、一九八八年）、四・五頁。なお「灌頂号」とは、真言密教の行者が灌頂という儀式によって受ける名号のことをいう。

（19）高野山金剛流詠監室編前掲註（13）『金剛講必携』、一一頁。

（20）曽我部俊雄「金剛流御詠歌道」（曽我部俊雄・眞井覚深・和田性海著『大師主義三十講』〈聖愛社、一九三四年〉）、四一九～四二一頁（本引用文中のルビは原典由来だが、必要と思われる箇所以外は適宜削除した）。

（21）曽我部俊雄編著『高野山大師教会金剛講　御詠歌和讃詳解』（高野山大師教会金剛講総本部、一九三〇年）。

（22）高野山金剛流詠監室編前掲註（13）『金剛講必携』、四二頁。

（23）井川裕覚『近代日本の仏教と福祉――公共性と社会倫理の視点から』（法藏館、二〇二三年）、一一三頁。

（24）註（22）に同じ。

（25）渡辺裕「正調」（鷲田清一編著『大正＝歴史の踊り場とは何か――現代の起点を探る』〈講談社選書メチエ、二〇一八年〉）、一一六～一一八頁。

（26）金剛流ご詠歌の音楽理論の形成過程については、新堀前掲註（8）『近代仏教教団とご詠歌』、一三八～一六〇頁を参照。

（27）そのほかにも金剛講で定めた歌謡法には、「アヤツヤ」「アタリ」「アタリオクリ」「ツメアタリ」「大マワシ」「シオリ」「大シオリ」「平アヤ」「ミダレアヤ」「フリコミ」「ステル」「ウチツケ」「マワシて軽くオドル」「ツク」「アタリオシ」「ナミ」「オサエル」「オドリ」などがある（高野山金剛流詠監室編前掲註（13）『金剛講必携』、一一七～一二三・一四〇頁）。その表現の違いについては、金剛講総本部『高野山金剛流御詠歌（CD・解説書付き）』（ポニーキャニオン、二〇一一年）の音源を参照されたい。

（28）曽我部俊雄・高野山金剛講総本部前掲註（2）『高野山金剛流御詠歌教典』、一〇五～一〇七頁。

（29）同前、六〇頁。

（30）井川裕覚「高野山の御遠忌と近代化――大師信仰と伝統の再編成」（『宗教研究』第九三巻別冊、二〇二〇年）。

(31)『高野山時報』第六五四号（一九三三年三月二五日）、一二頁。

(32)『高野山時報』第六九一号（一九三四年四月五日）、八頁、『高野山時報』第六九四号（一九三四年四月二五日）、一八頁。

(33)『高野山時報』第六九四号（一九三四年四月二五日）、一九・二〇頁。

(34)長谷川倫子「劇映画制作社会からみたトーキー化までの日本映画会（一）」（『コミュニケーション科学』第三八巻、二〇一三年）、七五頁。

(35)以下「トーキー供養」の詳細については、『高野山時報』第六九二号（一九三四年四月一〇日）、一三頁を参照。

(36)ただし、金剛流ご詠歌が発展し、講員が増えることを歓迎する一方で、「み仏に捧げる」という宗教的実践のもつ敬虔さが失われがちであるという批判も寄せられていたことに留意したい（『高野山時報』第六五三号、一九三三年三月一五日）、六〜八頁。

(37)高野山や弘法大師信仰に関するご詠歌として、「高祖弘法大師和讃」「高野山御詠歌」「妙相」「妙厳」「妙遍」「光明」「楊柳」「玉川」「妙音」「入定和讃」「龍華」「誕生和讃」「修行和讃」「八葉」「玉藻」「遍照」「無常和讃」「高野山根本大塔和讃」「高野山万灯会供養和讃」「高野山万華会供養和讃」「高祖弘法大師報恩和讃」「瑜伽」「影向」「三昧」「万灯万華和讃」が作成された。そのほかにも密教思想・教学に関する「金剛和讃」「梵音」、仏教的な倫理観に関する「無常和讃」「値遇得楽和讃」「愛別離苦和讃」「相互供養和讃」「昭和信修和讃」、行・回向・慰霊に関する「札打和讃」「追弔和讃」「七福」「来迎」「金剛舞踊和讃〔其一・二〕」「御砂踏御詠歌」などのご詠歌が収録された。

(38)森正人「接合される日本文化と弘法大師——一九三四年の「弘法大師文化展覧会」を中心に」（『地理学評論』第七八巻第一号、二〇〇五年）、六頁。

(39)二〇〇〇年代以降の日本近代仏教史研究の積極的な捉え返しを行った大谷栄一は、「広義の近代仏教」の生成を問う上で、〈近代的なるもの〉と〈前近代的なるもの〉の重層的な関係性の分析が不可欠であることを指摘している〈大谷栄一「「近代仏教になる」という物語」〈同『近代仏教という視座——戦争・アジア・社会主義』ぺりかん社、二〇一二年〉、三一・三二頁〉。

画像出典一覧

図1　高野山霊宝館所蔵。
図2　国訳秘密儀軌編纂局編『新纂仏像図鑑　地之巻』（仏教珍籍刊行会、一九三一年）より。
図3　宮野宥智編『南山進流声明類聚　付伽陀』（松本日進堂本店、一九三〇年）より。
図4　筆者撮影。
図5　筆者作成。

第一五章　戦前期日本のラジオ放送と仏教

——「朝の修養」で培う精神——

大澤絢子

はじめに

世界で初めて、電波による商業放送を開始したアメリカに遅れること四年四カ月、公益社団法人・東京放送局がラジオの試験放送を開始したのは、一九二五（大正一四）年三月一日のことである。同月二二日には仮放送となり、七月一二日に本放送が始まった。当時の録音が残っていないという事情もあり、戦前において日本放送協会が唯一の電気的マスメディアだった事実に比べ、日本のラジオ放送史に関する研究はさほど多くなかった[1]。だが近年、戦中期の実況報道やプロパガンダ、植民地政策との関連、さらにはラジオ技術の普及に関する研究が立て続けに提出されつつある[2]。

とはいえ、戦前期日本のラジオ放送と宗教について正面から論じたものは、石井研士と坂本慎一の研究があるのみである[3]。坂本の研究で明らかにされたように、ラジオの黎明期において、高嶋米峰や友松円諦ら仏教系知識人の果たした役割はとても大きかった[4]。しかしながら、どのような人物によって、仏教や宗教に関するいかなる放送がされていたのか、その全体像の解明には未だ至っていない。

そこで本章では、戦前期日本のラジオ放送における仏教発信の実態を「朝の修養」から明らかにする。「朝の修養」は、一九三五（昭和一〇）年二月からの約六年間ほぼ毎朝放送されていた講座番組である。目指されたのは、国民としての精神育成だった。本章を通して、近代日本のメディア上において仏教に期待されたものが何だったのかを検討する。

一　精神涵養のために聴くラジオ

1　文化と教育の機会均等を目指して

本放送開始の翌年の一九二六（大正一五）年八月二〇日、東京、大阪、名古屋にあった三つの放送局が合一し、公益社団法人日本放送協会が設立された。日本では、一九二二（大正一一）年頃から主要各新聞社によって、一般市民に対するラジオや無線機に関する情報や知識を普及させる取り組みがなされていた。新聞社によるラジオ放送の公開実験も行われ、通信社や無線電話会社、電気機器会社など多くの企業もラジオ放送に進出していたのだ。[5] 逓信省は当初、放送事業体を営利会社組織にする方針から、放送局は東京、大阪、名古屋に原則各一局、出願団体は合同して出願することとしていたが、次第に利権問題に発展したため、放送局の経営形態を営利目的としない社団法人とすることに決定した。[6] その後、三放送局の各社団法人は解散・合一し、第二次世界大戦後の一九五〇（昭和二五）年まで、日本のラジオは日本放送協会が独占することとなる。

一九二五（大正一四）年の仮放送において、当時東京放送局総裁だった後藤新平は、ラジオ放送の四つの指標に「文化の機会均等」「家庭生活の革新」「教育の社会化」「経済機能の敏活」を挙げている[7]。都市と農村の文化受容の格差をなくし、家庭での教育機会の拡充が、ラジオの使命とされたのだ。

　放送事業の発足にあたってはさまざまな制約が課せられ、番組内容は逓信省による検閲が行われ、放送禁止事項が設けられた。一九二五（大正一四）年五月には、東京、大阪、名古屋の逓信局長宛に逓信省から放送禁止事項に関する詳細な通知が出され、安寧秩序を害し、風紀を乱すもの、外交または軍事の機密に関する事項、官公署の秘密、議会の秘密会の議事、広告や宣伝、人心に著しい衝動を与えそうな記事、政治上の講演または論議と認められる事項のほか、官庁が放送を禁止した事項などが放送禁止とされた[8]。出演者にも制限があり、「極端な主義をもつもの」「過激思想を抱くもの」「言語の明瞭でないもの」「発音の不正なもの」などは、講演放送から除外され、特に思想関係は放送者と放送内容について厳しく取り締まられたのだった[9]。

　一九二七（昭和二）年には、放送番組の構成が「教養」「慰安」「報道」の三部門に分かれ、宗教関係は「教養番組」に分類されている[10]。教養番組が目指したのは、「広義の解釈に於ける社会教育の実践といふことを第一義とし、一般大衆と一般家庭とを其目標に置く」放送である[11]。ここでの「大衆」とは、「義務教育を終へたゞけで上級の学校へ進むことのできなかつた小学校卒業者の約八割にも達する大多数の男女一般社会人」とされる[12]。経費不足や設備が不完全な上、適当な講師を得られず甚しく不振に陥っている「補習教育や成人教育の補助機関たるべく[13]」、ラジオを通して大衆を教育することが求められたのだ。現実的には、一九三一（昭和六）年に第二放送が開始されるまではその達成は難しかったが、「中学校卒業程度の知識階級」をはじめ、あらゆる階級を広く対象とし、「全社会人」

「一般公民層」「婦人」「学生、生徒」「青年俸給生活者」「局部的少数階級」の者など[14]、さまざまな層に文化と教育が行き渡るよう意識され、計画されたのが教養番組だった。

2 「心の糧」を養う講座

社会教育の役割を担ったラジオにとって、宗教はどのような位置付けだったのか。
日本における宗教関連の講座番組の始まりは、本放送開始前の一九二五（大正一四）年五月二四日。午前九時二〇分から一〇時まで放送された大谷尊由の「親鸞教の文化的意義」である。「宗教講座」の枠で放送されたこの「最初のラヂオ法話」の試みは、「聴者に多大の感動を与へた」という[15]。以降、幅広い層の人々の社会教育に役立つ放送の一部として宗教は、「修養講座」または「宗教講演（講座）」の枠で発信されていく。

毎週日曜日の午前一〇時から放送された両講座の目的は特に「徳育」であり、「仏教、神道、キリスト教、神社関係、倫理学的のもの総て」が含まれていた[16]。講演者は「学識経験の高い人格者」とされ、とりわけ「宗教界の長老」「倫理学宗教学の権威」、あるいは「深い経験と徳望とを兼備する実社会の名士」から選ばれ、彼らの「信ずる道」を聴くというのが趣旨だった[17]。講座の講師には例えば、本間俊平、海老名弾正、高嶋米峰、長井真琴、松村介石、新渡戸稲造、境野黄洋など著名な宗教者や学者に加え、酒井日慎（日蓮宗管長）、望月日謙（立正大学長）、伊藤道海（道了山主）など[18]、各宗派の管長や有名寺院を代表する僧侶が名を連ねた。

その後、一九三二（昭和七）年を「エポック」として[19]、「宗教講座」は定刻放送となる。「修養講座」と「宗教講座」は、「生活の苦闘に一脈の清流を流するもの」とされ、知識でも理屈でもなく、「以心伝心の殿屋の扉として叩くに委せて開かれる人間生活の光を光あらしめるもの」と位置付けられた[20]。「修養講座」と「宗教講座」という二種類の分類はあくまで便宜上のものとされ、それらから「生み出され酌みとられる心の糧は一つ」とされた[21]。同じ時刻に習慣的に聴かれることにより人々の「心の糧」、すなわち精神的支えとなり、また精神を育成することが期待されたのである。

「修養講座」の「修養」とは、主体的に自己の品性や精神を養い、人格向上に努める思考や行為を指し、伝統宗教だけでなく、それに限定されない宗教的な思想や実践と緩やかに繋がりながら、明治以降の日本社会に根付き浸透していったことばであり、実践である[22]。同講座の意図もまた、宗教の知識や思想を通した精神面の向上だったと考えられる。「日本に於て最初のラヂオ説教」とされる先述の大谷尊由の放送にあたっても、「本願寺の後藤所長」が社会のラジオ熱を歓迎し、「ラジオ放送の範囲も一層とりひろげて精神修養の方面にもどし〳〵活用されなければならない」と、精神修養に役立つメディアとしてラジオに期待を込めていた[23]。修養とは本来、個人の主体的な営みであるが、修養講座は電波を通して国民の精神向上を促すという集団的な性格も帯びていたのである。

二　聴く仏教

1　放送される法要

説教だけでなく法要もまた、ラジオの電波に乗った。

一九二七（昭和二）年の年末には、除夜の鐘が東京放送局から初めて中継され、翌年末に全国放送網の基幹線が完成したことで全国中継放送が可能となり、一九二九（昭和四）年の大晦日には、東京・浅草の浅草寺から除夜の鐘の全国中継が行われた。[24] 一九三八（昭和一三）年の大晦日には、午後一一時五八分から各局約七分間ずつ午前零時四七分まで、京都、甲府、台南、朝鮮、満州、北京、南京の順で鐘の音を繋ぐ「日満支除夜の鐘リレー」が初めて実施されている。[25] 日中戦争が始まって間もない時期のこの放送は、音を通して各地の人々を連帯させようとする仕掛けでもあった。

一九二九（昭和四）年以降は彼岸会法要の連続放送も盛んになり、[26] 一九三一（昭和六）年三月の彼岸の中日には「仏教聖歌の供養」が、翌日の「修養講座」では、加藤精神の「お彼岸と現代思潮」と題する講座が放送されており、法要と講座の両方が彼岸に際した内容となっている。[27] 一九三三（昭和八）年には、春の彼岸法要が三月一八日に集中して放送され、秋の彼岸は九月二〇日から二五日まで連続放送された。除夜の鐘や彼岸など、当時の日本人の宗教生活は電波メディアによって再構築されたことが指摘されているが、[28] ラジオは声や音を通して宗教的な年中行事を国民に再認識させるものでもあった。

一九三三（昭和八）年七月には、大阪放送局の「日曜礼拝」に続き、「日曜勤行」が開始されている。[29] 放送時間は、日曜の午前一〇時から一一時。もともと、第一放送の「宗教講話」の枠で主に仏教関係の講演、第二放送で、関西の代表的な教会に委嘱してキリスト教の礼拝を放送していたが、礼拝の放送が「予想以上の好評を博した」ため、同年一二月から仏教各宗派による「日曜勤行」を放送することになった。[30] 「日曜勤行」は、主として前半（もしくは後半）に各宗派の代表者（主に管長、法主）

の解説や講話、後半（もしくは前半）を勤行の実況に充てた。「日曜勤行」は、一九三四（昭和九）年一一月末までほぼ毎週放送され、特に大阪放送局管内方面から「非常な期待を以つて迎へ」られたという[31]。同年一二月二日からは、第一放送の「宗教講話」に代わり「日曜勤行」がスタジオではなく各寺院から全国に現場中継されたことで「一層著しい効果を挙げ」たとされ、仏教では朝夕の勤行はあっても日曜の朝に法話をともなった法要が元来あるわけではなく、「ラヂオによつて初めて試みられた形式」だったという[32]。

東京放送局で番組構成を担当していた矢部謙次郎は、宗教関連の放送が寺院へ参拝する者が減りつつある「反宗教的傾向に逆行して、大に宗教心の復興に努めまた相当の効果を収めつゝある」と一九三二（昭和七）年に述べている。そして、イギリスの事例を紹介しつつ、ラジオで礼拝を放送した結果、教会の出席者が減ったとしても、宗教を家庭に植え付けることが出来れば宗教そのものは衰滅せず、むしろ宗教心の勃興を助長するとされ、放送協会へ感謝状が与えられていると述べている[33]。もっとも、日本の宗教は、仏教、キリスト教、神道などに分かれているためその中庸を取り、宗教の宣伝になることを避ける方針から、日本の宗教関連の番組は欧米に比べ「随分生ぬるいプログラム」だというのが、矢部の意見だった。しかし、その「生ぬるさ」のためか、寺院や教会から苦情は出ておらず、説教の中継も結果的に信仰誘発に貢献するだろうと論じている[34]。

法要の放送はその後も続き、一九三六（昭和一一）年四月八日には釈迦の誕生日を祝う特集プログラムが編成され、昼は東京、京都から仏教音楽が放送された。午後二時の「母の時間」には大谷瑩潤が「仏教の母性観」と題する講演を行い、午後六時の「子供の時間」には、東京放送童話研究会による「お釈迦様」と題する物語の朗読が全国中継され、午後七時半には、高楠順次郎の講演「花まつりに欠くべからざる条件」が、八時からは「経典物語」として「釈尊探偵説法」の朗読が名古屋から放送された。[35] 丸一日、ラジオが花まつり一色となったのだ。

2　人気番組「聖典講義」

そうしたなか、「実にラヂオ始まって以来の偉大な業績の一つ」となったのが「聖典講義」である。[36] 一九三四（昭和九）年三月一日から東京地方で開始した講座番組で、人々の宗教心に訴えるにあたり、声だけを頼りとする長期講座の成功が危ぶまれるなか、「全社会的な支持と賞賛を博し」、この年の「放送史を飾る一大収穫」となったのだ。[37]

番組最初の講師は友松円諦である。放送当時、慶應義塾大学で教鞭をとっていた友松は、著名な学者というわけではなかったが、日本の思想界の現状を憂いた矢部謙次郎からの依頼で講義を請け負うことになったという。[38] この番組で友松は、『法句経』（三月一日～一七日）と、『阿含経』（一〇月一五日～三一日）についてそれぞれ一五日間の講義を行い、人気を博した。メモだけを手にアドリブで話す友松の講演は、「ハギレのよい江戸っ子調が電波にのって朝の家庭を訪問」「声の運び方にも旋律《メロディ》があって、しかもその緩急が内容にぴたりと合うようにこまかく工夫されている」と評されている。[39]

ほかに、高神覚昇「般若心経講義」（四月三〇日～五月一二日）、梅原真隆「歎異抄」（九月三日～一五日）、長井真琴「梵網経（抜粋）」（一二月一日～一五日）など仏教関係の講義のほか、塚本虎二「聖書の要約」（三月二六日～三一日）、加藤咄堂「菜根譚講話」（七月一六日～三一日）もあった。仏教の経典解釈が中心で、全体二七講義のうち一六講義を仏教関係が占め、キリスト教関係が三講義、儒教関係が五講義、その他、小柳司気太「老子講話」（六月一八日～三〇日）、宇野円空「コーラン経講讃」（八月二四日～三一日）、植木直一郎「古事記上巻（鈔出）」（一一月一日～一〇日）がある[40]。放送時間は午前八時から八時半の三〇分間だったが、四月からは午前七時二〇分から七時四〇分、九月からは午前七時から七時二〇分、一二月以降は午前七時三〇分から七時五〇分の二〇分間と変動している。

「聖典講義」は放送関係者の予想をはるかに超える人気となり、開始一カ月後には全国放送となった。人気の背景としてまず挙げられるのは、仏教復興の機運の高まりである。一九三四（昭和九）年は釈迦の生誕二五〇〇年にあたると推定され、高楠順次郎が全世界の仏教徒を挙げた祝典の開催を計画していた。この計画は日蓮宗、真宗、臨済宗等大宗派の反対により実現しなかったが、仏誕二千五百年記念学会が開かれ、井上哲次郎を会長に、仏教学者たちが一二月一日から数日間、講演会や祝典を開催している。さらに、第二回汎太平洋仏教青年大会として、「ハワイ・アメリカ・シャム・インド・ビルマ・支那・満州等々汎太平洋沿岸の青年仏教徒」が七月一八日から数日間東京・京都を中心に会合し、四月には弘法大師一一〇〇年遠忌法要も開催されている[41]。

　仏教界の盛り上がりに加え、社会では精神面の充足が求められていた。「聖典講義」の社会的背景として『昭和10年　ラヂオ年鑑』には、「働けど働けど生計の楽にならない農村、ジャズに踊るネオンの灯影、放浪者の群を見る都会」で人々が皆悩んでいるなか、「何か頼るべき力が得たい、空虚な心に充実感が欲しい。物質への欲望で心眼を盲した民衆は今や斉しく「安心と悟道」に憧れてゐるが、嘗ての魂の安息所たりし宗教の殿堂は奥深く香煙に隠れて民衆への扉を閉してゐる」と記されている[42]。

当時の反響には、「たゞ放送講義の程度だけで満足出来ない青年学徒をして、より深い心の奥の尊いものを掘り下げさせる効果を十分ならしめたことはたしか[43]」や、「聖典講義によつて一日一日精神の糧を与へられてゐることを感謝する次第である。（中略）すべて簡潔平明で修養のないものにもその了解が容易なばかりでなく、朗々の声、切々の言、実に肺腑を貫くものがある」といったものがある[44]。物質的充足を求め迷う人々の精神的充足のため、旧態依然とした宗教ではない、新しい時代を生きる人々の拠り所となるような宗教が求められたのである。その中心となったのが、仏教だった。

三　「朝の修養」で培う精神

1　放送テキスト『朝の修養』

放送開始から約一年後の一九三五（昭和一〇）年二月二日、「聖典講義」は「朝の修養」に改題された。放送時間は日曜・祭日を除く朝七時（一一月から三月は七時半）から二〇分間。平均聴取率は、一九三九〜四〇（昭和一四〜一五）年で、東京市が四七・九％、大阪市は四二・八％という驚異的な数字である[45]。「朝の修養」が開始された一九三五（昭和一〇）年以降、全国一〇〇世帯あたりのラジオ聴取加入数の割合は、一七・〇％（三五年度）、二五・一％（三七年度）、三四・四％（三九年度）と伸びており（『ラヂオ年鑑』昭和11年、13年、『ラジオ年鑑』昭和16年）、一九三八（昭和一三）年度末における市部の普及率は四九・八％、群部が一七・三％、一九四〇（昭和一五）年度末では市部が五八・九％、群部が二六・一％（『ラヂオ年鑑』昭和15年、『ラジオ年鑑』昭和17年）である。加えて、当時は聴く気がなくとも隣家からラジオが自然に聴こえてくるような状況だったとされ[46]、東京や大阪などの都市部が中心であったとは言え、実際にこの放送を耳にした人数はさらに多かったと考えられる。

仏教経典を主に取り上げた「聖典講義」に対し、「朝の修養」は範囲を広げ、「国民としての精神を培ひ、人間としての魂を養ふ」との趣旨により、「建国史話、帝国憲法解義、その他日本精神の顕揚に資する我国古来の先哲の遺訓の解明に力める」ことになった[47]。題材には、「出来るだけ大衆の心に触れるやうなもの」「健全なる国民思想の涵養上適切なりと認められる資料」が選ばれた[48]。

一九三五（昭和一〇）年二月から一九四一（昭和一六）年三月まで放送された「朝の修養」に関しては、『ラヂオ年鑑』（『ラジオ年鑑』）の昭和11年から17年[49]および『放送五十年史　資料編』（いずれも日本放送協会編）に講師名と講義タイトルの両方または講義タイトルのみが部分的に掲載されているが、記録として正確なものは残っておらず、詳細は不明とされてきた[50]。しかし今回、一九三五（昭和一〇）年四月から一九三八（昭和一三）年六月放送分まで（一九三六〈昭和一一〉年四月放送分を除く）の同番組の放送テキスト『朝の修養』（第二編第三輯〜第五編第六輯）を入手できたため、同テキストを中心に考察を進める。

日本放送協会発行の『朝の修養』は、一九三五（昭和一〇）年二月（第二編第一輯）から一九三八（昭和一三）年五月（第五編第六輯）まで毎月発行されていたが、「今後は成るべく「テキスト」がなくてもお解りになるやうにする」との方針から、一九三八（昭和一三）年五月（六月放送分）を最後に発行が中止されている[51]。放送月の前月の発行で、定価は一銭。月により若干変動はあるものの、一六〜二〇頁ほどの小冊子である。

毎号、巻頭の二頁分には、修養や日本人の精神性を論じる文章があり、例えば、「勤勉努力して善を積むことを心掛さへすれば間違いない」と説く井上哲次郎の「道徳的生活」があり、河野省三の「明浄正直の生活」では、「日本民族の生活態度」が至誠と勤労から、高嶋米峰の「八風吹けども動せず」では、「我等日本人」の精神性が建国と信仰からそれぞれ論じられている。[52] 一方、逸見梅栄の「仏像の見分け方」のように図を掲載して仏像の解説をしたものや、中山太郎の「俗信点描」のような俗信の紹介の連載もあり、「坐禅和讃（白隠和尚）」「菩薩戒序」「煩悩について」など、仏教思想や文化の紹介も多くを占める。[53] これら巻頭の文章は筆者名のないものも少なくなく、放送日も記されていないため、放送用ではなく読み物として掲載されたと考えられる。

放送内容はその次の頁から掲載されており、講師の顔写真と講演タイトル、放送日程、講演の内容がそれぞれ数頁から五頁ほどでまとめられている。毎月、四名から八名ほどの講師が担当し、一九三五（昭和一〇）年九月一〇日～一三日放送の「禅話十二講」のように、臨済宗建仁寺派管長や臨済宗妙心寺派宗務総長、曹洞宗大本山總持寺貫首など、臨済宗と曹洞宗を代表する僧侶計一二名が順に講師となったものもある。[54]

仏教関係の講座は主に、経典の解説や各宗祖の生涯についてだった。漢字にはルビが振られておらず、講師によって多少異なるものの、全体的には専門的な知識を必要とするような難解な文章である。例えば、一九三五（昭和一〇）年八月に放送された大谷瑩潤の講座は「正信念仏偈」の原文が掲載されているのみで解説も記されていない。[55]

朝の時間帯に机の前に座ってラジオを聴いている人はさほど多くなかっただろう。実際、「年寄りかひま人のほか」は「端坐」して「話を聞いている時間は無く」、「一日の仕事に向つて前進して止まない心に、昔の聖者の話は、少なくとも活動人の胸には響かぬ鐘」との批判もあった[56]。それでも放送は継続されており、講座の難易度に関する不満は見当たらない。友松円諦のように講師の話術が巧みだったとも考えられるが、たとえ難解で退屈だったとしても、あるいは、難解で退屈だったからこそ毎朝半ば無意識的に聴き流す番組のなかで、仏教は習慣として定着していったと考えられる。

2　各宗派の碩学たちと既成教団

「朝の修養」の最初の放送は、河野省三による「建国史話」（一九三五年二月二日〜九日）である。以降、清水澄「帝国憲法解義」（二月一二日〜二〇日）、島田鈞一「中庸講話」（二月二一日〜二八日）、石川謙「心学講話」（三月一日〜九日）、塩谷温「詩経講話」（三月一一日〜一九日）が続く[57]。仏教関係の最初の講座は、加藤咄堂の「降魔表」（三月二〇日〜三〇日）で、放送内容に補足を加えた『降魔表講話　心の闘ひ』と題する書籍が同年五月に刊行されている。「聖典講義」においても、玉置韜晃『観音経礼讃』（一九三四年）や秋月胤継『大学講話』（一九三五年）などの講演録が出版されていた。特に友松の講義録は出版物としてベストセラーとなり、当時教養番組のプロデューサーだった池島重信は、「あの黄色い本を女子学生が抱えて歩くのがたいへん流行した」と述べている[58]。ラジオで仏教を聴き、書籍で学ぶことで、忙しい朝に聴き流した内容を書籍で復習する読者も多かったのだろう。

先述のように、「朝の修養」は「国民としての精神を培ひ、人間としての魂を養ふ」ため、「聖典講義」よりも広い範囲の題材を扱うとされ、著名な儒学者や国文学者らが名を連ねた。だが、引き続きその中心は仏教だった。講師が所属または関係する宗派は、浄土宗、浄土真宗、曹洞宗関係が多いものの、天台宗、真言宗、日蓮宗、臨済宗ほか、各宗派の僧侶がバランスよく担当している。各宗派を代表する僧侶（貫長や管長、または宗門系学校の学長や教授クラス）が講師となり、経典や宗祖に関する解説が行われた（表1）。

「朝の修養」における修養は、各自が経典の要所などを学ぶという個人的な修養であるが、ラジオを通した国民の精神涵養という点では、集団的な修養でもある。当時、「公共的使命を有するラヂオには一宗一派に偏した伝道に亘るものは禁ぜられてゐる」ため、「電波に盛られる所謂宗教放送は、各宗派に通ずる人間性の真実に徹した宗教心に訴ふるもの」が目安とされていた[59]。宗教放送は、「各宗各派の長老が宗教的信念を説き」、あるいは、「その道の権威者が古来国民の精神生活に偉大な感化」を及ぼしたような経典や古典を講説したり、さまざまな宗教行事の実況放送をしたりして「宗教心を啓発」し、「国民道徳の涵養」に資するような「倫理的意義」を含んでいることとされた[60]。この方針の下、「朝の修養」も一宗一派に偏らない立場から「国民としての精神」の育成という集団的修養が目指されたのである。

「聖典講座」で人気を博した友松だったが、「朝の修養」には少なくとも一九三八（昭和一三）年六月まで一度も登場していない。坂本慎一の研究において、初期ラジオ放送に頻繁に出演した仏教者は、友松や高嶋米峰、高神覚昇のように伝統教団から一定の距離のある僧侶や学者で、無僧・無寺院・無儀式主義を唱え、自由討究による信仰を掲げた新仏教運動のメンバーが多かったとされる[61]。しかし、登場回数の多い高嶋や高神は含まれるものの、「朝の修養」の講師の多くは伝統教団の代表的立場に

表1 「朝の修養」仏教関係講座

所属・関係	氏名	肩書き（掲載時）	タイトル	年	月日
天台宗	山口光圓	比叡山専中院法主	妙法蓮華経	一九三五（昭和一〇）年	六月一三日〜二四日
		叡山専修学院教授	日本高僧伝（天台宗）	一九三七（昭和一二）年	九月一日〜八日
	塩入亮忠	大正大学教授・浅草寺執事	山家学生式講話	一九三六（昭和一一）年	六月一日〜六日
	本多綱祐	天台宗常楽院住職	伝教大師の生涯	一九三七（昭和一二）年	四月一日〜一〇日
	清水谷恭順	大正大学教授・浅草寺教学	観音経講話	一九三七（昭和一二）年	七月八日〜一七日
真言宗	冨田斅純	新義真言宗豊山派管長	弘法大師の生涯	一九三五（昭和一〇）年	九月二日〜九日
	服部如実	真言宗醍醐派専法学院主監	大日経講話	一九三六（昭和一一）年	六月八日〜一六日
	児玉雪玄	京都専門学校教授	即身成仏義講話	一九三六（昭和一一）年	七月二〇日〜二五日
	高神覚昇	智山専門学校教授	日本高僧伝（真言宗）	一九三七（昭和一二）年	六月一六日〜二三日
		智山専門学校教授	日本精神と仏教	一九三八（昭和一三）年	三月九日〜一二日
			父母恩重経	一九四一（昭和一六）年	三月二四日〜二六日

真言宗	吉祥真雄	京都専門学校教授	三教指帰講話	一九三六（昭和一一）年	三月一六日～二五日
		京都専門学校教授	金光明経講話	一九三八（昭和一三）年	二月一日～三日
法相宗	大西良慶		維摩詰所説経文殊師利問疾品	一九三五（昭和一〇）年	五月一五日～二五日
	橋本凝胤	法相宗大本山薬師寺住職	光明皇后（日本婦人の鑑）	一九三六（昭和一一）年	三月二日～七日
浄土宗	岩井智海	浄土宗管長・知恩院門跡にて大僧正司教	二河白道の譬喩（観経散善義）	一九三五（昭和一〇）年	七月一日～一一日
	稲垣真我	仏教専門学校教授（京都）	阿弥陀経講話	一九三六（昭和一一）年	二月三日～八日
	石黒観道	（京都）西山専門学校教授にして浄土宗西山深草派の重鎮	観経疏散善義	一九三六（昭和一一）年	五月二五日～三〇日
	井川定慶	知恩院史編纂主任	法然上人の選択集	一九三六（昭和一一）年	一〇月一日～九日
	高山龍善	浄土宗教務部長	日本高僧伝（浄土宗）	一九三七（昭和一二）年	七月二六日～三一日
	石橋誡道	仏教専門学校教授	帰命本願鈔	一九三七（昭和一二）年	一二月一五日～二一日
	小早川隨康	浄土宗西山光明寺派管長	善導大師六時礼讃の無常偈	一九三八（昭和一三）年	二月一八日～二八日
	矢吹慶輝		法然上人法語抄	一九三五（昭和一〇）年	五月一日～一四日
		大正大学教授にて文学博士	六波羅蜜	一九三六（昭和一一）年	六月一七日～二三日

浄土真宗	梅原真隆	前龍谷大学教授・顕真学苑主幹	生命の糧	一九三八（昭和一三）年	三月一七日〜一九日
	羽溪了諦	文学博士で京都帝大助教授	無量寿経「三誓偈」講話	一九三五（昭和一〇）年	一〇月一日〜九日
		文学博士・京都帝国大学教授	『大乗起信論』講話	一九三七（昭和一二）年	一一月二四日〜三〇日
	高楠順次郎	東京帝大名誉教授にて文学博士	釈尊の生涯	一九三五（昭和一〇）年	四月一日〜一〇日
	大谷瑩潤	真宗大谷派連枝	正信念仏偈	一九三五（昭和一〇）年	八月一日〜一〇日
	深浦正文	龍谷大学教授	勝鬘経（勝鬘師子吼一乗大方便広経）	一九三五（昭和一〇）年	七月一二日〜二三日
	禿氏祐祥	龍谷大学教授	親鸞聖人の生涯	一九三五（昭和一〇）年	一一月二五日〜三〇日
		龍谷大学教授（京都）	日本高僧伝（真宗）	一九三七（昭和一二）年	八月一三日〜一九日
	花田凌雲	龍谷大学学長	釈尊の成道	一九三五（昭和一〇）年	一二月二日〜一〇日
	河野法雲	大谷大学学長	華厳経の講話	一九三五（昭和一〇）年	一一月四日〜一四日
	大須賀秀道	京都大谷大学教授	教行信証講話	一九三六（昭和一一）年	六月二四日〜三〇日
	山辺習学	仏教文化協会総務	大般涅槃経講話	一九三六（昭和一一）年	一一月二〇日〜三〇日
	加藤智学	大谷大学教授	愚禿鈔講話	一九三七（昭和一二）年	一月二三日〜三一日

浄土真宗	金子大栄	広島文理科大学講師	仏心	一九三七（昭和一二）年	二月二二日～二七日
	雲山龍珠	龍谷大学教授	大無量寿経五悪段講話	一九三七（昭和一二）年	六月一日～八日
	松原致遠	西本願寺布教師	徳器成就の四法	一九三八（昭和一三）年	五月二三日～二六日
	河崎了顕		親鸞聖人の信仰	一九三九（昭和一四）年	八月二九日～三一日
	桐渓順忍		五悪段講話	一九四〇（昭和一五）年	
曹洞宗	岡田宜法	駒澤大学教授にして大正大学講師	修證義	一九三五（昭和一〇）年	六月一日～一二日
	山上曹源	駒澤大学教授（東京）	道元禅師の御生涯	一九三六（昭和一一）年	二月二四日～二九日
	神保如天	駒澤大学教授	無門關講話	一九三六（昭和一一）年	八月一日～一〇日
	保坂玉泉	駒澤大学教授	宝鏡三昧講話	一九三六（昭和一一）年	一二月八日～一八日
	中根環堂	駒澤大学教授	正法眼蔵講話	一九三七（昭和一二）年	五月一〇日～一八日
	榑林皓堂	駒澤大学教授	日本高僧伝（曹洞宗）	一九三七（昭和一二）年	一二月一日～七日
	山田霊林	駒澤大学講師	達磨太師の精神	一九三七（昭和一二）年	一〇月一日～八日

	伊藤道海	曹洞宗大本山總持寺貫首	碧巌録講話（禅話六題）	一九三六（昭和一一）年	七月一三日～一八日
		曹洞宗大本山總持寺貫主	禅語一日一訓	一九三八（昭和一三）年	三月一日～三日
曹洞宗	梶川乾堂	曹洞宗豪徳寺住職	禅の宗風	一九三五（昭和一〇）年	九月一〇日～二三日
臨済宗	竹田頴川	臨済宗建仁寺派管長	無説無聞是真般若		
臨済宗	關　精拙	臨済宗天龍寺派管長	二十年来曾苦辛　為君幾下蒼龍窟		
臨済宗	足利紫山	臨済宗方広寺派管長			
臨済宗	家永一道	臨済宗東福寺派管長	『平常心是道』の句について		
曹洞宗	立花俊道	曹洞宗駒澤大学教授	禅と日常生活		
臨済宗	山崎大耕	臨済宗相国寺派管長	網を透る金鱗何を以て食となす		
臨済宗	天岫接三	臨済宗妙心寺派宗務総長	春有百花秋有月		
臨済宗	菅原時保	臨済宗建長寺派管長	禅の必要		
曹洞宗	高階瓏仙	曹洞宗可睡齋住職	禅とは仏心宗なり		
曹洞宗	山上曹源	曹洞宗駒澤大学教授	無門關		
曹洞宗	伊藤道海	曹洞宗大本山總持寺貫首	平常心是道		
臨済宗	間宮英宗	特命天龍寺派臨川寺住職・前方広寺派管長	臨済禅師語録抄	一九三五（昭和一〇）年	八月一二日～一七日
	山崎大耕	臨済宗相国寺派管長	寒山詩提唱	一九三六（昭和一一）年	八月一七日～二五日
	菅原時保	臨済宗建長寺派管長	永嘉真覚大師『證道歌』提講	一九三六（昭和一一）年	一〇月一六日～二六日
	伊藤古鑑	臨済学院専門学校教授	金剛経講話	一九三七（昭和一二）年	五月二五日～三一日

臨済宗	朝比奈宗源	浄智寺住職	日本高僧伝（臨済宗）	一九三七（昭和一二）年	一一月一〇日〜一六日
	竹田頴川	臨済宗建仁寺派管長	興禅護国論	一九三八（昭和一三）年	一月一七日〜二四日
	關　精拙	臨済宗天龍寺派管長	夢中問答集	一九三七（昭和一二）年	九月一六日〜二二日
	家永一道	臨済宗東福寺派管長	仏心宗之三題	一九三八（昭和一三）年	四月一四日〜一六日
	平田済禅		食事五観	一九四〇（昭和一五）年	
黄檗宗	関　義道	黄檗宗管長	売茶翁の禅機	一九三八（昭和一三）年	六月一六日〜一八日
	赤松晋明	黄檗宗教学部長	鉄眼禅師の仮字法語	一九三七（昭和一二）年	三月一八日〜二四日
日蓮宗	清水龍山	立正大学学長	日蓮聖人の生涯	一九三六（昭和一一）年	三月九日〜一四日
		立正大学学長	立正安国論の根本精神	一九三七（昭和一二）年	一二月八日〜一四日
	守屋貫教	立正大学教授	立正安国論講話	一九三六（昭和一一）年	九月八日〜一五日
		立正大学教授	日本高僧伝（日蓮宗）	一九三七（昭和一二）年	一〇月九日〜一六日
	馬田行啓	立正大学教授	日蓮上人遺文講話（開目鈔）	一九三五（昭和一〇）年	一〇月一〇日〜一六日
		立正大学教授・日蓮宗教学部長	強く正しく誓願に生きよ	一九三八（昭和一三）年	四月七日〜九日

その他	小林一郎	中央大学教授	大乗仏教の精神	一九三六（昭和一一）年	一一月一〇日～一四日
	加藤咄堂	／	降魔表	一九三五（昭和一〇）年	三月二〇日～三〇日
		中央教化団体連合理事	参同契講話	一九三六（昭和一一）年	五月一三日～二〇日
		評論家	東洋俚諺	一九三七（昭和一二）年	九月二四日～三〇日
		評論家	偉人の言葉	一九三八（昭和一三）年	三月四日～八日
	高嶋米峰	東洋大学教授	聖徳太子の御生涯	一九三六（昭和一一）年	一月一一日～一八日
		東洋大学講師	福沢諭吉先生の『新女大学』	一九三六（昭和一一）年	七月二七日～三一日
	宇野円空	文学博士　東京帝国大学教授	信ずる心の反省	一九三七（昭和一二）年	四月二四日～三〇日
	小笠原長生	海軍中将・子爵	皇国に於ける観世音の信仰	一九三七（昭和一二）年	三月八日～一〇日

ある僧侶や宗門系大学に属する学者である。加藤咄堂のように僧籍のない仏教系知識人が講師となることもあったが、それはごくわずかで、女性僧侶は一切登場していない。「朝の修養」は、「健全なる国民思想の涵養上適切なりと認められる資料を選び、現代一流の碩学に嘱して訓話放送」するとされていたが(62)、同番組において、仏教における「現代一流の碩学」は、伝統教団の代表者かつ男性だったということだろう。

「精神陶冶の理論的方面」を担った「朝の修養」と相まって、毎週日曜朝には「日曜勤行」と「日曜礼拝」も放送されている。(63)「日曜勤行」では、各宗派の大本山名刹にマイクロフォンを据え、「一山大衆の読経看勤と共に名僧の法話を放送」した。(64) 一九三五（昭和一〇）年の中継場所は、護国寺、西本願寺、建長寺、池上本門寺、寛永寺、知恩院、妙法寺、相国寺などの大寺院で、「日曜礼拝」では、教会を仮スタジオとして説教と讃美歌の合唱が西宮カトリック教会、大阪キリスト教会、同志社講堂、長崎大浦天主堂などから実況中継された。(65) 翌年には、「新しい試み」として「日曜修行」として麻布神道本局や品川御嶽教会祠殿から神道儀式が初めて中継されている。(66)

「朝の修養」では、国民の精神育成のために宗教が役立てられたわけだが、題材の選択に対して浅野和三郎は、「あれではまるで日本国のラヂオが、仏教その他の既成宗教団体の、宣伝係を承つてゐる形になつて」しまい、講師の講義も「解釈ではなくして謳歌」だと苦言を呈している。(67) 彼が批判するように、「修養といへば習慣的に、すぐに仏教界、基督教界等の名流を講師に依む気になり」、講師たちも「習慣又は口癖から」信徒向けの話し方となり、各自の宗教の宣伝と受けとられるようなこともあったろう。(68) 国民に修養を説き、修養を促す際にその役割を担ったのは、仏教を主とした既成の宗教教団であり、その姿勢は従来の宗教者とさほど変わらなかったと考えられる。

3　日本精神を培うために

ところが、一九三七（昭和一二）年後半から「朝の修養」では天皇や武士道、日本精神関連の講義が増加する。仏教関係のタイトルを掲げた講義は継続してあるものの、経典の解説や宗祖の生涯そのものに関する講義は少なくなっていくのだ（表2）。

表2　「朝の修養」講座一覧

放送年	放送月	講師と講演タイトル							
一九三五年（昭和一〇）	二月	河野省三	建国史話	清水　澄	帝国憲法解義	島田釣一	中庸講話		
	三月	石川　謙	心学講話	塩谷　温	詩経講話	加藤咄堂	降魔表		
	四月	高楠順次郎	釈尊の生涯	深作安文	幼学綱要	広瀬　豊	松陰士規七則講話	勝田孫弥	南洲翁遺訓
	五月	矢吹慶輝	法然上人法語抄	大西良慶	維摩詰所説経文殊師利問疾品	斎藤惣一	天路歴程		
	六月	岡田宜法	修證義	山口光圓	妙法蓮華経	菊池謙二郎	藤田東湖「正気歌」		
	七月	岩井智海	二河白道の譬喩（観経散善義）	深浦正文	勝鬘経（勝鬘師子吼一乗大方便広経）	白石正邦	家訓講話		
	八月	大谷瑩潤	正信念仏偈	間宮英宗	臨済禅師語録抄	市村瓚次郎	孟子講話	中山昌樹	詩篇

一九三五年（昭和一〇）	九月	冨田斅純 弘法大師の生涯	梶川乾堂外十一師 禅話十二講	井上哲次郎 山鹿素行の人物と教訓					
	一〇月	羽溪了諦 無量寿経「三誓偈」講話	馬田行啓 日蓮上人遺文講話(開目鈔)	佐々井信太郎 報徳講話	川村理助 「教育ニ関スル勅語」謹解				
	一一月	河野法雲 華厳経の講話	山本信哉 直毘霊講話	禿氏祐祥 親鸞聖人の生涯					
	一二月	花田凌雲 釈尊の成道	山口察常 易経講話	石橋智信 イエスの宗教	水谷　清 大祓の真髄				
一九三六年（昭和一一）	一月	高嶋米峰 聖徳太子の御生涯	乙竹岩造 鳩翁道話	高瀬武次郎 近思録					
	二月	稲垣真我 阿弥陀経講話	中村直勝 日本書紀抄	松村介石 荘子の教	山上曹源 道元禅師の御生涯				
	三月	橋本凝胤他二五名 光明皇后（日本婦人の鑑）	清水龍山 日蓮聖人の生涯	吉祥真雄 三教指帰講話	山田　準 洗心洞箚と大塩中斎				
	五月	河野省三 国意考	加藤咄堂 参同契講話	林弥三吉 楠公の教訓	石黒観道 観経疏散善義				
	六月	塩入亮忠 山家学生式講話	服部如実 大日経講話	矢吹慶輝 六波羅蜜	大須賀秀道 教行信証講話				

一九三六年（昭和一一）	七月	八波則吉	道歌清談	薄井福治	佐久間象山先生の本領	伊藤道海	碧巌録講話（禅話六題）	児玉雪玄	即身成仏義講話	高嶋米峰	福沢諭吉先生の『新女大学』
	八月	神保如天	無門關講話	石川　謙	ひぐらしすゞり	山崎大耕	寒山詩提唱	亘理章三郎	中江藤樹先生と其の遺訓		
	九月	久松潜一	万葉集に現れた日本精神	守屋貫教	立正安国論講話	高田眞治	諸葛孔明の生涯	中山昌樹	エピクテタスの処世訓		
	一〇月	井川定慶	法然上人の選択集	荻原井泉水	奥の細道の心	菅原時保	永嘉真覚大師『證道歌』提講	村田四郎	山上の垂訓		
	一一月	平泉　澄	武士道講話	小林一郎	大乗仏教の精神	友枝高彦	ソークラテースの生涯	山辺習学	大般涅槃経講話		
	一二月	二荒芳徳	神ながらの道に就て	保坂玉泉	宝鏡三昧講話	額賀鹿之助	聖オーガスチンの宗教生活	本田成之	儒教に於ける天の意義		
	一月	筧克彦他四氏	聖訓講話	乙竹岩造	白河楽翁公の遺訓	加藤虎之亮	書経講話	加藤智学	愚禿鈔講話		
	二月	高森良人	元田永孚先生の遺訓	藤澤親雄	我が国体の精華	栗原　基	スマイルス『自助論』	金子大栄	仏心		

一九三七年（昭和一二）

月								
三月	武島又次郎 昭憲皇太后御歌謹話	小笠原長生 皇国に於ける観世音の信仰	茅野蕭々 ゲーテの神・世界・人生	赤松晋明 鉄眼禅師の仮字法語	大倉邦彦 処世金言			
四月	本多綱祐 伝教大師の生涯	佐波　亘 イエスの十二使徒	塩谷　温 孔子の人格と教訓	宇野円空 信ずる心の反省				
五月	広瀬　豊 武将のことば	中根環堂 正法眼蔵講話	中山昌樹 パスカルの思想と信仰	伊藤古鑑 金剛経講話				
六月	雲山龍珠 大無量寿経五悪段講話	今岡信一良 マホメットの生涯と教説	高神覚昇 日本高僧伝（真言宗）	菊池謙二郎 弘道館記述義				
七月	出雲路通次郎 古代の祝詞	清水谷恭順 観音経講話	小柳司気太 列士講話	高山龍善 日本高僧伝（浄土宗）				
八月	加藤寛治他一一氏 愛誦の詩歌金言	禿氏祐祥 日本高僧伝（真宗）	市村瓚次郎 論語講話					
九月	山口光圓 日本高僧伝（天台宗）	柳田　泉 カーライルの言葉	關　精拙 夢中問答集	加藤咄堂 東洋俚諺				
一〇月	山田霊林 達磨大師の精神	守屋貫教 日本高僧伝（日蓮宗）	山谷省吾 聖パウロの信仰	川村理助 教育勅語奉読並に謹解				

				一九三八年（昭和一三）									
一一月		一二月		一月		二月		三月		四月		五月	
平泉　澄	山鹿素行先生「武教小学」講話	榑林皓堂	日本高僧伝（曹洞宗）	龍　粛	非常時に賜りたる聖訓謹話蒙古の来襲事変	吉祥真雄	金光明経講話	伊藤道海	禅語一日一訓	久松潜一	日本精神と文学道	野口修他二六氏	国民精神総動員運動に関して（一）
朝比奈宗源	日本高僧伝（臨済宗）	清水龍山	立正安国論の根本精神	井野邊茂雄	非常時に賜りたる聖訓謹話非常時に対する孝明天皇の御軫念	菊池　寛	武士道講話	加藤咄堂	偉人の言葉	馬田行啓	強く正しく誓願に生きよ	日野真澄	基督教の眞髄
山岸光宣	フイヒテの言葉	石橋誡道	帰命本願鈔	亘理章三郎	非常時に賜りたる聖訓謹話明治天皇の対外事変に関する聖訓	小山松吉	武士道講話	高神覚昇	日本精神と仏教	荻原井泉水	芭蕉の心	樋渡清廉	島津日新公伊呂波歌の精神
羽溪了諦	『大乗起信論』講話	岩下荘二	基督の降誕	竹田頴川	興禅護国論	山本信哉	神武天皇の御偉業	塚本虎二	信仰と希望と愛	家永一道	仏心宗之三題	簗瀬民松郎他二六氏	国民精神総動員運動に関して（二）
		河野省三	古道大意	桑木厳翼	プラトンの言葉	小早川隨康	善導大師六時礼讃の無常偈	梅原真隆	生命の糧	白石正邦	先人の偉訓	松原致遠	徳器成就の四法
								植木直一郎	奉公の精神	石橋智信	神・人・信仰	松村介石	論語講話
								高田眞治	学問の道	諸橋轍次	本を務めよ		
								武島又次郎	和歌と修養				

一九三八年（昭和一三）				一九三九年（昭和一四）				一九四〇年（昭和一五）			
六月		七月以降									
星野輝興	祭祀の神髄	野村八郎	武将の逸話	齋藤惣一（修養講座）	新生活への出発（三回）	永山中将	戦場の体験を語る	山本信哉（修養講座）	我が国体と敬神思想	山田敬斎	道のしるべ
浅見保太郎他二五氏	国民精神総動員運動に関して	立花俊道	禅と武士道	高嶋米峰（修養講座）	国民性への反省（五回）	和田航空兵曹		荻原擴（修養講座）	君臣一体	平田済禅	食事五観
小笠原長生	東郷元帥の訓示	渡辺世裕	武士道と武将	乙竹岩造（修養講座）	忠孝一本（三回）	栗野荒野	葉隠論語（四回）	藤澤親雄（修養講座）	民族と国体	小畑忠良他四氏	新生活の標識
関　義道	売茶翁の禅機	渡辺世裕	赤穂浪士の精神	吉田茂、高橋三吉七氏（修養講座）	一日一訓	鹿児島一中池田校長	南州翁の日常（三回）	小林一郎（修養講座）	我が国体と武士道	片倉三平他三氏	新生活の建設
野村勘左衛門他二五氏	国民精神総動員運動に関して	西川光二郎	君子は人の美を成し、人の悪を成さず	香坂昌康他六氏（修養講座）	戦時国民生活よりの教訓	河崎了顕	親鸞聖人の信仰	宇野円空	日本人の信仰	布施勝治他二氏	欧州の戦時生活（ソビエト、ドイツ、イタリア）
櫻井忠温	日本武将の詩	加藤咄堂	人を知る者は智なり、自ら知る者は明なり	上原轍三郎（修養講座）	先覚者を語る	高森良人	宮本武蔵の五輪書と武士道	大倉邦彦	日本人の公徳心	岸田國士他四氏	国民の誓
		小林一郎	個人道徳と国民道徳	猪狩又蔵	倫理御進講草案講話	関屋龍吉他六氏	日本精神講話	大嶋正徳	教へる心と学ぶ心	石濱知行他四氏	生と死の問題
				西川光二郎	精神一到何事か成らざらん（他六回）	筧　克彦	神ながらの道	桐渓順忍	五悪段講話		

一九四一年（昭和一六）		山田敬斎	高神覚昇	有元正他二氏	宮本武之輔他四氏			
		本心と私心	父母恩重経	臣道実践と常会	時代に直言す			
		山本信哉（修養講座）	藤澤親雄（修養講座）	橘覚勝（修養講座）	乙竹岩造（修養講座）	加茂正雄（修養講座）		
		記紀に現はれた国体観念	民族と国民	日本精神と敬老思想	国民精神と家族制度	国力の礎		

註：網掛けの箇所は仏教関係を指し、上から放送順で表記した。
「講師と講演タイトル」の欄は、右側に講師名、左側に講演タイトルを原文の通り記した。
昭和一三年七月以降は講演録が刊行されている一部を除き放送月不明。

一九三八（昭和一三）年四月の『朝の修養』には、「放送局より」として、次の通達が掲載されている。

「朝の修養」には従来とも国民精神総動員運動に関するものは少なくはなかつたが、今月以降当分の内、この運動の実行に当つてゐる篤行家又は団体の代表者を各府県より一氏、当局と打合の上依頼し、この運動で奨励してゐる模範的な実践の例、銃後の後援の模範的事例、府県出身者の陣中美談、その他時局に関して推賞さるべき事例を話して頂くこととした。(69)

国民の精神涵養は同番組開始当初からの目的であったが、日中戦争（支那事変）の勃発を契機に前年九月から国民精神総動員のための政策が推進されるようになった結果、ラジオでもそのための意識強化が目指されていったのである。同年には、「非常時に賜りたる聖訓謹話」も放送され、歴史学者の山本信哉による「神武天皇の御偉業」や国文学者の久松潜一が「八紘一宇」を説いた「日本精神と文学道」などが放送された。仏教関連の講座でも、高神覚昇が「日本精神と仏教」を講義し、伊藤道海が「禅語一日一訓」で取り上げるのは明治天皇の御製である。これらの他、この年の前半期に好評を博したのは、菊池寛と小山松吉による「武士道講話」、小本信哉の「神武天皇の御偉業」、植木直一郎の「奉公の精神」、荻原井泉水「芭蕉の心」とされ、[70]いずれも日本精神を論じた講座だった。

「朝の修養」からは次第に平和的な経典の解説などが影をひそめ、放送内容も「緊迫した国民的試練に打克つべき堅忍不抜の精神を涵養して行く性質のもの」となっていく。[71]一九三九（昭和一四）年八月放送の河崎了顕による「親鸞聖人の信仰」では、親鸞の生涯と思想を解説しつつ、「聖人と同様の力強き生活を為し、忠良の臣民たるの本分を全うしなければなりませぬ」と説き、日中事変後の動員令を讃え、「応召の将兵諸士の意気を以て念仏の大法の前に跪けば、必ず聖人と同様の態度が、私共の上にも出て参ると信ずる」と鼓舞する。[72]このような解説は前年までの講座には見られず、「健全なる国民思想の涵養」との目的は同じでも、その内容が日本精神と直接結びついたものへと急転したことは明らかだ。

「日曜勤行」もまた、変化した。事変をきっかけに法話は「武運長久祈願的性質を帯びたものが多く」なり、一九三七（昭和一二）年一〇月以降、神社仏閣から「皇威宣揚武運長久祈願祭」が中継され、伊勢神宮（内宮）をはじめ、知恩院や福岡筥崎八幡宮などから放送された。[73]一九三九（昭和一四）年にも各地の神社や寺院から武運長久祈願や戦病没者の慰霊祭が実況中継され、各地農民道場での鍛錬の模様も放送されている[74]。事変を契機とする国民精神総動員運動への協力は「番組企画の底流をなし、いわゆる〝神国日本〟観に象徴される伝統的な精神主義が番組面に強く押し出され[75]」、仏教は講座と法要の両方で、全員一致の体制に加わっていったのである。

一九三九（昭和一四）年四月以降、「朝の修養」とは別に単講の「修養講座」が月曜に祭日も休みなく放送されるようになる[76]。同番組では加藤寛治「日本国民の忠節に就て」、千葉胤明「眼に見えぬ敵」、田中穂積「人の一生」、野口米次郎「青年の覚悟」、宮西惟助「和魂と荒魂」、和田豊作「事変下に於ける農民の心境」、宇野円空「農民に見る日本的信念」、塩谷温「文事ある者は必ず武備あり」、小山松吉「堅忍持久」、清水及衛「農村に生きる道」など[77]、時局を反映した内容が集中的に取り上げられた。

「朝の修養」も「修養講座」も、「新東亜建設の偉業の達成」のため、「常に団体的、国家的に物を考へる様、新しき生活意識態度を提唱し、精神運動の大きな役割を果たすことに努め」ることを目指し、一九三九（昭和一四）年の「修養講座」では、先の加藤らの講義に加え、斎藤惣一や高嶋米峰、香坂昌康らによる講義のほか、兵士の体験談も放送された[78]。一九四〇（昭和一五）年に入ると、山本信哉「我が国体と敬神思想」、荻原擴「君民一体」など、「国体観念の涵養、徹底化に資する番組」が放送され[79]、「朝の修養」で高神覚昇の「父母恩重経」講義が説いたのは、我が子の戦死に際し「天皇陛下万歳、大日本帝国万歳、大日本帝国海軍万歳」と唱える「賢母奉国」「軍国の母」の精神である[80]。仏教経典の解説までもが日本精神の育成に役立てられたのだ。

おわりに

人気を博した「聖典講座」の後身として、国民精神の育成を目指した「朝の修養」においても、引き続き仏教が中心となり、国民一人ひとりの修養に役立つ番組構成が目指された。だが、日中戦争を契機に日本精神を説く講座が増え、講座や法要の内容も変化し、「朝の修養」の「修養」は集団的性格を強めていく。「朝の修養」は一九四一（昭和一六）年三月で放送を終了し、翌月からは、「ラジオを通じて団結敢闘を求て以つて時局を乗り切」るための「朝のことば」がスタートする。「戦争の意義、目的を解明し、国民の思想、生活を指導し、特にその意識の昂揚に努める」番組で、個人的な修養と、集団的な修養を説く二系統があった「朝の修養」に対し[81]、内容が後者に限定されたのである。各自の主体的な人格向上の営みである修養が、集団と強く結びついたのである。

大衆の教育を主たる目的とした戦前期のラジオはもともと集団的性格を有しており、国民精神総動員運動でその本領が発揮されたと言えるだろう。そのとき仏教に求められたのは、国民をまとめ上げるための講座や法要であり、それは仏教がラジオの電波に乗った以上、避けては通れない役割であった。「朝の修養」においても、仏教は次第に周縁化されつつ時局に合わせた講座で集団型の修養に貢献していったのである。

戦前期日本のラジオ放送では、仏教関連の講座だけでなく法要も実況中継され、人々は家や職場にいながらにして、宗派を代表する僧侶の話を聴き、有名寺院の本格的な法要に接することができるようになった。ここで目を向けたいのが、主体的に読み、考え、参加する仏教ではなく、受動的に巻き込まれ、「なんとなく聴く」「聴き流す」「不意に耳に入ってくる」といった、半ば無意識的なものを含む仏教受容の問題である。近代仏教研究はこれまで、信仰や学問、教育や福祉、実存や興味関心などに含まれた個人の主体性が主に取り上げられてきたが、日々の習慣を含む受動的で偶発的な仏教との接続や大量の仏教関連の情報摂取も、近代仏教研究にとって見過ごすことのできない事態であり、それを可能にさせたテクノロジーと人々の精神との関係は今後、さらなる検討が求められる。

註

（1）坂本慎一『戦前のラジオ放送と松下幸之助――宗教系ラジオ知識人と日本の実業思想を繋ぐもの』（ＰＨＰ研究所、二〇一一年）、一三四頁。重要な先行研究に、竹山昭子『ラジオの時代――ラジオはお茶の間の主役だった』（世界思想社、二〇〇二年）、同『史料が語る太平洋戦争下の放送』（世界思想社、二〇〇五年）、山口誠『英語講座の誕生――メディアと教養が出会う近代日本』（講談社、二〇〇一年）、ＮＨＫ放送文化研究所監修『放送の20世紀――ラジオからテレビ、そして多メディアへ』（日本放送出版協会、二〇〇二年）などがあるが、戦前期のラジオの影響力の大きさに対し、研究の量は多いとは言えなかった。

（2）貴志俊彦ほか編『増補改訂　戦争・ラジオ・記憶』（勉誠出版、二〇一五年）、樋口喜昭『日本ローカル放送史――「放送のローカリティ」の理念と現実』（青弓社、二〇二一年）、岡部匡伸『ラジオの技術・産業の百年史――大衆メディアの誕生と変遷』（勉誠出版、二〇二〇年）、井川充雄『帝国をつなぐ〈声〉――日本植民地時代の台湾ラジオ』（ミネルヴァ書房、二〇二二年）、大森淳郎、ＮＨＫ放送文化研究所『ラジオと戦争――放送人たちの「報告」』（ＮＨＫ出版、二〇二三年）など。

（3）石井研士「ラジオと宗教放送」（『國學院大學紀要』第四〇号、二〇〇二年）、坂本前掲註（1）『戦前のラジオ放送と松下幸之助』、同『ラジオの戦争責任』（ＰＨＰ研究所、二〇〇八年）。

（4）坂本前掲註（1）『戦前のラジオ放送と松下幸之助』、一六一～一六五頁、前掲註（3）『ラジオの戦争責任』、七一～七三頁。

（5）竹山前掲註（1）『ラジオの時代』、一三～二四頁、越野宗太郎編『東京放送局沿革史』（東京放送局沿革史編纂委員会、一九二八年）、二四八～二五一頁。

（6）竹山前掲註（1）『ラジオの時代』、二四頁、相良忠道編『大阪放送局沿革史』（日本放送協会関西支部、一九三四年）、二五～二六頁。

（7）日本放送協会放送史編修室編『日本放送史　上』（日本放送出版協会、一九六五年）、六三頁。

（8）日本放送協会編『放送五十年史　本編』（日本放送出版協会、一九七七年）、三二頁。

（9）同前。

（10）石井前掲註（3）「ラジオと宗教放送」、三頁。

（11）日本放送協会編『昭和7年　ラヂオ年鑑』（日本放送出版協会、一九三二年）、三四〇頁。

（12）同前。

（13）同前。

（14）同前、三四〇～三四一頁。

（15）「ラヂオ説教　月曜講座」『読売新聞』一九二五年五月二五日付。「宗教講座」は一九二五年七月一九日から「修養講座」に改称され、倫理、道徳、宗教など幅広いテーマを扱うようになった（石井前掲註（3）「ラジオと宗教放送」、四頁）。なお、一九三二年には名称が「宗教講座」に戻っている。

（16）前掲註（11）『昭和7年　ラヂオ年鑑』、三一六頁。

（17）同前。

（18）同前。カッコ内は掲載時の肩書き。

（19）日本放送協会編『昭和9年　ラヂオ年鑑』（日本放送出版協会、一九三四年）、一三五頁。

（20）同前、一三四頁。

（21）同前。

(22) 大澤絢子『「修養」の日本近代――自分磨きの１５０年をたどる』（ＮＨＫ出版、二〇二二年）。

(23)「大谷尊由師がお初のラジオ説教」『読売新聞』一九二五年五月二一日付。本願寺東京出張所長の後藤環爾によるコメントと考えられる。

(24) 石井前掲註(3)「ラジオと宗教放送」、四頁、「観音さまの大みそかを放送」『東京朝日新聞』一九二九年一二月二三日付。

(25)「日満支除夜の鐘リレー」『読売新聞』一九三八年一二月三一日付。

(26) 日本放送協会編『昭和10年　ラヂオ年鑑』（日本放送出版協会、一九三五年）、一二一頁。

(27)「仏教聖歌の供養」『読売新聞』一九三一年三月二一日付。

(28) 石井前掲註(3)「ラジオと宗教放送」、四頁。

(29) 前掲註(26)『昭和10年　ラヂオ年鑑』、一二一頁。

(30) 同前、一二四頁。

(31) 同前。

(32) 同前、日本放送出版協会編『日本に於ける教育放送』日本放送出版協会、一九三七年、五六頁。

(33) 矢部謙次郎「続放送巡礼記（終）」『東京朝日新聞』一九三二年一月二九日付。

(34) 同前。

(35)「放送内容も豊かに　お釈迦様の誕生を祝ふ」『東京朝日新聞』一九三六年四月八日付。その後、一九三八年四月八日には、正午から仏教音楽聖歌隊が合唱する「讃仏歌」も放送された（「花まつりに讃仏歌」『読売新聞』一九三八年四月八日付）。

(36)「ニュースと聖典講義」『東京朝日新聞』一九三四年一〇月一五日付。

(37) 前掲註(26)『昭和10年　ラヂオ年鑑』、一二四～一二五頁。

(38)「教養番組よもやま」『放送文化』（第二三巻第一〇号、一九六八年）、三九～四二頁。

(39)「友松円諦　開祖たりうるか」『読売新聞』一九五三年一二月二三日付、石丸梧平「九月十五日」（『真理』第二四巻第一〇号、一九五八年）、九頁。

(40) 前掲註(26)『昭和10年　ラヂオ年鑑』、一二六頁。
(41) 「昭和九年の宗教界　中」『読売新聞』一九三四年一二月二八日付。
(42) 前掲註(26)『昭和10年　ラヂオ年鑑』、一二五頁。
(43) 斉藤惣一「宗教流行の後に来るもの　上」『読売新聞』一九三四年一二月二七日付。
(44) 前掲註(36)「ニュースと聖典講義」。
(45) 坂本前掲註(3)『ラジオの戦争責任』、五六頁、電波監理委員会編『日本無線史』第8巻(電波監理委員会、一九五一年)、三二六頁。
(46) 高嶋米峰『米峰曰はく』(丙午出版社、一九三〇年)、一一二〜一一六頁。
(47) 前掲註(26)『昭和10年　ラヂオ年鑑』、一二五頁。
(48) 「聖典講義を改題　朝の修養」『東京朝日新聞』一九三五年二月一日付、日本放送協会編『昭和11年　ラヂオ年鑑』(日本放送出版協会、一九三六年)、三四頁。
(49) 版数表記変更のため14年版は発行されていない。
(50) 石井前掲註(3)「ラジオと宗教放送」、一三頁。
(51) 『朝の修養』第五篇第六輯、一九三八年五月。
(52) 『朝の修養』第二篇第一二輯、一九三五年一二月、同第二篇第一一輯、一九三五年一一月、同、第三篇第八輯、一九三六年八月。
(53) 『朝の修養』第四篇第四輯〜第六輯、一九三七年二月〜五月、同第四篇第七輯〜第一二輯、一九三七年六月〜一二月、同第二篇第六輯、一九三五年六月、同第二篇第一一輯、一九三五年一一月、同第三篇第四輯、一九三六年四月。
(54) 『朝の修養』第二編第八輯、一九三五年八月、七〜一二頁。
(55) 『朝の修養』第二編第七輯、一九三五年七月、三〜六頁。
(56) 「朝の修養講座」『東京朝日新聞』一九三五年一一月一二日付。
(57) 日本放送協会編『放送五十年史　資料編』(日本放送出版協会、一九七七年)、一二八六頁。

(58) 前掲註(38)「教養番組よもやま」、四一～四二頁。

(59) 前掲註(26)『昭和10年　ラヂオ年鑑』、一一二頁。

(60) 同前。

(61) 坂本前掲註(1)『戦前のラジオ放送と松下幸之助』、一六五頁。新仏教運動は新仏教徒同志会（仏教清徒同志会）による超宗派の仏教運動である。同運動については、吉永進一ほか『近代日本における知識人宗教運動の言説空間――『新佛教』の思想史・文学史的研究』（国立高等専門学校機構舞鶴工業高等専門学校、二〇一二年）。

(62) 前掲註(48)『昭和11年　ラヂオ年鑑』、三四頁。

(63) 同前。

(64) 同前。

(65) 同前。

(66) 日本放送協会編『昭和12年　ラヂオ年鑑』（日本放送出版協会、一九三七年）、九三～九四頁。

(67) 浅野和三郎「ラヂオの朝の修養の粛正」（『心霊縦横談』第一輯、心霊科学研究会出版部、一九三九年）、二二七頁。昭和一二もしくは一三年六月一二日の文章と考えられる。

(68) 同前、二二八頁。

(69) 『朝の修養』第五編第五輯、一九三八年四月。

(70) 日本放送協会編『昭和15年　ラヂオ年鑑』（日本放送出版協会、一九四〇年）、一四三頁。八月以降、数カ月にわたって毎月各中央局から全国府県代表が国民精神総動員運動関連の陣中美談、銃後後援について放送したが、こちらは賛否が分かれたという（同前）。

(71) 同前、一四三頁。

(72) 河崎顕了『親鸞聖人の信仰　放送講演』（破塵閣書房、一九三九年）、一九・三三頁。

(73) 日本放送協会編『昭和13年　ラヂオ年鑑』（日本放送出版協会、一九三八年）、九九頁。

(74) 前掲註(70)『昭和15年　ラヂオ年鑑』、一四三頁。

(75) 前掲註(7)『日本放送史（上）』、二九九頁。

(76) 前掲註(70)『昭和15年　ラヂオ年鑑』、一四四頁。

(77) 同前。

(78) 日本放送協会編『昭和16年　ラジオ年鑑』（日本放送出版協会、一九四〇年）、一一三頁。

(79) 同前、一一四頁。

(80) 高神覚昇『父母恩重経講話』（大日本雄弁会講談社、一九四一年）、三三〜三四頁。

(81) 日本放送協会編『昭和17年　ラジオ年鑑』（日本放送出版協会、一九四一年）、一一六・一一七頁、同編『昭和18年　ラジオ年鑑』（日本放送出版協会、一九四三年）、三七頁。

付記　本稿は、JSPS 科研費20K00088・23K00080・22KJ0161の助成による研究成果の一部である。

おわりに

二〇二三年春、宗祖親鸞御誕生八五〇年・立教開宗八〇〇年慶讃法要が京都の東本願寺・西本願寺それぞれで営まれた。多数の門徒が各本山へ集い、京都国立博物館では、全国の浄土真宗寺院が所蔵する親鸞ゆかりの法宝物が展示された。大谷派・本願寺派ほか、真宗各派で行われたこの記念行事では、関連書籍の出版や演劇の上演、講演会などの学術的イベントも開催された。過去を振り返れば、今から一〇〇年以上前の一九一一（明治四四）年には、親鸞六五〇回御遠忌（大御忌）法要が、これまた盛大に挙行されている。西本願寺だけでも一〇〇万を超えたとされる大勢の門徒による団体参拝を可能にさせたのは、鉄道と汽船だった。「ご開山親鸞聖人」への熱烈な崇敬と信仰が、この大規模事業の屋台骨である。だが、新技術を導入し、園遊会に舞楽、イルミネーションや京都名所観光までもが周到に用意されたこの遠忌には、娯楽の要素もふんだんに散りばめられていた。

こうしたいわば旧と新、あるいは聖と俗の混じり合いは、浄土真宗のみに見られるものではない。高野山では、江戸中期に弘法大師九〇〇年遠忌が初めて民衆を含むかたちで営まれている。その後、一九〇〇年代の開宗一一〇〇年と高野山開創一一〇〇年の記念法会が起点となり、一九三四（昭和九）年に弘法大師入定一一〇〇年御遠忌が大々的に行われた。この時、高野山は伽藍を整備して山内各所に布教所を設置、南海電鉄の協力によって大阪難波から高野山までの鉄道が開通し、五一日間で約三八万人もの参拝者が訪れたという。山内には自動車会社が設立され、それまでは徒歩や馬、山駕籠が主だった交通手段が近代化したことで山外との交流も活発となり、高野山の世俗化が一気に加速した。期間中には、関西主要都市の上空から散華やビラを撒く「航空散華」や、録音したご詠歌を流す「トーキー供養」も実施されている。

曹洞宗でも、交通網の整備によって一九〇二（明治三五）年の道元六五〇遠忌には多数の参拝者を迎え、困窮状態にあった永平寺を救う契機となった。横浜に移転した總持寺で一九二五（大正一四）年に開催された瑩山六〇〇回忌では、無料休憩所や理髪店の出張所のほか、大アーチも設けられた。まるで縁日のような遠忌には批判もあったが、永平寺でも遠忌への一般参加者の受け入れが進み、一九三〇（昭和五）年の懐弉六五〇回遠忌では、米原・金沢二方面からの鉄道網と県道が多くの参拝者を運び、伊藤深水ら有名画家一二三名が新築の大広間（傘松閣）の天井を彩る花鳥図を描き、新たに導入されたボイラーが、参拝者への大量の食事提供を可能にした。映画上映やくじ引きも行われ、遠忌の娯楽性は強まっていった。

江戸期から祖師信仰が盛んな日蓮宗では、多くの信徒（講中）が遠忌のたびに池上本門寺に集い、法要のほか伝記の刊行や遺文録（日蓮の遺した文書類）の編纂、歌舞伎が上演されており、これが近代へと引き継がれる。明治以降、遠忌の規模は拡大し、一九三一（昭和六）年の日蓮六五〇遠忌は、各門流で修されていたそれまでの形態と異なり、日蓮宗を挙げての初の遠忌事業となった。これに先立つ一九二一（大正一〇）年の日蓮降誕七〇〇年には、富士身延鉄道の身延線が開通し、翌年には国鉄蒲田駅から池上駅までの池上線も運転を開始している。自動車布教や記念宣伝飛行も実施され、布教伝道は朝鮮、樺太、満州、アメリカなどにも及んだという。池上本門寺の遠忌法要はラジオで中継され、映画を使った布教も行われている（パネル報告「近代仏教と遠忌――インフラ・国家・メディア」日本宗教学会第七八回学術大会、二〇一九年、武井謙悟〈代表〉、大澤絢子、井川裕覚、ブレニナ・ユリア、碧海寿広〈コメンテーター〉『宗教研究』第九三巻別冊、二〇二〇年）。

日本では、明治以降も前近代の伝記や歌舞伎など旧来の媒体による仏教との関係性が維持された一方で、西洋との出会いや科学技術の発達によって、仏教がさらに多様に表現され、さまざまな層に受容され、大量に消費されていった。「読む」「観る」「聴く」の歯車が急速に回り出し、新旧のメディアが複雑に混ざり合うことで、仏教との関わり方が変化していったのが、近代という時代なのである。

二〇〇〇年代以降、隆盛を見せている近代仏教研究では、清沢満之や鈴木大拙など、著名な人物の思想や教団の活動に関するものが主流である。とくに「仏教とメディア」については、教団の機関誌・紙や書籍を中心に、宗教者や知識人の言説、教団の動向に寄せた議論が重ねられてきた。それに対して本書では、宗教者や知識人に限らない人々を含む仏教との関わりを、さまざまな媒体を通して検証している。従来の研究がいわば、メディアを用いた仏教研究であったとすれば、本書の焦点は、幅広い層へ仏教を伝えた、仏教と関わる媒体としてのメディアの性格とその実態である。

本書は、「読む」「観る」「聴く」の三つを柱に、江戸末期から昭和期にかけての仏教表現や仏教の展開が、書物・図像・音響などの各種媒体を通して検討されているのは、説教本や説経節、小説、書店、絵伝や仏画、オペラに観光、テレビや落語に講談、浪花節、ご詠歌そしてラジオなどだ。どのパートから読んでも良いが、全体を読むことで、近代日本の仏教文化のなかで「読む」「観る」「聴く」という行為がいかに入り混じり、影響し合ってきたかが明らかとなるだろう。本書を通して浮かび上がるのは、「読む」「観る」「聴く」の重なりであり、「信じる」「学ぶ」「楽しむ」が絡み合う近代仏教の姿である。

本書は、大正大学綜合佛教研究所での共同研究「仏教文化におけるメディア研究会」の研究成果である。総勢一五名の執筆者のなかには海外在住の研究者もおり、年齢層は幅広く、女性研究者が複数いる一方、僧籍保有者が少ないのは、従来の仏教研究と比べてややユニークかもしれない。それぞれの専門分野は近代仏教に限らず、真宗史や近世文学、近代文学に哲学、美術史、近現代史、メディア史、仏教史、宗教学、表象文化論、社会学などさまざまだ。各論で取り上げる時期や事象も多岐にわたる。本書は、特定の専門領域や宗派、時代の枠を乗り越え、架橋することで、近世から近代への移行や断絶、伝統と革新の混交、信仰と学知の交錯、あるいは興味や習慣など、「仏教とメディア」が見せる多面的な様態を捉えようとする試みである。

本研究会の開始にあたり、研究会代表者の森覚と、主に事務的な役割を担った大澤が、関心の近い研究者に声をかけ、伝手を頼ってメールや手紙を送り、研究室に電話をしながらメンバーを募ったのは、二〇二〇年初春の頃である。研究会が本格的に始動してからは、新型コロナウイルス感染症の流行によって対面での研究会開催が困難となり、オンラインでの情報交換や報告会を重ねてきた。

本研究会の前身となったプロジェクトの成果に、近現代のメディアにおけるブッダや各宗派の宗祖などの表象を考察した『メディアのなかの仏教――近現代の仏教的人間像』（勉誠出版、二〇二〇年）がある。本研究会では、同書で提示された民衆と仏教、技術と表現、信仰と娯楽、学びといった視点を拡張・探究し、より複眼的な内容となることを目指した。次の段階では、メディアに依拠した宗教実践として、書物や鉄道、美術館や演劇、ラジオなどを通して仏教を読む・観る・聴くという行為が発信者や受け手にとっていかなる意味を持ち、何をもたらしたかを詳しく検証する必要があるだろう。本書で得られた成果や課題を礎にして、今後も仏教文化をめぐる研究を進展させていけたらと思う。

　本書の編集と刊行にあたっては、法藏館の丸山貴久氏にご尽力いただいた。心よりお礼申し上げます。江戸初期に創業し、四〇〇年以上もの歴史を持つ法藏館は、多くの仏教関連書を作り、売る、現代日本おいても仏教の貴重な供給源であり続けている。仏教についての本を書き、作り、売り、それらが買われ、読まれ、伝えられ、また新たな本が書かれる――脈々と続けられてきたこの営みに本書が加われることを、嬉しく思う。

二〇二三年五月　麦穂の実りに

大澤絢子

編者・執筆者・訳者略歴（五十音順。＊は編者）

AUERBACK Micah（アワーバック・マイカ）
一九七四年生まれ。専門は日本仏教史。プリンストン大学大学院宗教学部博士課程修了（Ph.D）。ミシガン大学アジア言語文化学科准教授。主な著書に*A Storied Sage: Canon and Creation in the Making of a Japanese Buddha* (University of Chicago Press, 2016）がある。

井川裕覚（いかわ　ゆうがく）
一九八五年生まれ。専門は宗教社会学・仏教社会福祉史・死生学・臨床スピリチュアルケア。上智大学大学院実践宗教学研究科博士後期課程修了。博士（文学）。上智大学大学院実践宗教学研究科特別研究員。主な著書に『近代日本の仏教と福祉——公共性と社会倫理の視点から』（法藏館、二〇二三年）がある。

今井秀和（いまい　ひでかず）
一九七九年生まれ。専門は日本近世文学・民俗学・比較文化論。大東文化大学大学院文学研究科博士後期課程修了。博士（日本文学）。共立女子大学文芸学部専任講師。主な著書に『異世界と転生の江戸——平田篤胤と松浦静山』（白澤社、二〇一九年）、『天狗にさらわれた少年　抄訳仙境異聞』『世にもふしぎな化け猫騒動』（訳・解説、ＫＡＤＯＫＡＷＡ、二〇一八年、二〇二〇年）がある。

塩谷菊美（えんや　きくみ）
一九五七年生まれ。専門は真宗史。早稲田大学第一文学部日本文学科卒業。早稲田大学にて学位取得。博士（文学）。同朋大学仏教文化研究所客員所員。主な著書に『語られた親鸞』（法藏館、二〇一一年）、『石山合戦を読み直す——軍記で読み解く日本史』（法藏館、二〇二一年）がある。

大澤絢子（おおさわ　あやこ）＊
一九八六年生まれ。専門は宗教学・社会学・仏教文化史。東京工業大学大学院社会理工学研究科価値システム専攻博士課程修了。博士（学術）。日本学術振興会特別研究員（PD）。主な著書に『親鸞「六つの顔」はなぜ生まれたのか』（筑摩書房、二〇一九年）、『「修養」の日本近代――自分磨きの150年をたどる』（NHK出版、二〇二二年）、論文に「演じられた教祖――福地桜痴「日蓮記」に見る日蓮歌舞伎の近代」（『近代仏教』第二九号、二〇二二年）がある。

金山泰志（かなやま　やすゆき）
一九八四年生まれ。専門は日本近現代史・メディア史。日本大学大学院文学研究科日本史専攻博士後期課程修了。博士（文学）。同朋大学文学部人文学科准教授。主な著書に『明治期日本における民衆の中国観』（芙蓉書房、二〇一四年）、『歴史を社会に活かす』（共著・東京大学出版会、二〇一七年）がある。

君島彩子（きみしま　あやこ）
一九八〇年生まれ。専門は物質宗教論・宗教美術史。総合研究大学院大学文化学研究科博士後期課程修了。博士（学術）。和光大学表現学部専任講師。主な著書に『観音像とは何か――平和モニュメントの近・現代』（青弓社、二〇二一年）がある。

小二田誠二（こにた　せいじ）
一九六一年生まれ。専門は怪談や初期新聞を含む江戸から明治初期のメディアの変容と事実表現。学習院大学大学院人文科学研究科博士後期課程単位取得退学。静岡大学人文社会科学部言語文化学科教授。主な著書に『死霊解脱物語聞書――江戸怪談を読む』（解題・解説、白澤社、二〇一二年）がある。

嶋田毅寛（しまだ　たけひろ）
一九七二年生まれ。専門は宗教学・西洋哲学。大正大学大学院文学研究科宗教学専攻博士後期課程修了。博士（文学）。大正大学綜合佛教研究所研究員。主な著書に『時空を超える生命――〈いのち〉の意味を問いなおす』（共著・勉誠出版、二〇一三年）、『メディアのなかの仏教——近現代の仏教的人間像』（共著・勉誠出版、二〇二〇年）がある。

STORTINI Paride（ストルティーニ・パリデ）
一九八五年生まれ。専門は宗教史学・近代仏教。シカゴ大学博士課程修了。博士（宗教学）。東京大学人文社会系外国人研究員。主な論文に"Buddhism and Cultural Heritage in the Memorialization of the Hiroshima Bombing: The Art and Activism of Hirayama Ikuo." *Religions* 13, 146（2022）."Reimagining Ancient India in Modern Japan: Interactions between Buddhist Priests, Scholars, and Artists at Ajanta." *Journal of World Buddhist Cultures* vol.4（2021）がある。

髙橋洋子（たかはし　ようこ）
一九六一年生まれ。専門は紙芝居研究・メディア史研究。法政大学大学院人文科学研究科日本文学専攻国際日本学インスティテュート博士後期課程修了。博士（学術）。法政大学国際日本学研究所学術研究員。主な著書に『教育紙芝居集成——高橋五山と「幼稚園紙芝居」』（国書刊行会、二〇一六年）、『メディアのなかの仏教——近現代の仏教的人間像』（共著・勉誠出版、二〇二〇年）がある。

嵩　宣也（だけ　のぶや）
一九八八年生まれ。専門は真宗学・宗教学。龍谷大学文学研究科真宗学専攻博士後期課程修了。博士（文学）。龍谷大学世界仏教文化研究センター研究員、立命館大学授業担当講師・龍谷大学非常勤講師・相愛大学非常勤講師。主な著書に『日本仏教と西洋世界』（共著・法藏館、二〇二〇年）などがある。

平山　昇（ひらやま　のぼる）
一九七七年生まれ。専門は日本近現代史。東京大学大学院総合文化研究科博士課程修了。博士（学術）。神奈川大学国際日本学部准教授。主な著書に『鉄道が変えた社寺参詣』（交通新聞社新書、二〇一二年）、『初詣の社会史——鉄道と娯楽が生んだナショナリズム』（東京大学出版会、二〇一五年）がある。

BURENINA Yulia（ブレニナ・ユリア）

一九八五年生まれ。専門は日本近代仏教史・メディア史。大阪大学言語文化研究科博士課程修了。博士（日本語・日本文化）。大阪大学グローバル日本学教育研究拠点特任講師。主な著書に『近代の仏教思想と日本主義』（共著・法藏館、二〇二〇年）、『増補改訂　近代仏教スタディーズ――仏教からみたもうひとつの近代』（共著・法藏館、二〇二三年）、主な論文に「近世末期・現代における日蓮像の構築の一側面――辻説法に着目して」（『同朋大学仏教文化研究所紀要』第四一号、二〇二二年）がある。

森　覚（もり　かく）＊

一九七五年生まれ。専門は絵本学・比較文化比較芸術論・表象文化論。大正大学大学院文学研究科比較文化専攻博士課程修了。博士（文学）。大正大学・帝京大学短期大学・常盤短期大学非常勤講師。仏教文化におけるメディア研究会会長。主な著書に『絵本の事典』（共著・朝倉書店、二〇一一年）、『絵本ものがたりＦＩＮＤ』（共著・朝倉書店、二〇一六年）、『メディアのなかの仏教――近現代の仏教的人間像』（共編著・勉誠出版、二〇二〇年）がある。

渡辺賢治（わたなべ　けんじ）

一九七九年生まれ。専門は日本近現代文学、表象文化論、国語教育。大正大学大学院文学研究科国文学専攻博士後期課程修了。博士（文学）。常磐短期大学幼児教育保育学科准教授。主な著書に『私小説ハンドブック』（共著・勉誠出版、二〇一四年）、『工学系卒論の書き方』（共著・コロナ社、二〇二〇年）、『メディアのなかの仏教――近現代の仏教的人間像』（共著・勉誠出版、二〇二〇年）がある。

本書は、大正大学綜合佛教研究所研究員の研究活動を奨励し、その優れた学術研究を公表するために創設された「大正大学綜合佛教研究所研究助成制度」の出版助成金の交付を受けて、「大正大学綜合佛教研究所叢書第38巻」として公刊されるものである。

読んで観て聴く
近代日本の仏教文化

二〇二四年三月一五日　初版第一刷発行

編　者　森　覚
大澤絢子
（大正大学綜合佛教研究所
仏教文化におけるメディア研究会）

発行者　西村明高
発行所　株式会社　法藏館
京都市下京区正面通烏丸東入
郵便番号　六〇〇-八一五三
電話　〇七五-三四三-〇〇三〇（編集）
〇七五-三四三-五六五六（営業）
装幀　野田和浩
印刷・製本　中村印刷株式会社

ISBN 978-4-8318-5584-8 C1015